广告学专业“十三五”规划
应用型本科系列教材

影视广告制作基础

金水 于术 编著

中国传媒大学出版社
· 北京 ·

作者简介

金水

北京服装学院副教授、硕士生导师 、广告学系主任。
曾出版专著两部《广告策划创意与案例分析》《服装品牌广告播》，参与编写书籍五部，在国家核心期刊和外文检索期刊发表论文20余篇，主持和参与各类科研项目十余项。

于术

英国视觉艺术家协会会员。
影视行业从业20年，执导的公益电视广告作品《背影》荣获2017年第24届中国国际广告节“黄河奖”。
荣获2019年美国艺术大奖赛“Masterpiece奖”，参赛艺术家来自世界63个国家和地区，大奖赛举办15年来，作者为首位获此殊荣的华人。
2022年，拍摄制作的创意短片*A Samsara on the Road*入围苏格兰艺术家协会（SSA）成立130周年爱丁堡SummerHall电影院展映作品。

前 言

《影视广告制作基础》是一本主要面向艺术类和非艺术类以及广告相关专业的学生编写的专业实践型教程,该书侧重于强化创作实践整体流程,让学生在实践中加深对各种艺术形式的数字媒体呈现的认识和理解,尝试综合各种创作技能去完成影视广告的艺术创作。

本书的教学目标是,经过学习本书课程,学生可以:(1)了解和认识到数字影视艺术创作对多种创作技能技巧的综合运用;(2)深入理解数字媒体艺术作为一门独立学科对艺术创作的独特作用,做到在创作中融会贯通地运用各种手段与技能;(3)能够根据自己对艺术的理解创作数字广告艺术作品:(4)能够根据广告主的设计需要完成策划、制作、包装、合成等一系列工作,使自己的创作意图能够以艺术品的形式呈现出来,从而为将来进一步学习深造、为未来的工作奠定基础。

本书将简要阐述影视广告制作的基础理论,系统讲解从接单、创意、摄制到后期加工制作的完整过程,强调培养学生的动手能力,关注当前影视拍摄制作工具的发展和应用,以培养学生的影视广告意识、商业服务意识、统筹意识、影视广告创意与制作能力为目的。具体做法是:教师深入讲解基本知识,分析公益广告、企业形象广告、产品广告的不同创作思路;综合讲解影视广告制作的基本流程,学生自主进行案例设计创作,并实际进行拍摄,自行设计完成影视广告作品,其中包含创意、文案写作、分镜头脚本设计、拍摄、后期数字合成制作等;教师指导学生组成创意小组,通过师生的课堂互动,让学生逐步完成影视广告的全部设计制作,并在设计制作过程中巩固影视广告制作的基本理论和技巧。

金水　于术

2018年5月17日

目　　录

第 1 章

视频广告与数字视频

本章学习目标

☑了解影视广告的范畴。

☑了解影视广告的表现形式。

☑了解网络视频广告的特点和形式。

☑了解数字视频的制作流程。

第一节 影视广告的分类与制作特点

主要知识点

1. 影视广告的定义。
2. 影视广告的制作特点。

一、影视广告的定义

影视广告指通过影视媒介传播，运用音画组合的表达方式去传播特定广告讯息的广告。简单地说，影视广告就是利用影视媒介作为传播方式的一种广告形式。

二、影视广告的分类

根据播放性质，影视广告可以分为电影广告、电视广告（节目赞助广告、插播广告）。

根据制作方式，影视广告可以分为电影胶片广告、录像带广告、现场播出广告、幻灯片广告、字幕广告等。

根据商业属性，影视广告可以分为商业广告（商品广告、企业形象广告、促销广告）和公益广告。

根据诉求方式，影视广告可以分为理性诉求广告和感性诉求广告。

根据产品所处生命周期的不同阶段，影视广告可以分为开拓期广告、竞争期广告、维持期广告等。

三、影视广告制作的特点

1. 影视广告制作的根本

影视广告制作的根本是表现形式的转换，通过控制，由文字、平面表现转换为视听立体表现，而形式转换的成功与否关键在于控制。要很好地控制，就必须注意以下两点：

第一，了解中国消费者的心理。实际上，文字创意在转换为镜头语言的过程中，会不同程度地存在转换的难度，甚至有的方案根本无法用镜头语言说清。例如：

大树与露珠 = 他和她的分手

第二，从执行的角度看创意。这就要求我们注意品牌的吻合性、产品的相关性、费用的可行性以及制作技术与广告公司、视觉语言的理解性和视觉语言的震撼力。

2. 影视广告制作的思维形式

(1)抽象(逻辑)思维

这种思维以概念为思维细胞，通过判断、推理等形式认识世界、表达思想、证明真理。

(2)形象(直感)思维

电视广告创意设计中的蒙太奇思维以意象为基本形式，通过想象来描述形象，把头脑中的意象外化为可感知、他人能够理解的具体形象，以表达思想、传递信息、揭示真理。

(3)灵感(顿悟)思维

这种思维主要发生在潜意识中，是显意识和潜意识相互作用的结果，实际上是形象思维的扩大。

影视广告创意设计以形象思维为主、抽象思维为辅。

3. 影视广告创意设计要旨

(1)把握分寸

分寸把握失度，会使广告讯息假、大、空。分寸把推的失度一表现为夸大商品性能，二表现为模特表演上的失度。影视广告的表现既要有艺术性，也要有科学性。

(2)诉求单一

诉求单一就是集中地讲商品某一方面的个性或特点，并且用尽可能简练的视听语言去讲。

(3)分清主次

商品始终是广告的主角，演员的表演不能喧宾夺主。

(4)弘扬和借鉴相结合

用广大电视观众所喜闻乐见、富有鲜明民族特色和民族风格的作品去感染观众、说服观众。

4. 影视广告画面语言的独特性

(1)画面语言的明确性

每一个画面所传达的讯息都必须明确，能让观众一眼就看明白；或者画面同广告语相辅相成、融为一体，传达给观众的讯息是清晰明白的。

广告传播正在向更加真实、直观、简明的方向发展。

(2)画面语言的经济性

能用一个画面去说明问题,就不用两个画面;要运用压缩、省略、跳跃等手法,使每一个画面都能蕴含丰富的信息量。

(3)画面语言的亲和性

画面语言要生活化、富有人情味或幽默风趣。

第二节 影视广告的表现方式

主要知识点

1. 影视广告的表现方法。
2. 影视广告的优缺点。

一、影视广告的表现方法

1. 利用历史价值

利用"历史价值"作为电视广告的介入点,以此来衬托品牌所蕴含的博大精深的文化,给人以深入骨髓的感受,将品牌的竞争力提升至无形。此法不单适用于再造具有一定历史但在市场竞争中越来越式微的老字号的品牌,也适用于表现产品概念中包含了历史内涵的广告。充分运用电视广告的优势,在图像、声音、配乐、文字等方面与产品的历史渊源及内涵对接,通过电视传播,广告既能够勾起被不断涌现的"新"品牌冲击的观众对"老"品牌的历史回忆,让他们由此产生品质联想,凸显老字号的尊贵;也能够让新产品在缺乏独特功能诉求的前提下,依靠历史感与广告受众进行良好的沟通。

2. 利用诗情画意

在电视广告中营造浪漫唯美的意境,从视觉、听觉上给观众以美感,使观众在享受中接受广告的本真诉求点,于无形中达到广告的目的,这就是诗意渲染法。诗意的广告忌舍本求末,一味追求意境,在诗化意境的同时,要不忘体现产品的本身特点。诗意渲染法对产品较为挑剔,如果目标消费群体整体素质较高,而产品本身的气质又有诗意,两者组合到一起便会相得益彰,否则也许会适得其反、弄巧成拙。

3. 利用动人故事

运用故事来做电视广告是一种比较容易出效果的结构方式。完整的故事情节有助于电视观众理解和记忆广告。因此,描述一段情节、讲述一个故事已经成了一种常见的广告创意手法。高明的故事串联法在运用时一般还会掺和其他表现手法，如在故事型中加入气氛型、悬念型、幽默型等表现手法，为产品讲一个故事，最后把产品消费者的心理引导到故事的相关情感主题和因果主题当中去。如果产品已经有了明确的个性与气质，那么在采用故事串联法时必须顺应产品本身的亮点，否则，就要结合目标消费群体的需求心理去表现故事，这样才容易提高广告的传播效果。

4. 利用幽默喜剧

通过设置比较强烈的喜剧元素，可以在广告中给受众带来幽默感，使受众在愉悦的心理享受中对广告产生瞬间记忆，并在会心一笑后产生更多的回味。国外电视广告比国内电视广告更倾向于采用幽默型表现手法，通过幽默来反衬产品的亮点、功能以及对消费者的承诺。这种方法比直接叫卖更容易获得广告受众的认同，更能让受众在愉悦的心情中接受广告传播的卖点，把收看电视广告变成一种乐趣，从而引发广告的口头二次传播，延长广告的传播寿命，扩大广告的传播范围。

5. 利用悬念情节

所谓利用悬念情节，就是在广告片头设置一个悬念，把广告受众的关注点拉入广告情节当中，使他们猜测答案、期待谜底，然后展开情节，运用视听语言出人意料地揭晓谜底。这种手法可以引发受众的收视参与热情，在唤起他们好奇心的同时使他们对谜底（广告记忆点）产生深刻的印象。在有产品核心诉求点支持的情况下，悬念型广告若运用得当，完全可以收到事半功倍的效果。

6. 利用夸张手法

运用夸张的手法放大产品功能的关键点，或者放大产品的使用效果，可以让观众很清楚地领会广告产品的作用和功能。夸张的手法非常多，包括演员表情和肢体的夸张、画面内容几何变形的夸张、广告场景的夸张、关联情节的夸张、表现元素的夸张等。传统戏剧因素的借用往往也是一种夸张。“三五步走遍天下，六七人百万雄兵”，传统戏剧的夸张因素非常多，而且为大众所喜闻乐见，因此采用戏剧手法往往也是夸张表现的基本技巧之一。虽然夸张方法有时有可信度不足的缺陷，但从观众调查反馈来看，绝大多数广告受众都能够抱着理解的心态接受。

7. 利用名人效应

利用名人效应指借助公众对名人的认知和信赖，以名人推荐产品或服务、名人扮演广告剧情角色等方式，把名人效应转移到具体的电视广告产品或服务的卖点上，从而快速促销产品的广告创意方式。对于需要消费者打消疑虑、对产品或者服务高度认同的广告目标来说,气质相近的名人会给广告带来较大的正面影响。名人代言的广告画面表现应该避免采用与名人的公众形象相冲突的方式,尽量让名人的公众认可身份与产品的突出特征相匹配,以明星烘托产品而非以产品衬托明星,最终达到"借名人的名求产品的利"的广告目标。

8. 利用美好景观

利用美好景观即在电视广告的创意表现缺乏足够内在提升点的情况下,寻找外在于产品但又能对产品的品质、功能、形象、既有使用消费人群进行象征性描述的景观,使之与产品的特征表达相衔接,从而达到提升广告效果的目的。产品自己本身不会说话,也无法为自己的广告表现直接加分,但如果给产品一个特定的场景和景观,其结果就会有云泥之别。利用一个与产品有内在关联的景观,将它加入产品广告的电视表达手段当中,这样的景观就会成为影视广告宝贵的助力点。比如,给某一个保暖产品以冰川企鹅的景观,给某一个高科技产品以宇宙飞船的景观,就可以达到借景观强化产品特质的目的。

9. 利用新闻发布

利用新闻发布的关键,是必须最大限度地模拟电视观众信任度最高的新闻形式,开门见山,简明扼要,以鲜明的结论收场。

10. 利用图解说明

该方法直接表现产品的外观、优点、长处或者服务的具体方式,类似于产品说明书的图像配解说,手段比较原始,但效果直截了当,适用于较为理性的消费类产品和功能性较突出的产品。

11. 利用承诺信誉

用富有诱惑力的承诺直接瞄准消费者的消费需求,使消费者立即燃起强烈的购买欲望,这样的创意手段就叫作承诺直击法。具体而言,就是在电视广告中直接向目标消费人群许诺如何保证产品品质、功效、售后服务,让消费者通过画面了解到他可以得到的各方面的保障。这是非常原始但也非常有效的电视广告表现方法,不过,如果具体表现技巧的创新度不够,这种表现手段也比较难以让消费者产生深刻的印象。

12. 利用效果演示

该方法就是直接在广告画面中演示产品的使用方法,并对功效进行聚焦,以消除观众对产品使用效果的疑虑。这类广告一般由真人示范,也有电脑动画等其他方式。该方法不同于图解说明法的关键之处在于,它弱化产品本身,特别强调功效和品牌,紧扣消费者买产品就是买功能、买功能就是买功效的心理特征，直接把品牌和功效联系在一起，以实现在消费者头脑中铺货的广告传播目标。

13. 利用数据说明

该方法虽然说服力无与伦比，但也很有局限性，它要求避免在同一条广告中出现两个以上的数据，并且要求广告对象在专业性、权威性等一个或多个方面独占鳌头，否则数据在点睛之前无龙可依，广告效果必然归于平淡。

14. 利用情绪渲染

该方法是电视广告中最为普遍的诉求形式，它刻意渲染温情、亲情、友情、爱情以及人与人之间的其他情感，以此作为产品表现的背景，并把产品融入其中，使人们受到情绪的感染后加深对产品的了解和记忆。情绪体验是人的常有体验之一，调动情绪、提供间接体验的广告创意往往集中在非生活必需品产品层面，而引发消费者的冲动性购买往往是这类广告所要实现的主要传播目标。

15. 利用对比说明

该方法是一种效果明显、经常被采用的广告形式，它通过对照不同场景、不同产品、不同功能、不同价格，突出产品的优点和长处，让观众在观看的第一时间就可以得出所推荐产品更值得购买的心理结论。在对比参照的创意手法中，也容许有故事情节对比、气氛对比等处理，目的是强化观众的注意与认知。该方法讲究逻辑性与合法性，对比的客体应是良好的，在比较中应使观众感到广告所推荐的产品更为合理、便利、先进和节省。使用该方法时必须注意把握对比的合法性，不能贬低竞争对手或无中生有地制造理由进行对比。只有以平等合法竞争为先导，才能有效地实现广告目标。

二、影视广告传播讯息时的优势和弱点

影视广告是用电子技术传送活动图像的通讯方式，它运用电子技术将静止或活动景物的影像进行光电转换，然后将电信号传送出去，使远方能即时重现影像。

1. 影视广告的优势

◎视听结合传达效果好。它用形象和声音表达思想，这比报纸只靠文字符号和广播只靠声音来表达要直观得多。

◎纪实性强、有现场感。电视能让观众直接看到事物的情景，能使观众产生亲临其境的现场感和参与感，具有时间上的同时性和空间上的同位性。

◎传播迅速、影响面大。它与广播一样,用电波传送信号,向四面八方发射,把信号直接送到观众家里,传播速度快,收视人数众多,影响面大。

◎多种功能、娱乐性强。由于直接用图像和声音传播讯息,因此完全不受观众文化程度的限制,适应面最广。

2. 影视传播的弱点

◎与广播一样,传播效果稍纵即逝,信息储存性差,记录不便,难以查询。

◎同样受时间顺序的限制,此外还受场地、设备条件的限制,因而讯息的传送和接收都不如报刊、广播那么灵活。

◎制作、传送、接收和保存的成本较高。

第三节 网络视频广告的特点与形式

主要知识点

1. 网络视频广告的特点。
2. 网络视频广告的形式。

网络视频广告是借助网络视频媒体平台,运用视频制作技术,传播广告主或广告商品的相关信息,以达到影响消费者行为和心理,实现广告主传播目的的行为。随着计算机、电视、手机等视频网络终端的多样化,网络视频广告也呈现出多屏化的趋势。

一、网络视频广告的特点

1. 覆盖范围广、不受时间空间的限制

网络视频广告能实现跨国界、跨文化、跨市场的传播,受众遍及世界各地,广告投放的平台越大、点击率越高,广告的传播范围就越大。

从时间上来说,网络视频广告一经发布,只要没被撤除就会 24 小时全时段在网络上呈现,网民能够在网络上搜索到广告,随时浏览。从空间上来说,网络视频广告的限制比传统广告小。例如基于同样的成本,广播、电视广告或平面广告等受限于展现时间的长短、页面的大小等原因,大多只能传递一部分讯息,但网络视频广告却可以链接到其他相关网页,提供更多的信息。因此,相比传统广告,网络视频广告拥有更加充足的时间和空间去展示广告讯息。

2. 表现形式丰富、信息容量大

网络视频广告运用先进的媒体技术，融合了文本、图像、视频、音频等多种表现形式的特点，比其他广告形式内容更丰富、表现力更强，受众还能通过点击广告进入新的宣传或购买页面，体验更多样的形式，获得更详细的广告讯息。

3. 互动性强、用户体验度高

网络传播注重人与人之间的交互性，人处于传播的中心。与传统电视广告单向、强制性地灌输广告讯息不同，网络视频广告在传播时更加注重与用户的互动，更加注重提升用户的体验。除了基本的评论、分享、点赞等功能外，网络视频广告也在探索更多的互动形式。例如在技术方面开发新型广告形式，让受众有选择观看的权利，受众可以自主选择观看或跳过部分广告。这些技术手段充分考虑了用户的体验，力求在不干扰用户的前提下吸引用户的注意力。

除此之外，广告公司和广告主还充分利用互联网的交互性和网民的创造性，鼓励网民参与广告的制作，使网民从被动的广告消费者转变为主动的广告生产者和传播者。网络视频广告的制作、发布、传播更加符合互联网的特性，传播效果更好。

4. 投放更精准、成本更低

视频网站或搜索引擎等能够通过技术手段分析出受众的属性：观看习惯和观看的视频类型、职业、年龄、地区、消费水平等要素，从而比较精确地锁定目标人群，再根据制定的媒介策略，将广告投放在能最大限度地接触到目标人群的网络视频或页面上，使广告具有更强的针对性，从而节约广告成本，实现高效回报。

互联网视频是一种低成本、高成效的传播手段，与高昂的电视广告费相比，网络视频广告的投放更具优势。网民会自觉转发、分享自己感兴趣的视频，互联网的开放贯通特点更能促使这种分享进行病毒式传播，能以极低的传播成本取得良好的广告效果。

5. 检索回放更方便

与传统电视、广播、平面广告稍纵即逝、无法保存或重播的状况不同，人们可以通过专门的搜索工具如百度、谷歌等，输入标题、作者名称等与视频相关的文字信息检索到网络视频广告。现在一些视频网站如爱奇艺，设有专门的广告频道，收录一些优秀的广告，人们能够很方便地查找到广告，还可以使广告画面定格或回放。

6. 效果直观可测、方便追踪评估

网络视频广告的效果评测更精准可靠，现在已有比较健全的指标和技术可供测量广告效果，能非常便捷地采集受众的操作信息，包括视频和广告的点击率、转载数、点赞数、评论数、评论内容等，并通过这些信息分析出受众对广告的态度。广告主根据这些反馈数据，不仅可以采集和更新受众信息，检测广告投放效果，还可以了解受众的品牌偏好度、与广告的互动时长以及购买意向等指标，从而制定相应的营销策略和服务策略。

二、网络视频广告的形式

美国互动广告局（Interactive Advertising Bureau）曾经与包括微软、谷歌、雅虎在内的140家互联网公司合作，并于2010年公布了5种最常用的网络视频广告形式，其中一些形式与电视广告差别不大，但另一些却大大加强了互动性。

1. 插播广告

用户在网上观看一个节目或一段视频之前，会看到一段15秒或30秒的广告，有时候广告在节目中间（中插广告）和节目播放完毕后（后插广告）插播；有时候，人们点击广告便会打开新的网站或页面。这种广告形式就是插播广告。

插播广告既有优势，也有劣势。

优势是：它是电视广告主最熟悉的广告形式，他们无需对广告做很多改变即可以将其放到网络上插播。同时，作为目前最主要的视频广告形式，广告主能通过在大量网站中投放“前插”广告获得客观、全面的广告受众收据。

劣势是：广告在插播时可能导致部分没有耐心的受众转移，因为他们只想花少量时间看一段简单的视频而已。此外，这种广告形式也无法很好地发挥用户的互动性。

2. 交互广告

交互广告指同时附带有互动元素的前插、中插或后插广告，如解压代码或证券播报机或者一段小游戏，如果用户参与，这些广告的时长将会超过15秒或30秒。交互广告具有以下优势：高度定制化，会使用户对品牌产生很强的印象，相比第一种广告形式，交互广告可以为广告主提供更多的广告受众数据。交互广告的劣势是：并非所有的视频网站都支持这种广告形式，有时，这种形式也会被受众视为一种骚扰。

3. 覆盖广告

覆盖广告指短暂出现在视频顶端或底部的文字或图像广告，类似于常见的电视字幕广告，当用户将鼠标指向或点击广告时，页面上会弹出更大的广告幅面或打开新网站。

覆盖广告具有以下优势：不会打断用户的观看过程，因此被很多网站采用；很多电视观众也已经习惯了这种广告形式，因此它成为广告主在网络上投放广告时常选的模式。

但覆盖广告也有其自身的劣势:有些用户将覆盖广告视为一种骚扰,有时他们又很难将覆盖广告视为广告,而误将它们视为电视节目的一部分。

4. 邀请广告

邀请广告与覆盖广告相类似,但信息会简短地出现在实际视频播放窗的旁边而非顶部。邀请广告的优势是:它不像覆盖广告那样打扰用户,但仍然能有效地影响目标受众,并在他们最可能点击的时候出现。邀请广告的劣势是:它不像覆盖广告那样被网站广泛采用,而且容易被用户忽略。

5. 伴随广告

伴随广告指与视频播放窗同时出现的静止的横幅广告,选择这类广告的通常是赞助商,他们还会投放插播广告或覆盖广告等其他广告形式。伴随广告的优势是:它在视频播放的整个过程中都在向用户传达品牌讯息,并邀请他们点击广告、访问广告主的网站或者弹出新窗口。伴随广告的劣势是:并非所有的视频播放窗都会为伴随广告留广告位,因此它往往只在某些特定的赞助活动中出现。

6. 植入广告

植入广告即在影视作品内容中植入的广告内容,如《变形金刚3》中出现的很多中国企业的产品。随着技术的发展,网络视频广告出现了云植入的概念,观众看到画面中出现的产品时可以通过点击鼠标链接产品介绍。植入广告的优势是:它可以把整部影片作为一部广告剧,宣传很多产品品牌。植入广告的劣势是:广告投放比较被动,容易被忽略。

第四节　影视广告的数字视频

主要知识点

1. 数字视频与电视制式。
2. 数字视频基础知识。
3. 数字影视编辑。

一、认识视频

在现阶段,视频(video)泛指一切将动态影像静态化后,以图像形式加以捕捉、记录、储存、传送、处理并进行动态重现的技术。

现如今,数字技术正以异常迅猛的速度席卷全球的视频编辑与处理领域,数字视频正逐步取代模拟视频,成为新一代视频应用的标准。那么,什么是数字视频?简单地说,使用数字信号来记录、传输、编辑和修改的视频数据,即为数字视频。

“帧”“场”和“扫描方式”这些词语都是视频编辑中常常使用的专业术语,它们之间的共同点是都与视频播放息息相关。本节将逐一对这些专业术语以及与其相关的知识进行讲解。

1. 帧

视频是由一幅幅静态画面所组成的图像序列,组成视频的每一幅静态图像便被称为“帧”。也就是说,帧是视频(包含动画)内的单幅影像画面,相当于电影胶片上的每一格影像,以往人们常说的“逐帧播放”指的便是逐幅画面地查看视频。在播放视频的过程中,播放效果的流畅度取决于静态图像在单位时间内的播放数量,即“帧速率”,其单位表示为fps(帧/秒)。目前,电影画面的帧速率为24fps,而电视画面的帧速率为30fps或25fps。要想获得动态的播放效果,显示设备至少应以10fps的速度进行播放。

2. 隔行扫描与逐行扫描

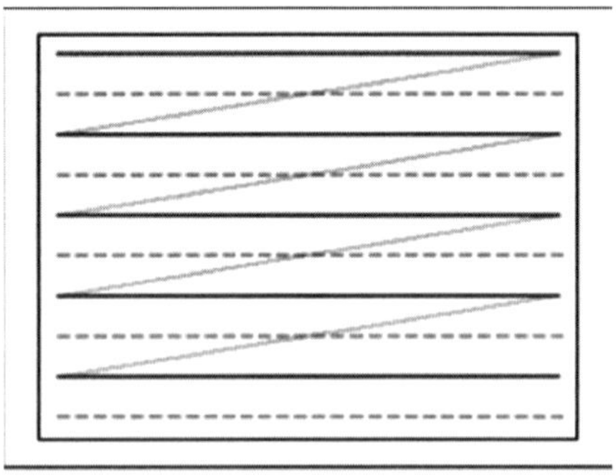

先扫描奇数行

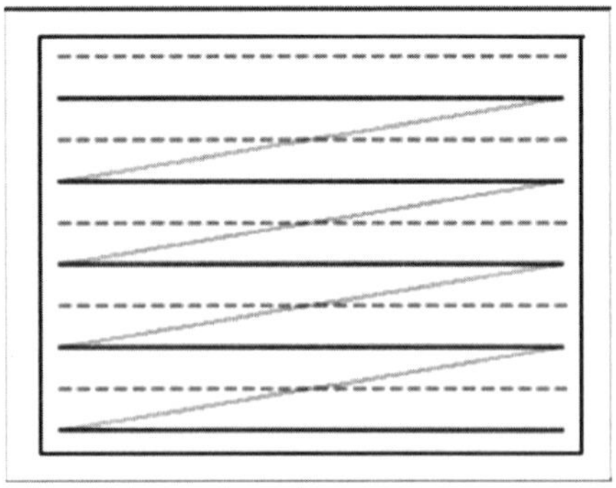

先扫描偶数行

图1.1 隔行扫描示意

扫描方式指电视机在播放视频画面时所采用的播放方式。电视机的显像原理是通过电子枪发射高速电子来扫描显像管,并最终使显像管上的荧光粉发光成像。在这一过程中,电子枪扫描图像的方法有两种:隔行扫描与逐行扫描。

(1)隔行扫描

隔行扫描指电子枪首先扫描图像的奇数行(或偶数行),当图像内所有的奇数行(或偶数行)全部扫描完成后,再使用相同方法逐次扫描偶数行(或奇数行),如图1.1所示。

(2)逐行扫描

顾名思义,逐行扫描是在显示图像的过程中,采用依次扫描每行图像的方法来播放视频画面,如图1.2所示。

早期由于技术原因,逐行扫描整幅图像的时间要大于荧光粉从发光至衰减所消耗的时间,因此会造成视觉闪烁感。在不得已的情况下,只好采用一种折中的方法，即隔行扫描。在视觉残留现象的帮助下，人眼并不会注意到图像每次只显示了一半，从而很好地解决了视频画面闪烁的问题。

随着显示技术的不断提高，逐行扫描所引起的视觉不适问题已经得到解决。此外，由于逐行扫描的显示质量优于隔行扫描，因此隔行扫描技术被逐渐淘汰。

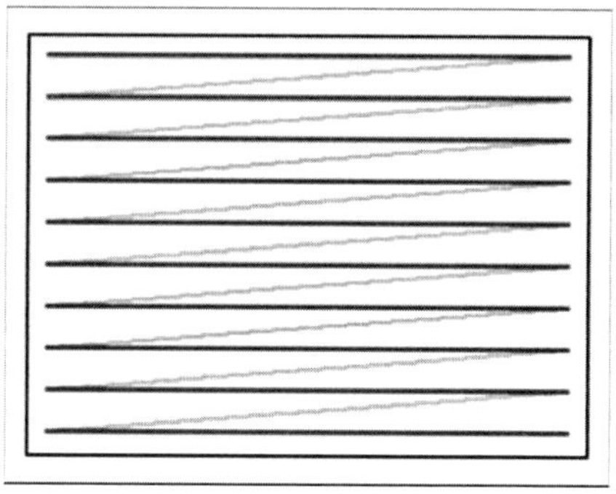

图 1.2　逐行扫描示意

3. 场

在采用隔行扫描方式进行播放的显示设备中，每一帧画面都会被拆分开进行显示，拆分后得到的残缺画面即称为“场”。也就是说，视频画面播放为 30fps 的显示设备，实质上每秒需要播放 60 场画面；而对于 25fps 的显示设备来说，每秒则需要播放 50 场画面。

在这一过程中，一幅画面内被首先显示的场被称为“上场”，紧随其后被播放的、组成该画面的另一场则被称为“下场”。

需要指出的是，通常人们会误认为上场画面与下场画面由同一帧拆分而来。事实上，DV 摄像机采用的是一种类似于隔行扫描的拍摄方式。也就是说，摄像机每次拍摄到的都是依次采集到的上场或下场画面。例如，在一台每秒采集 50 场的摄像机中，第 123 行和 125 行的采集是在第 122 行和 124 行采集完成大约 1/50 秒后进行的。因此，如果将上场画面和下场画面简单地拼合在一起，所拍摄物体的运动往往会导致两场画面无法完美地拼合。

4. 分辨率与像素宽高比

分辨率和像素都是影响视频质量的重要因素，与视频的播放效果有着密切联系。在此，我们将对该方面的各项知识进行介绍，以使大家能够更清楚地认识和了解视频。

在电视机、计算机显示器以及其他相类似的显示设备中，像素是组成图像的最小单位，而每个像素则由多个（通常为 3 个）不同颜色（通常为红、绿、蓝）的点组成。分辨率指屏幕上像素的数量，通常用“水平方向像素数量 × 垂直方向像素数量”的方式加以表示，例如 720 × 480、720 × 576。

像素与分辨率对视频质量的正面影响是：每幅视频画面的分辨率越大、像素数量越多，整个视频的清晰度就越高。这是因为，一个像素在同一时间内只能显示一种颜色，因此在画面尺寸相同的情况下，拥有较大分辨率（像素数量多）的图像的显示效果就越细腻，相应地影像也就越清晰；反之，视频画面便会模糊不清。在实际应用中，视频画面的分辨率会受到录像设备和播放设备的限制。例如在传统电视机中，视频画面的垂直分辨率表现为每帧图像中水平扫描线的数量，即电子束穿越荧屏的次数。至于水平分辨率，则取决于录像设备、播放设备和显示设备。

帧宽高比即视频画面的长宽比，电视画面的宽高比通常为4∶3（现在16∶9的也越来越普及），电影则为16∶9。至于像素宽高比，则指视频画面内每个像素的长宽比，具体比例由视频所采用的视频标准来决定。不过，由于不同显示设备在播放视频画面时的像素宽高比也有所差别，因此当某一显示设备在播放与其像素宽高比不同的视频时，就必须对图像进行矫正操作。否则，视频画面的播放效果就会与原效果有出入，会出现一些变形。

5. 视频色彩系统的应用

色彩本身并没有情感，但它们却会对人的心理感受产生一定的影响。例如红、橙、黄等暖色调往往会使人联想到阳光、火焰等，从而给人以炽热、向上的感觉；至于青、蓝、蓝绿、蓝紫等冷色调，则会使人联想到水、冰、夜色等，给人以凉爽、宁静、平和的感觉。在色彩的应用中，冷暖色调只是相对而言的。譬如，在画面整体采用红色系颜色，且大红与玫瑰红同时出现时，大红就是暖色，玫瑰红则会被看作冷色；但是，当玫瑰红与紫罗兰同时出现时，玫瑰红便是暖色。在实际拍摄及编辑视频的过程中，尽管每个画面内都可能包含多种不同色彩，但总会有一种色彩占据画面的主导地位，从而成为画面色彩的基调。因此，在操作时便应根据需要来突出或淡化、转移该色彩对表现效果的影响。例如，在中国传统婚庆场面中，应当着重凸显红色元素，以烘托婚礼的喜庆气氛。

二、数字视频基础

1. 高清视频

随着视频设备制造技术、存储技术以及用户需求的不断提高，“高清数字电视”“高清电影/电视”等概念逐渐流行开来。然而，什么是高清，高清能够为用户带来怎样的好处却不是每个人都非常了解的，因此接下来我们将介绍与“高清”相关的名词与术语。

“高清”是人们针对视频画质提出的一个名词，英文为High Definition（HD），意为“高分辨率”。由于视频画面的分辨率越高，视频所呈现出的画面也越为清晰，因此“高清”代表的便是高清晰度、高画质的视觉享受。

目前，如果按画面清晰度来界定视频，则视频大致可分为“普通清晰度”“标准清晰度”和“高清晰度”这三个层次，各部分之间的标准如下表所示。

视频画面清晰度分级参数详解

项目名称	普通视频	标清视频	高清视频
垂直分辨率	480i	720p 或 1080i	1080p
播出设备类型	LDTV 普通清晰度电视	SDTV 标准清晰度电视	HDTV 高清晰度电视
播出设备参数	480 条可见垂直扫描线	720 ~ 1080 条可见垂直扫描线	1080 条可见垂直扫描线
部分产品	DVD 视频盘等	HD DVD、Blu-ray 视频盘等	HD DVD、Blu-ray 视频盘等

高清电视又叫 HDTV，是美国电影电视工程师协会确定的高清晰度电视标准格式。一般所说的“高清”，通常指的就是高清电视。目前，常见的电视播放格式主要有以下几种：

(1)480i 格式

该格式与 NTSC 模拟电视清晰度相同，525 条垂直扫描线、480 条可见垂直扫描线，帧宽高比为 4∶3或 16∶9，隔行/60Hz，行频为 15.25kHz。

(2)480p 格式

该格式与逐行扫描 DVD 规格相同，525 条垂直扫描线、480 条可见垂直扫描线，帧宽高比为 4∶3或 16∶9，分辨率为 640 × 480，逐行/60Hz，行频为 31.5kHz。

(3)720p 格式

该格式为标准数字电视显示模式，750 条垂直扫描线、720 条可见垂直扫描线，帧宽高比为 16∶9，分辨率为 1280 × 720，逐行/60Hz，行频为 45kHz。

(4)1080i 格式

该格式为标准数字电视显示模式，1125 条垂直扫描线、1080 条可见垂直扫描线，帧宽高比为 16∶9，分辨率为 1920 × 1080，隔行/60Hz，行频为 33.75kHz。

(5)1080p 格式

该格式为标准的高清数字电视显示模式，1125 条垂直扫描线、1080 条可见垂直扫描线，帧宽高比为 16∶9，分辨率为 1920 × 1080，逐行扫描，专业格式。

此外，还有 576i，是标准的 PAL 电视显示模式，625 条垂直扫描线、576 条可见垂直扫描线，帧宽高比为 4∶3或 16∶9，隔行/50Hz，记为 576i 或 625i。

其中，所有能够达到 D3、D4、D5 播放标准的电视机都可以纳入高清电视的范畴。不过，只支持 D3 或 D4 标准的产品只能算作“标清”设备，只有达到 D5 播出标准的产品才能称为“全高清”(Full HD)设备。

2. 非线性编辑

从狭义上讲，非线性编辑指剪切、复制和粘贴素材时无需在存储介质上对其进行重新安排的视频编辑方式。从广义上讲，非线性编辑指在编辑视频的同时还能实现诸多处理效果，例如添加视觉特技、更改视觉效果等操作的视频编辑方式。

与线性编辑相比，非线性编辑的特点主要体现在以下几个方面：

（1）素材浏览

用户在查看素材时，不仅可以瞬间开始播放，还可以使用不同速度进行播放，或实现逐幅播放、反向播放等。

（2）编辑点定位

在确定编辑点时，用户既可以手动操作进行粗略定位，也可以使用时码精确定位。由于不再需要花费大量的时间来搜索磁带，因此编辑效率大大提高了。

（3）素材长度的调整

非线性编辑允许用户随时调整素材长度，用户还可以通过时码标记实现精确编辑。此外，非线性编辑方式还吸取了电影剪接简便直观的优点，允许用户参考编辑点前后的画面，直接进行手动剪辑。

（4）素材的组接

在非线性编辑系统中，各段素材间的相互位置可以随意调整。因此，用户可以在任何时候删除节目中的一个或多个片段，或在节目中的任意位置插入一段新的素材。

（5）素材的复制与重复使用

在非线性编辑系统中，由于用到的所有素材全都以数字格式进行存储，因此在复制素材时不会导致画面质量下降。此外，同一段素材可以在一个或多个节目中反复使用，而且无论使用多少次都不会影响画面质量。

（6）便捷的特效制作功能

在非线性编辑系统中制作特技时，用户通常可以在调整特技参数的同时观察特技对画面的影响。此外，根据节目需求，用户可以随时扩充和升级软件的特效模块，从而方便地增加新的特技功能。非线性编辑系统中的特技效果独立于素材本身。也就是说，用户不仅可以随时为素材添加某种特殊效果，还可随时去除该效果，以便将素材还原至最初的样式。

（7）声音编辑

基于计算机的非线性编辑系统能够方便地从 CD 唱盘、MIDI 文件中采集音频素材，而且在使用编辑软件合成多轨声音时也不会受总音轨数量的限制。

（8）动画制作与合成

由于非线性编辑系统的出现，动画的逐帧录制设备被淘汰。非线性编辑系统除了可以实时录制动画以外，还可以让用户通过抠像的方法实现动画与实拍画面的合成，从而极大地丰富了影视节目的制作手段。

3. 非线性编辑系统的构成

非线性编辑的实现，要靠软件与硬件两方面的共同支持，两者间的组合便称为非线性编辑系统。目前，一套完整的非线性编辑系统，其硬件部分至少应包括一台多媒体计算机，此外还需要视频卡、IEEE 1394 卡以及其他专用板卡（如特技卡）和外围设备。其中，视频卡用于采集和输出模拟视频，即担负着模拟视频与数字视频之间相互转换的任务。从软件上看，非线性编辑系统主要由非线性编辑软件、二维动画软件、三维动画软件、图像处理软件以及音频处理软件等外围软件构成。

随着计算机硬件性能的提高，人们在编辑处理视频时对专用硬件设备的依赖越来越小，软件在非线性编辑过程中的作用则日显突出。因此，熟练掌握一款非线性编辑软件如 Premiere Pro 便显得尤为重要。

无论哪种非线性编辑系统，其视频编辑工作流程都可以简单地分为输入、编辑和输出三个步骤。当然，由于不同的非线性编辑软件在功能上存在差异，上述步骤还可以进一步细化。下面就以 Premiere Pro 为例，简单介绍非线性编辑视频的整个工作流程。

（1）素材采集与输入

素材是视频节目的基础，因此收集、整理素材后将其导入编辑系统便成为正式编辑视频节目前的首要工作。利用 Premiere Pro 的素材采集功能，用户可以方便地将磁带或其他存储介质上的模拟音视频信号转换为数字信号后存储在计算机中，并将其导入编辑项目，使其成为可以处理的素材。

在采集数字格式的音视频素材文件时，Premiere Pro 所进行的操作只是将素材文件“复制/粘贴”至计算机中的某个文件夹内，并将这些数字音视频文件添加至视频编辑项目内。

除此之外，Premiere Pro 还可以将其他软件处理过的图像、声音等素材直接纳入当前的非线性编辑系统中，并将上述素材应用于视频编辑的过程中。

（2）素材编辑

大多数情况下，素材中的所有组成部分并非都会出现在编辑完成的视频中。很多时候，视频编辑人员要使用剪切、复制、粘贴等方法，选择素材内最合适的部分，然后按一定顺序将不同的素材组接成一段完整的视频。这个操作便是编辑素材的过程。

（3）特技处理

由于拍摄手段与技术以及其他原因的限制，很多时候人们无法直接得到所需的画面效果。例如，在含有航空镜头的影片中，很多镜头便无法通过常规方法来获取。此时，视频编辑人员便需要通过特技处理的方式向观众呈现此类难以拍摄或根本无法拍摄到的画面效果。对于视频素材而言,特技处理包括转场、特效、合成叠加;对于音频素材而言,特技处理包括转场、特效等。

(4)添加字幕

字幕是影视节目的重要组成部分,Premiere Pro 拥有强大的字幕制作功能,操作也极为简便。除此之外,Premiere Pro 还内置了大量的字幕模板,很多时候用户只需借助字幕模板便可以获得令人满意的字幕效果。

(5)输出影片

视频节目在编辑完成后,就可以输出回录到录像带上。当然,根据需要也可以将其输出为视频文件,以便发布到网络上或者直接刻录成 VCD 光盘、DVD 光盘等。

思考题:

1. 影视广告的定义是什么? 有什么特点?
2. 影视广告的表现形式和方法有哪些?
3. 网络影视广告与电视影视广告有什么差异?
4. 请简述数字视频的编辑制作流程。

第 2 章

影视广告的创意与构思

本章学习目标

☑了解影视广告的视听语言。

☑了解影视广告的表现类型。

☑了解影视广告的基本格式。

第一节　影视广告创意技巧

主要知识点

1. 试听语言在影视广告创意中的作用。
2. 影视广告创意技巧。
3. 广告策划的前提和目的。

一、以视觉效果为中心

“视”和“听”是电视所具有的两个功能，电视以“视”为主，主要靠画面来表现内容，“听”仅是“视”的辅助手段。因此，美国著名广告专家詹姆斯·韦伯·扬(James Webb Young)指出：创意是一种组合，组合商品、消费者以及人性的种种事项。广告创意是广告设计的核心，广告创意是广告获得成功的最为关键的因素。人们从接触广告到采取购买行动一般都有一个心理过程，可以归纳为 AIDMA 公式，即注意(attention)——诉诸感觉，引起注意；兴趣(interest)——赋予特色，激发兴趣；欲望(desire)——确立信念，刺激欲望；记忆(memory)——创立印象，加强记忆；行动(action)——坚定信心，付诸行动。

在创作广告时，必须以画面效果为中心；在摄制电视广告时，则以画面效果为设计制作的落脚点。

画面将原本要用语言文字表达的“抽象”主题形象化、图画化，以便观众直观地了解广告。广告《希望工程》篇就巧妙地借用了电视媒体的传播优势，通过具体、形象的画面将间接的语言文字视觉化，克服了因语言文字的抽象性而导致观众可能产生的认知困难。电视表现的这种优势，我们还可以通过电视新闻的接受状态来体悟。我们通过报纸接受新闻与通过电视接受新闻，其感受是不一样的：报纸新闻我们是读而得之，我们构筑的是语言文字世界，我们接触的是语言文字，语言文字无法使我们的感官直接感受到生活图画，只能通过我们大脑的转换间接呈现；而电视就不同了，我们在听到语言的时候，还同时看到了活生生的画面，电视画面的这种鲜明的直观性，自然可以运用到广告的主题表现上来。

以镜头(画面)直接表现广告主题的做法使得电视广告鲜明可感。镜头的叙述是最简洁的叙述，它不像一般语言叙述，来龙去脉、前因后果、开端发展、高潮结局等方方面面都要关照到。画面叙述完全可以根据需要从事物的历史性发展过程中摘取典型片段，还可以打乱时间顺序，因而它能以最简洁的“笔墨”建构叙事框架。

在以画面展现产品时，整个画面中要突出一个中心画面，只有这样，观众才能抓住广告的中心内容。如美的电器的电视广告，中心画面始终是一只虾和一台空调。一只熟虾的体表随着美的空调的降温而逐渐从红色变为褐色，最后竟因为忍受不住冷气而打了一个喷嚏，然后逃之夭夭。整个广告没有语言的强行推销，也没有产品“招摇过市”，画面中只有色彩的变化，但是所要诉求的主题却十分单一明确。这条广告虽然内容并无什么独特性，画面也只有一个，但表达方式和表现形式却很有创意，让人觉得简单而有趣，接受起来就比较容易。

二、短小精悍、突出主题

由于电视广告播出费十分高昂，因此，电视广告的播出时间不能长，一般为5秒、15秒、30秒。这就要求电视广告必须内容简短、主题突出、语言精练、中心画面突出，这种短小精悍的电视广告才容易被观众记住。

如力士香皂，它是一个充满感情价值的品牌。过去，力士广告把名人和香皂联系在一起，魅力成为该品牌推销宣传策略成功的关键因素。进入新世纪，力士香皂不断推出新的品牌，广告制作人力图跳出过去的窠臼，在阿根廷宣传时，将散发诱人魅力的美女、创意的执行表现与新产品出众的功能结合在一起，以期为目标消费群提供一种全新的认识，为品牌创造出更加坚实的品牌价值。为了展示力士香皂的双重保湿配方效果，广告一开始即表现了一株枯死的树；当强风吹过，老死的枯叶擦过地面，发出刺耳的声音；镜头推近一片枯叶，一名女子被困在其中；……一阵挣扎之后，女子成功地挣脱出来，跃入一池清水；她向水中的一束光游去，光变成了新型力士香皂；在她沐浴的时候，她的皮肤、枯叶的颜色和脉络都发生了彻底变化，焕发出新的活力。

整条广告短小紧凑，实现了“枯叶重获新生”的主题诉求，产生了良好的广告效果。广告在阿根廷首播之后，力士的知名度从原来的30%提高到了43%。

三、突出品牌

让观众牢牢记住商品品牌，是电视广告的重要任务。一般情况下，广告的前10秒就应该出现品牌名称，在结束时再重复一次品牌名称，中间也可以从不同的角度反复展示品牌，以加深观众的印象。电视广告表现品牌的方式多种多样，可以根据商品的具体情

况灵活运用,例如以下几种:

第一种,把表现品牌融入特定的情节中。如肯德基炸鸡的一条广告,画面上一群男孩子衣冠楚楚,列队站成几排,在老师的指导下"认真"排练合唱,可暗地里他们却在偷偷传递一盒肯德基快餐食品。镜头追随着传来传去的食品,品牌也就多次映入了观众的眼帘。

第二种,把强化品牌与突出产品特性结合起来,在产品的表现中巧妙地突出品牌,把品牌与产品特性自然有机地结合起来,使产品与品牌你中有我、我中有你、相辅相成。例如有这么一条汽车广告,一组画面着力渲染汽车车身和零部件的光洁锃亮、性能优异超群,使观众不由得发出赞叹声。恰在这时,品牌出现了:一只手拿出柔软的布细心地擦拭着品牌。这一动作既强化了品牌,也表现了人们对汽车的珍视。

此外,还可以用动画和特技手法突出品牌;借助镜头的运动呈现品牌;以光线闪烁、光影移动表现品牌;利用品牌名称做文字游戏等。

四、抓住情感

广告要想抓人,亲情必不可少。美国贝尔电话公司的广告创意便抓住亲情大做文章:一天傍晚,一对老夫妇正在用餐,电话铃响,老妇人去另一个房间接电话,回来后,老先生问"谁的电话?"老妇人回答:"女儿打来的。"又问:"有什么事?"回答:"没有。"老先生惊奇地问:"没事儿千里地打来电话?"老妇人呜咽道:"她说她爱我们。"两人顿时相对无言、激动不已。这时出现旁白:"用电话传递你的爱吧!"这条广告以脉脉温情打动了天下父母或即将成为父母、儿女或曾为儿女的人们的心。这条广告正是从儿女与父母的感情入手,描绘、展现了一幅爱意浓浓、温馨而美丽动人的亲情画面,让观众时时体味被爱簇拥的滋味,充分唤起了人们对家庭亲情的留恋、回忆、追求与憧憬。电话有线,亲情无限,贝尔电话连接着千家万户,沟通着亲人之间的心灵,缩短了亲人之间的感情距离。

古人云:"攻心为上。"这句话同样适用于广告。其实,任何一笔交易,都蕴含着一种人际关系,是一种人际感情的交流,企业与消费者之间更需要一种真切的、亲近的感情交流。感情是一种巨大的力量,正如18世纪法国启蒙思想家狄德罗指出的:"没有感情这个品质,任何笔调都不可能打动人的心。"

如果广告通过感情传递、感情交流、感情培养,让大众产生了心灵上的共鸣,那么企业的产品、品牌就容易为顾客所理解、喜爱并接受。因此,广告创意要调动情感,要调动自己所意味的情感、所代表的情感,并淋漓尽致地展现这些情感,在以理服人的同时更以情动人。贝尔电话广告的成功正在于此。

第二节　影视广告的表现类型

一、故事型

故事情节如果能吸引观众的注意力，就会在一定程度上使观众与广告内容产生互动。故事结构可以巧妙设置情节的高潮，但高潮不要过分，否则可能适得其反，达不到促销的目的。

使用这种结构应注意以下几点：

◎剧情要简单明了；

◎根据可信的事实或一个可信的环境构建情节，并与产品发生关系；

◎创造特殊的效果，激发观众的好奇心，并设法引起他们的兴趣；

◎把产品最突出的优点而非所有优点表现出来；

◎要有引子、发展和结尾，不要忘记自己是在讲故事；

◎向谁承诺、承诺什么要明确，不乱开空头支票。

主要知识点

1. 影视广告表现类型的多样性。

就广告片的个性而言，故事型的表现方法几乎都从感性出发，其解决的问题也都以心理层面居多，如挫折感、忧郁、孤独等，而商品带给人的感受，或许是会心的一笑、温暖的拥抱、友情的流露等，以满足消费者的需求，这些非商品功能性的介绍或非利益点的描述往往更能打动人心。

二、解决问题型

解决问题型广告是用得最为广泛的一种广告类型，也是影视广告表现形式中较容易被观众接受的一种。例如其结构可以是这样的：阿美有头皮屑多的难题，她的伙伴告诉她某品牌洗发水可以解决她的烦恼，阿美用了，效果果然如同伴所言，于是消息不胫而走。

根据奥格威的研究，先提出问题然后解决问题的广告比其他广告的效果好四倍。这种方式看似平凡通俗，但放在富有创作力的人手中，问题被戏剧化了，广告对销售的推动力就更大了。这种结构一定要把解决困难的产品的质量、功能明确地提出来，让观众口服心服。

三、生活形态型

这种形式的广告，其表现切入点不是商品，而是商品的使用者。有了这层关系，广告就会让人觉得商品成了自己现实生活中的一部分，商品与自己密不可分。这种表现形式最注重场景设计和商品在广告中出现的时机，不能让观众觉得是故意设计的。通常这类广告表现的都是广告中的人物渴望的东西：好吃的食物、漂亮的衣服、方便的服务等。而且广告在表现人的欲望时要让其在不知不觉中流露出来，或者意外地从亲戚、朋友、邻居那里发现商品的好处。

在采用这类广告手法时，运用和商品无关的画面可能导致商品信息传递模糊。为了避免这一点，整个广告片的结构应尽可能简单明了，画面之间应保持连贯，以便逐步让观众产生兴趣，最后让观众看到意想不到的结果，但这个意想不到的结果必须与商品的外观、特性有关，直到最后才戏剧化地出现商品。

四、名人推荐型

借助名人在电视上推销商品的方式从影视广告诞生之初一直沿用至今，名人的知名度有助于提高广告商品的知名度。名人推荐型广告通常以直接切入的方式和消费者见面，这种直截了当、简明扼要的述说可以给观众留下很深的印象。但要注意，所选的名人一定要和商品有某种关联。此外，名人推荐型的风险，是一旦名人陷入负面消息，势必给商品带来负面影响。

五、实证型

在理性诉求方式中，实证型的表现方式是最容易被人接受的方法之一，它主要通过画面让观众清楚地了解商品的优点。实证型广告的先决条件是让观众对商品的验证方式产生兴趣，这样才能加深观众对商品的印象。值得注意的是，短短十几秒、几十秒的影视广告很难将整个过程验证给观众看，所以一些广告主往往会删减其中的过程，将结果呈现给观众。这样一来，观众便常常会产生疑问："这是真的吗？是不是在蒙骗消费者？"在仓促中将验证过程含糊带过的做法往往会适得其反，无法收到预期的广告效果。如何使验证过程展示得更真实，是实证型广告值得注意的问题。

六、广告歌曲型

广告歌曲的形式有好多种，或歌唱，或演奏，或又歌又舞，几乎每种商品都可以配合广告音乐的演奏,但也没有哪种商品特别适合广告歌曲型的表现形式。如果商品的目标消费群年龄层很多,这种表现形式也许是恰当的选择。例如饮料中的可口可乐和百事可乐,其广告音乐的形态可以说独树一帜。此外,片尾音乐也是许多广告乐于采用的表现方式之一。片尾音乐在企业形象的辨识上可以产生较大的作用,特别是那些产品品牌众多的企业,为了让产品品牌与企业紧密联系,它们常常在广告片的结尾使用片尾音乐。

七、比较型

这种类型的广告结构有点类似于实证型广告,两者之间最大的差别在于:实证型广告只表现本身的优点,而比较型广告则要证明自己优于同类竞争商品。由于这种表现方式常让观众觉得有贬低其他商品之嫌,我国不允许发布这类广告。

例如,可口可乐和百事可乐的广告便经常以比较的形式出现。长久以来,百事可乐在饮料市场上一直居于第二的位置,因此它想尽一切办法在广告上打击第一品牌可口可乐,以争取更大的销售额。它曾经发布过这样一条广告:下个世纪,一位教授带领一群学生在考古,正好有一名学生挖到了可口可乐的玻璃瓶子,学生便问教授这个瓶子为何物,教授看了半天也不知其为何物,而此时学生们人手一罐百事可乐。多年来,百事可乐一直强调百事可乐是"新生代的选择",在这条广告中,它故意贬低可口可乐的地位,强烈暗示百事可乐将取而代之,可口可乐将会从地球上消失。

八、动画与电脑绘画型

最早出现的动画影片,是美国迪士尼公司所出,它因为活泼、风趣、特别适合年龄层较低的观众,所以长盛不衰。后来动画的手法被广告所借鉴。20世纪70年代末期,电脑科技日新月异,从而使广告的创作有了更大的施展空间。电脑制作的广告可以提升其趣味性与可视性,便于表现抽象的概念和复杂的影像变化,其表现力常常令观众惊讶不已。

九、幽默型

这种类型的广告通常较受观众欢迎。笑声是全世界共同的语言,广告可以利用幽默诉求拉近消费者与商品之间的距离,无形中使消费者对商品产生好感。幽默的诉求可以用不同的方式达到目的,常见的有喜剧演员表演、比喻以及情节设置等,视广告的结构和商品的特性而定。但幽默时一定要避免低俗,否则可能适得其反。

十、虚构型

这种类型是一种超现实的表现方式，它将日常生活中不可能发生的事，通过丰富的想象力表达出来，用刺激和夸张的画面来吸引观众的注意力，从而使观众对商品产生较深刻的印象。

第三节 影视广告创意的基本格式

主要知识点

1. 影视广告创意的表现手段。
2. 影视广告的呈现方式。

所有广告都一样，在确定好大创意以后，影视广告的下一步就是决定采用哪种广告格式。为此，开特奇广告公司原主席汉克·赛登开发了一套实施频谱，他将广告分为 24 种基本格式，从轻松活泼到一本正经，它们分别是：喜剧/逗乐式、著名主持人（逗乐）式、音乐式、歌谣式、动画式、戏剧式（逗乐）、夸张式、象征性角色式、轻松愉快情景式、现代（背景/情景）式、播音主持式、新闻式/介绍式、记录式、直截了当式、表演式（严肃）、用户证言式、同辈小组证言式、专家证言式、生活片段式、著名主持人（严肃）式、企业代言人式、单一表演式、接近表演式、朴素表演式。

一、按表现手段分类

1. 直截了当式

直截了当式（straight-forward commercial）是广播、电视广告中最古老、最简单的一种形式，可能也最容易写。它由一个人（多半是电台、电视台的播音员）播送销售讯息，可能配有背景音乐。直截了当式之所以较为流行，是因为它几乎适用于所有的产品或条件。在广播中，直截了当式广告还可以被设计成整合广告（integrated commercial）——与某一节目穿插或针对指定节目而专门制作。

在电视广告中，播音员既可以出镜（on camera），也可以不出镜，以旁白（voiceover）的形式来传递销售讯息；与此同时，演示、剧照或连续画面则出现在屏幕上。如果脚本设计周密，播音员又显得具有说服力，那么，直截了当式广告也会收到非常好的效果。再者，由于这种广告形式不要求精密的制作设备，因此可以节省大量的资金。

地方性广告主、非营利机构和政治团体经常在午夜电视节目中采用直截了当式广告。

2. 主持人式(名人推荐式)

主持人式广告(presenter commercial)用一个人或角色来表现产品、传递销售讯息。有些主持人是名人,有些是客户方的高管,有些则是演员。无论采用什么人物,主持人都不一定非要真人不可。

广播人物(radio personality)以自己独特的风格为广告讯息增添活力,如果运用得当,这类广告会非常成功。不过,这样一来,就等于把大权交给了这个人物,风险较大,这个人物有可能出于无意在广告之外批评自己所宣传的产品。即使如此,这种技法有时也会给诉求平添几分真实性。通常,这个人物拿着已标出产品特点、重点、句子或企业广告口号的脚本,不断重复,但他们在播音时可以选择具体的措辞和语气。

3. 证言式(实证式)

真实的证言式广告(testimonial commercial)通过心满意足的用户告诉观众产品如何如何好,证言式广告无论是在电视广告中还是在广播广告中都显得非常可信。名人当然能引人注目,但他们必须令人信服,且不得喧宾夺主、削弱产品。实际上,各行各业的人都可以扮演证言人的角色,无论是著名人物还是无名小卒或非专业人士。至于采用哪种类型的人充当证言人,这要视产品的属性和广告战略而定。满意的用户是最好的证言资本,因为他们的真诚一般都颇具说服力。奥格威建议在被拍摄对象毫无察觉的情况下拍摄其证言,当然,在使用前必须征得他们的同意。

4. 演示式(比较式)

电视特别适合视觉演示(demonstration),演示比口头讯息能更快更好地说服公众。因此,电视广告不要滔滔不绝,而要进行演示。自然,电视也比广播更容易演示产品。不过,也有不少广告主利用广播成功地进行了幽默、风趣的演示。

演示式广告可以演示产品的使用状态、竞争状态或使用前后的状态,这些技法有助于观众直接看到产品具有什么性能。

5. 音乐式

音乐式广告(musical commercial)又叫歌谣式广告(jingle commercial),我们从广播和电视中听到的音乐式广告既有最优秀的,也有最烂的。处理得好,音乐式广告可以获得巨大的成功,甚至超过普通的非音乐式广告。但如果处理得不好,则有可能浪费广告主的资金,不仅不会让人相信,并且还令人生厌。

音乐式广告有几种形式：可以将整个讯息编成歌，可以在歌谣中间穿插旁白(donut)，还可以用合唱的方式表演或用流行歌曲的方式去编排。许多广告创作者采用统一的音乐主题作为背景色彩或广告结尾，滚石公司为视窗'95软件创作的广告音乐"启动我"便属此列，我们称之为音乐标志(musical logo)。在多次重复广告主的主题后，听众便会把音乐标志与产品自然而然地联系起来。而要做到这一点，音乐必须要有摄人魂魄的吸引技巧(hook)。

广告人的音乐来源有三个：从版权所有人那里购买音乐的使用权，通常费用较高；利用已无版权问题的音乐；专门请人创作一段音乐。有些原创歌曲，如可口可乐广告著名的《我想教这世界一齐唱》，最终也变成了流行歌曲。

1973年，代理可口可乐公司广告业务的麦肯(McCann-Erickson)广告公司聘请不同人种、不同肤色、不同国籍的数百名年轻人，在意大利的一座山峰上齐声高唱可口可乐的广告歌曲，又是拍电影，又是录唱片，使可口可乐的宣传活动在世界范围内掀起了一股高潮。歌曲旋律优美动听，唱歌的几百名年轻人也唱得真诚动情，表达了对和平、博爱的衷心祈求，不过，最后都落脚在号召人人来买可口可乐的商业目的上。这种"高高抬起轻轻放下"的手法，正是一般广告宣传常用的手法。

6. 生活片段式

生活片段式广告(slice-of-life commercial)按现实生活情景进行表演，出场人物多为普通老百姓，当然，他们是由专业演员扮演的，他们谈论自己生活中遇到的一些麻烦。情景一般都涉及一些个人问题，如口臭、掉牙、头皮屑、体臭或汗渍等，再由一个亲戚、朋友或同事暗示解决方法，于是大家去试这个产品。下一个场景便表现使用后的结果——新的一天，一个更幸福、更干净、更清新的人呈现在你眼前。虽然观众常常厌烦这类广告，文案人员也讨厌写这类广告，但它们却能有效地引起观众的注意，激发他们的兴趣。

生活片段式广告成功的关键在于简洁，广告突出表现产品的某一个利益，使之令人难忘。利用助记手段(mnemonic device)往往可以使产品利益显得更加生动，帮助观众记忆。

不过，生活片段式广告的可信度是较难解决的问题，生活中的人们并不会经常谈论"高品位者的选择，精明的选择"这类问题。因此，演员必须具备相当的可信度才能让观众接受他们所传递的讯息。这就是为什么大多数地方性广告不采用生活片段式技法的原因。创造可信度需要非常专业的才能，而且也要花钱。生活片段式广告要求在任何情况下，故事情节都必须与产品相关，而且表现手法要简练。

7. 生活方式式

如果要表现用户而非产品，广告人可以采用生活方式式技法（lifestyle techniques）。例如，李维斯公司借助表现不同职业的人物的不同工作情景和消遣活动，将其 501 牛仔系列的讯息瞄准了当代的年轻男性。同样，啤酒和软饮料类产品的广告主也往往将讯息瞄准经常参加野营活动的年轻人，着力表现喝这个品牌的人而非具体的产品优点。

8. 动画式

动画技法（animation techniques）能非常有效地处理那些较难表现和到达特殊市场（如儿童）的广告讯息。例如，药物对人体系统的作用很难表现，但利用动画去表现头痛和胃痛就可以简化主题、方便理解。

电脑动画要求广告主具有强大的信心，因为这项费用高昂的工作大部分是由电脑来完成的，而在动画未完成之前，什么也看不到，但却要花费大量的金钱。

9. 综合式

综合式广告最大的特征之一，就是表现时将多种方式集于一身。

二、按呈现方式分类

1. 幽默型

幽默作为一种表达技巧，它把人类生活中的矛盾以及心理上共通的一些特点，用含蓄高雅的技巧编织成有趣的画面或滑稽的语言加以表现。幽默型广告让人愉悦、令人发笑，从而达到广告的目的。

2. 故事型（戏剧式）

故事型广告往往靠感性诉求吸引人，并常与幽默型广告相通。在创作这种广告时必须注意细节设计、情节联系、高潮设置，而且这些表现手法都必须与产品有机地结合起来（制作故事型广告的注意事项请见第 23 页）。

3. 解决问题型

这种广告应用得最为广泛，极易为观众所接受。它表现矛盾并解决了矛盾，因而容易引起观众的兴趣，创作时应注意以下几点：

◎站在消费者的角度，用“观众自己的话”来表达；

◎商品的特点、优势，应在介绍商品与解决问题之间提出；

◎不妨加一些别人的赞美。

4. 悬念问答型

悬念问答型与故事型有相似之处，有戏剧高潮，创作时应注意以下几点：

◎主题必须与观众熟悉的范围有关，必须让观众看得懂；

◎以文案、音乐、动作、造型及剪接的多方衬托，把剧情推向高潮；

◎悬念既可以先出现，也可以在最后暗示，不给答案，给人留下意犹未尽的感觉。

5. 对比型

这种广告不仅表现产品自身的优点，而且还要有意无意地证明该产品优于同类竞争品之处。

6. 虚幻型

这种广告通过丰富的想象力，将生活中不可能发生的事表现出来，给人亦真亦幻之感。它先以虚幻吸引观众，再把商品讯息传达出来，让观众记住。这种广告在表现手法上格外讲究，需要特殊效果营造气氛。

7. 气氛型

这种广告通过一些特定环境、特定事件来营造生活气氛和人物情感氛围，是一种感性诉求广告。

8. 概念型

这种广告将商品的优点或特点概括为某种或某些概念，再选取相应的形象或意象加以表达。这是平面媒体广告常用的方法，但影视广告也可以使用，多用于推广高科技产品。

9. 连载型

这种广告是故事型广告的一个特例，它往往从产品的整体营销战略出发，以连续剧的形式将一个完整的故事分拆为若干集次第播出，以吸引观众持续关注，最终促成销售行为。

10. 后现代风格型

这种广告通过解构、重构、嘲弄经典的无厘头风格，以一种娱乐化的形式传递广告讯息，从而吸引消费者观看广告。

第四节　影视广告创意的特点

主要知识点

1. 文字内容的视觉化表达。
2. 如何表达创意的核心诉求。

广告创意的表现形式有很多种，针对不同的媒体平台，创意的方式也不同，如平面类、文字类、广播类、影视类等。有的平面类广告创意很好，但拍成视频就未必能达到预期效果，有的创意适合以文字的方式表达出来，转换成影视语言就失去了想象外延空间，广告表现力被大大削弱。这好比一部精彩的小说，完全忠实于原著拍成影视作品可能效果大打折扣，必须重新编剧，保留小说中的核心诉求和价值观体系，按影视语言体系和表现方式重新构架，作品才能重放光彩。因此，在策划影视广告创意时，一定要考虑影视表达元素，选择合适的影视语言来表达，在创意之初就应该考虑如何拍摄、采用哪些视觉化的表现方式，以保证广告收到预期的效果。这样才不会出现视觉表现问题，导致广告诉求讯息被弱化。

一、如何将创意文案进行视觉化表达

广告创意是关于广告讯息如何表现的抽象概念，广告文案是对这一抽象概念的具体表述，只有将这种抽象概念转化为具体的视觉形象，才能将广告的诉求内容生动形象地传达给受众。在这个影像泛滥的时代，我们在进行广告创意时应找到消费者的感性诉求点，再配合他们的心理感受，换位思考，从而找出差异化的细节表现。影像细节越生动，广告和消费者之间的交融互动就越理想，就越能传达视觉形象之外的丰富内涵。

因此，在策划广告文案时，不要将视觉形象赋予过多的含义，在短短的几十秒或十几秒的时间里给观众太多的思考压力。信息量过大，反而让观众无法消化。因此，视觉表现一定要单纯、目的明确，给观众强烈的视觉冲击，让直截了当的画面讯息诉诸人的视觉系统，使人的视觉渴求不受阻碍地得到满足。

文字擅于进行抽象化和条理化的叙事，而画面则擅长情感诉求，影像的感染力胜过千言万语，一个眼神、一个动作、一个微笑往往是语言无法精确表达、无法准确描述的。因此，在文字策划阶段一定要考虑影像代替文字所产生的作用。当今的广告在推销商品和服务时往往不会对商品本身进行如实介绍，而是以人的情感为主要依据。找到那些最能影响人们情感的元素进行创意表现，就能发挥出影像广告的最大作用。

二、怎样表达影视广告的创意核心诉求

找到广告的核心诉求并且清晰地用影视语言表达这个核心诉求，是制作出优秀广告的必要前提，但做到这一点，只是影视广告的必备元素，只能满足其基本要求，用什么方式去表达核心诉求才是关键。这就好似一个人，外表和气质只是给人以外观的综合心理感觉，就某件事的表达，他通过什么样的语气、什么样的态度，怎样将晦涩难懂的问题通俗化，怎样打动对方，如何让对方欣然接受，这才是他个性化的综合体现。根据不同产品、不同品牌，影视广告诉求的表达形式不胜枚举，我们无法将其具体分类，只能通过典型的广告案例寻觅出核心诉求所遵循的不同轨迹，然后沿着这个思路寻找出值得参考和借鉴的广告核心诉求坐标系。

1. 严肃的问题娱乐化

《蠢蠢的死法》(*Dumb Ways to Die*)是2013年澳大利亚墨尔本为宣传铁路安全而制作的一条公益广告，因为那里一年有979人掉落轨道。这条MV形式的广告在发布后24小时内即飙升至iTunes排行榜前10名的位置。广告曲风清新，很萌，歌词却发人深省，画面血腥中夹杂着小清新，让人感觉萌萌的又怕怕的。《蠢蠢的死法》获得了2013年戛纳国际创意节(原戛纳国际广告节，2011年更名)影视广告大奖。

意外死亡是一个严肃的社会话题，以前的广告都是站在关爱的角度，以告知、提醒甚至惊悚的方式出现，国内尤其爱用触目惊心的死亡数字。对待这么严肃的问题，《蠢蠢的死法》却打破常规，萌萌的卡通形象再现着因不当行为方式而造成的意外死亡悲剧，死去的卡通形象的灵魂之舞通过娱乐的方式表达出来，告诫和提示生者这是“蠢蠢的死法，这么多蠢蠢的死法”。

2. 说出消费者难以形容的体验感

《宜家床》篇(*Beds Ikea*)获得了2015年戛纳国际创意节影视广告金奖，广告的核心诉求牢牢抓住消费者的体验感。床是“家”中最具代表性的元素，广告不仅表现了床的自由舒适，还通过超现实的表现手法，将宜家家居的整体品牌概念：自由、新奇、创意、舒适表现得淋漓尽致。梦境中天马行空的体验，在现实中得到完美再现；现实中的感受同时也是对梦境的回味，两者互为因果、完美融合。从创意的角度来看，这条广告并不新奇，以前也有类似的沙发广告：不同年龄的人坐在不同款式的沙发上在空中自由翱翔……这次宜家采用的虽然是老旧的创意，但这条广告的成功之处在于制作细节上所表现出的真

实体验感相当到位，令人有身临其境之感。品牌概念从小处着手，通过单一元素“床”，让人去感受宜家的整体产品和服务品质，这是以前同类广告没有达到的高度。

3. 不刻意追求利益点

很多护肤品或洗发护发产品的广告主打产品的功能性，通过使用效果来强化产品利益，尤其在国内，这类化妆品广告比比皆是，它们以产品为导向，讲述产品给消费者带来的利益。联合利华旗下的多芬（Dove）品牌成立了一个自信基金会（Dove Self Esteem Fund），专门推广美丽自信的概念，*Real Beauty Sketches* 篇广告抛弃了产品的利益点，直击全球女性共同关心的话题“美丽”（因为只有4%的女性认为自己美丽）。多芬致力于在女性群体中构建一个积极的自我认知系统，激发女性不断去发现自我潜能。由此，多芬发起了一项“真正的美”的社会体验活动，向全球女性证明非常重要的一点：女人，要有自信，因为你比想象中的更美丽！

多芬邀请在圣荷西警察局工作的嫌犯肖像画师吉尔·萨摩拉为此次受邀参与测试的女性绘制素描肖像画。隔着一个布帘，吉尔·萨摩拉根据不同地域、不同种族、不同年龄、不同职业女性的自我描述绘制出她们的肖像，之后受邀参与素描肖像画的女性们与一位陌生朋友见面并短暂相处，随后吉尔·萨摩拉在与她们见面的这几位陌生朋友的描述下再次绘制她们的素描肖像画。测试完成后，两幅画并排，让受试者对照“你和别人眼中的自己”的差别。测试结果出人意料地一致——体验者在自画像中都不自觉地放大了自己的外貌缺点，而在别人眼里，她们都比自己描述的更美丽、更开朗、更自信。这个视频活动空前成功，获得了超过1.65亿次点击，成为全球被观看次数最多的视频。在脸书（Facebook）上，女性朋友们莫不感动万分，有人说“……我哭了，我没想到会有这么强大的感染力，这个案子太棒了！”显然，它完全打动了女性的心。多芬全球品牌发展副总裁费尔南多·马查多（Fernando Machado）在戛纳国际创意节上评价说：“这次的案例不同于我们以往看到的任何TVC，我们知道这个案例不同凡响，但我们（多芬和PHD）不仅仅只是坐等案例效应的发生，我们战略性地采用积极的媒体策略，帮助案例增加曝光度。我们灵活作战，没有完全按照联合利华的套路出牌。而结果是这个案例为我们成功地带动了全球范围内的影响。”这是一条纪实性广告片，创意灵感来自大量的社会调查数据。他们分析了女性看待自身“美丽”的态度和观点，化妆品就是为“美丽”服务的，而“美丽”又源于“自信”。基于这个思路，这条广告的创意就是提升女性的“自信”，让所有女性相信“女人，要有自信，因为你比想象中的更美丽！”这也刚好触动了女性最敏感的神经，因而迅速在社会上引起强烈反响，传播更加广泛。

4. 巧妙运用不同事物的内在关联性

奇巧(KitKat)巧克力的这条《情人节快乐》(*Happy Valentine's Day*)广告巧妙地利用了“折断”这个视觉瞬间,可谓神来之笔。产品锁定的人群是处于“恋爱”季节的少男少女,他们期盼着情人节那一天的偶遇。看到眼前情侣的甜蜜,特写巧克力的“折断”喻示着失落和憧憬,长凳的“折断”却无意中促成了愿望的实现。“折断”是推进情节的催化剂,“折断”是意外的收获和惊喜,“折断”的声音令人怦然心动。广告全面阐释了奇巧巧克力释放的情人节甜蜜元素,每个细节展现都是创意的完美体现,让人记忆深刻、拍案叫绝。

5. 善用亲情

在于术导演执导的广告片《想念面》篇中,母子亲情一直伴随着儿子的成长。广告结合当代的创业潮流,表现了北漂一族远赴他乡后生发的浓浓的思乡情怀,一根面勾起童年的回忆,令人不禁想回到童年时光,吃最爱吃的妈妈亲手做的面。面香四溢,承载着妈妈的温暖和关爱,每当端起这碗面,思乡之情便油然而生。“无论在哪里,妈妈的想念都在陪伴。”一根面拨动“亲情”的心弦,引起观众的真心共鸣。这碗面作为主线贯穿全片,一根面的两端系着母子之间的彼此挂念。片尾回味无穷的广告语:“想念其实很近,只是一根面的长度”久久回响在耳畔。

6. 令人印象深刻的画面叙事方式

永远不要低估剪辑的威力,《生命片段》(*Life Cuts*)这条广告通过剪辑和适当的合成画面特效,将不同类型、不同出处、不同分辨率的素材完美地组合在了一起,尤其对不同图像之间相同内在关联性的处理堪称一绝。杰蒂图像公司(Getty Images)1995 年成立于美国西雅图,作为全球数字媒体的缔造者,该公司在线提供数字媒体管理工具以及创意类图片、编辑类图片、影视素材和音乐产品,其众多屡获殊荣的图像产品在世界全球最具影响力的报纸、杂志、广告、影视、书籍和网站上随处可见。在浩瀚的素材中,广告通过巧妙的剪辑展现出一个人从出生到死亡所历经的不同人生片段:伴随着秒表的数字变换,不同的人生精彩犹如五彩缤纷的画面,最后,人生轨迹汇聚到一起。很多创意人员面对客户提供的素材无所适从,认为这些素材对创意没什么帮助,很难和创意匹配,甚至直接宣布素材无用。在他们看来,广告就应该是定制的。这条广告启发我们:即使素材在拍摄风格、年代、像素上不尽相同,我们也可以找出它们之间的内在关联性,从而将这些素材统一成一种影像风格,形成明确的核心诉求。

三、影视广告策略的定位转变

在传统广告领域，罗瑟·瑞夫斯 USP 理论的出发点是产品，其核心是每个产品都具有某种独特性，所以广告沟通就是要找到并放大这种独特性，在影视广告表现中有意识地突出、强化这种产品独特元素，这是一种围绕产品自身差异性做文章的广告观念。

大卫·奥格威的品牌形象理论认为，随着大量同质化产品充斥市场，人们已经很难通过产品本身寻找到什么差异性了，因此必须建立一种属于产品自身的个性形象。于是，影视广告表现的注意力便从产品本身的差异性转向了产品内涵的文化属性，以期找出同质化产品的不同文化属性和内在个性，寻找差异化的视觉表现。

应该说，从罗瑟·瑞夫斯到大卫·奥格威，他们所确定的广告和营销沟通观念本身虽然也有差异，但共同点都是要为产品寻找一种独特因素，只不过罗瑟·瑞夫斯认为这种独特因素可以通过对产品自身属性的挖掘而找到，而大卫·奥格威则认为这种独特性可以由人附加给产品，在某种意义上它可以超越产品而存在。无论是罗瑟·瑞夫斯还是大卫·奥格威，他们的出发点都是产品，是把产品作为第一要素。显然这种认识深深地带有产品时代的烙印。

当今时代，广告诉求的主体已经发生了变化，无论是产品本身的差异性还是产品被赋予的文化属性的差异性，都不足以体现产品的品牌识别性。随着产品的同质化现象日益加重，广告的诉求点又回到了消费者身上，围绕着消费者的消费习惯、消费体验、生活形态和日常习惯进行广告创意的表现，在影视广告中，广告策略开始更多地关注消费者的体验性。随着整体广告定位策略的转变，广告的拍摄风格和表现风格也必然相应地发生转变。

实训项目：

项目一：避免广告创意的抽象表现，让广告创意更具画面感。

实训目的：摒弃华美的辞藻，让画面更生动。

实训条件：普通教室。

实训要求：表达的内容能产生具体的视觉形象。

实训步骤：

1. 不受约束地写出自己的创意文案。
2. 去掉抽象概念和非具象化的词汇。

项目二:找到关键词,训练发散思维。

实训目的:通过互不相干的关键词创造第三种含义、贴近主体思想表达的含义。

实训条件:普通教室。

实训要求:同一个广告主题,创意出不同的广告形式。

实训步骤:

1. 找出广告诉求点。
2. 找到关键词。
3. 通过关键词构建含义。
4. 形成广告表现。

思考题:

1. 影视广告的创意技巧有哪些?
2. 影视广告的表现方式有哪些?
3. 影视广告创意有哪些基本格式?

第 3 章

影视广告的镜头语言

本章学习目标

☑了解影视广告所涉及的基本概念。

☑认识景别镜头和运动镜头。

☑掌握影视广告的动态语言。

第一节　影视广告中涉及的基本概念

主要知识点

1. 影视广告编剧中涉及的基本概念。
2. 影视摄影中涉及的基本概念。

一、影视广告编剧中涉及的一些基本概念

镜头：一个镜头在摄影机开始拍摄时开始，在停止拍摄时结束，它可能是短的，也可能是长的；可能需要摄影机的复杂运动，也可能是完全静止的。从导演的立场看，一个镜头从“roll camera”和“action”指令发出时开始，在“cut”指令发出时结束。

场：影视剧本最基本的戏剧板块，通常指同一时间和同一空间内发生的同一剧情，由一个镜头或一组镜头组成。

连续场景：比较随意的一个概念，它由一组具有相同主题、相同节奏和观念、相同外景和剧情的场景连接在一起组成，如汽车追逐场面。

影视剧本由场与连续场景构成。

动作（行动）：指内部动作、外部动作、言语动作等，即情节（action）。

情境：指由外界景物、事件和人物关系等因素构成的境地。

环境：指剧本中人物所处的社会背景和具体生活场所，如自然环境和社会环境。

环境气氛：指人物周围给人以特定感觉的精神表现或生活景象。

电影剧作中的情节：指人物在促使其行动的环境中的变化过程，也是人物性格发展的历程，人物性格通过情节得以展现。情节由一系列能够显示人物与人物之间关系的具体事件构成，它把事件的内在联系展现出来，一般包括开端、发展、高潮、结局等组成部分。

事件：指从生活素材中提炼、加工出来用以表现人物之间感情纠葛、矛盾发展的一件件大大小小的事情。一系列互有联系的事件构成情节。事件是动作的依据，动作又引发

出事件，要在事件中写出人物性格。

故事：指一系列为表现人物性格和展示主题服务的生活事件的梗概，是对基本事件自然的和顺时序的叙述。在叙述故事时，事件和人物是并列的，如某人在某时某地参与了某一事件。故事不像情节那样和人物性格相互交融，故事体现时间顺序，情节则体现因果关系。从故事到情节，是一个艺术加工的过程。

矛盾：指戏剧冲突。

冲突：矛盾在文艺作品中一种比较尖锐的表现形态。冲突分为性格冲突、意志冲突、思想冲突等多种形式。

悬念：处理情节结构的手法之一。

伏笔：叙述手法之一，潜藏在剧情的前面部分，预示将要出现的人物性格、命运变化或事件发展，具有加强剧情前后之间必然联系的功能。

伏线：在一条情节线索的发展中为其他情节线的出现所做的预示或铺垫，类似于"伏笔"。

重场戏：影视剧作中主题思想得到最深刻揭示、人物性格和感情得到最突出表现的部分，对观众来说它又是最富有戏剧性和最扣人心弦的部分。重场戏是剧情发展阶段中的核心因素，在整个影视剧作中常常起着决定其思想性和艺术性高低的重要作用。

场面：构成一部影视剧作情节发展过程的基本单位，一般以时间或地点的转化为划分标准。

叙述方法：分为主观叙述、客观叙述、主客观叙述、多角度叙述、夹叙夹议、闪回叙述、交叉叙述、顺叙、倒叙、预叙、插叙、平行叙述、分叙、复叙、环形叙述等。

描写：分为景物描写、场面描写、细节描写、白描、象征、怪诞、写实等。

修辞：分为明喻、隐喻、比拟、夸张、双关、对比、衬托、省略、重复、铺陈、排比、误会、巧合、暗示等。

梗概：指故事的观点、提要、提纲，是故事的基本思想。我们可以简短地（一段或两段）重点突出故事大意，也可用一个句子表示一个故事梗概。

分场景（主场景）剧本：指把故事梗概转化为剧本形式。分场景剧本根据整个场而非镜头来写，有时各场要标上号，每场要包含详细信息及角色的动作描述、台词和恰当的场面调度，不含摄影机机位和对每一个镜头的描述。

分镜头剧本：剧本编写的最后一步。分镜头剧本按不同的拍摄角度、位置和移动，把分场景（主场景）剧本中的布景、演员、台词和动作分解成一个个镜头。分镜头剧本不仅包含连续编号、每场标题以及说明、台词、拍摄角度、机位、移动方向等特殊内容，还包括有关镜头之间或场之间转换的要求，如淡入、淡出、切出、化出、叠化等。

故事板:分镜头剧本的另一种形式,它包含对故事内容的图解图示,需画上布景和摄影机机位图。

脚本:剧作形式,原指尚待修订的书稿底本,后在戏曲排演中因所使用的台本根据排演者的需要可以随时增删,因此也将台本称为脚本。早期摄制电影时的剧本只对各场人物的外部动作、情绪与人物感情进行概述,导演可以在影片拍摄过程中任意增添,故也称为“脚本”。脚本表现形式简单,不强调叙述文字的修饰与文学性,以实用为主,可以作为分镜头剧本的根据。

二、影视摄影技巧中涉及的一些基本概念

电影摄影:电影摄影师运用摄影机、镜头、胶片把对象及其动作记录下来的过程。电影摄影基于视觉暂留原理,采用24格/秒拍摄速率,通过正确曝光,把现实对象的形状、体积、颜色、质地以及其在时间和空间中的运动记录下来。电影摄影的主要任务是造型处理,主要内容有光线处理、色彩处理、构图处理和运动处理。

摄影造型:用电影摄影的表现手段创造出占有一定空间、在延续的时间中运动着的、最接近生活真实的被摄对象形象的过程,画面应表现出被摄对象的各种视觉特征,如空间深度、立体形态、轮廓形式、表面结构、色彩等。摄影造型要注意前后画面在造型上的协调,即影调、色彩、光线,保持演员表演的动作、位置、方向等的衔接以及节奏、时空关系、艺术气氛、造型风格的一致。摄影造型的表现手段包括对运动——摄影机移动、摄影频率以及光线、色彩、光学镜头与光学附件等的运用。

绘画性摄影:注重画面视觉艺术效果的摄影。

纪实性摄影:注重生活自然面貌的摄影。

气氛镜头:为烘托和刻画人物、揭示剧情、促进剧情的发展所创造的具有情绪色彩或环境色彩、时代特征、光线效果的画面,景物、光影、色调、特定季节、景别运用、角度处理、摄影频率、运动节奏、烟火、雾气、音响等是组织气氛镜头的条件。

光线气氛:用光影创造的意境与情调。

画平面:二度空间或二维空间。

透视效果:电影画面中所表现的客观景物因所处空间位置远近不同而呈现出的视觉形象在形状、长短、大小、色彩、明暗、虚实上有规律的变化。取得画面透视效果的方法有线条透视、影调透视、色彩透视、运动透视、焦点透视等,它们以不同的视觉形式表现出空间深度。

全景焦点:又称为深焦距、全景深,由远及近的被摄景物在画面中表现为全部清晰的

影像。全景焦点常用短焦距镜头获得，镜头的焦距越短，景深越大；光孔越小，景深越大；物距越远，景深越大。当调焦至超焦距点上时，景深最大。

景深：一是景深范围，指处在不同距离上的被摄对象在底片上能获得清晰影像的空间范围，在景深范围之内的景物影像清晰，超出景深范围的景物影像模糊不清；二是电影画面中处在不同距离上的景物层次。景深是电影制作中纵深场面调度的一种方法。

电影画面：电影画面有两层含义。一是电影镜头，指用摄影机不间断地拍摄下来的一个片段，是影片结构的基本组成单位。一个电影镜头叫作电影画面，在涉及造型处理时多用“电影画面”一词，在涉及时间结构时多用“电影镜头”一词。二是一个电影镜头可以表现一种景别，也可以表现多种景别的变化，只要中间不断开、不经剪接，就仍为一个镜头，即一个电影画面。

画幅比例：电影画面的高与宽之比。普通银幕画面的高与宽的比例为 1∶1.375，宽银幕画面为 1∶2.35，遮幅银幕画面的比例不尽相同，分别为 1∶1.66和 1∶1.85。

摄影构图：表现的对象及各种造型因素有机地组织在摄影画面中所形成的结构，通常称作画面布局、画面结构。摄影构图是被摄对象在画面中占有的位置和空间所形成的画面分割形式，其中包括光、影、明暗、线条、色彩等在画面结构中的组合关系，从而构成视觉形象。构图处理的首要任务是突出主体形象，合理地处理主体与陪体、主体与环境的关系。

构图形式：被摄对象与摄影机之间的动、静变化及取景所产生的画面结构，分为静态构图和动态构图。前者表现为单构图，后者为多构图。此外还有不规则构图和不完整构图、封闭式构图和开放式构图等。构图形式还可以表现为线条结构，如水平线构图、垂直线构图、三角形构图、斜线构图、S 形构图、圆形构图等。

电影画面构图：把动态与静态的被摄对象按时间顺序和空间位置有重点地组织在一系列活动的电影画面中构图。电影画面构图具有运动性、整体性、时限性、多视点、多角度等特点，要求画幅具有固定性，构图处理要一次完成，不能事后剪裁、修饰。

肖像构图：电影中着重表现人物形象和内心情绪的一系列中、近景镜头。

静物构图：着重表现某种物件的画面。

多人物构图：群像构图。

风景构图：空镜头。

多构图：画面结构连续或间断发生变化的构图形式。

单构图：一个镜头内只表现一种构图的组合形式。

匹配构图：利用视觉规律造成视觉连贯性和保持画面上兴趣点位置的构图。

后景：在一定条件下可以称为背景。

环境：人物、景物、空间，包括前景、后景和背景。

背景：主体背后的景物。

起幅：运动镜头开始的画面。

落幅：运动镜头终结的画面。

景别：被摄主体在画面中呈现的范围。

第二节　影视艺术语言的基本单位

主要知识点

1. 摄像机光学镜头。
2. 影视镜头组接。

一、画幅

1∶1.333 的高宽比为学会标准片格窗。

画格和画帧分别为电影、电视画面的最小构成单位。画格指由 24 幅画面组成的 1 秒钟电影画面中的某一幅画面，画帧指由 25 幅画面组成的 1 秒钟电视画面中的某一幅画面。

二、镜头焦距的分类

镜头是影视艺术语言中一个最常见而又重要的元素，镜头的另一个含义指摄影或摄像机上的光学镜头，即由透镜系统组合而成的光学部件。

从镜头外射进的平行光在透镜后面聚合成的一点，称为焦点。由焦点到镜头中心点的距离便是焦距。用不同焦距的物镜拍摄可以让我们获得不同的镜头/画面。焦距长的物镜成像大，焦距短的物镜成像小。

1. 标准镜头

标准镜头指焦距长度接近相机画幅对角线长度的镜头，与人眼的视角及观测情形相近。135 相机的标准镜头焦距为 50mm，120 相机为 80mm；35mm 胶片电影摄影机的标准镜头焦距为 50mm；电视摄像机的标准镜头焦距为 25mm。

2. 短焦距镜头（广角镜头）

短焦距镜头指焦距短于、视角大于标准镜头的镜头。135 相机广角镜的焦距一般为

30mm，超广角焦距一般在22mm左右。短焦距镜头具有以下特性：(1)景深大，有利于把纵深度大的被摄体清晰地表现出来；(2)视角大，有利于近距离摄取较广阔的景物范围，尤其擅长室内拍摄；(3)纵深景物近大远小，收缩比例强烈，画面透视感强，因而可以创造特定的影视形象和渲染特定的艺术氛围，增强作品的节奏感；(4)影像畸变像差较大，尤其在画面边缘部分。

3. 长焦距镜头

长焦距镜头指焦距长于、视角小于标准镜头的镜头。若是135相机，长焦200mm左右为远摄镜头、300mm左右为超远摄镜头。长焦距镜头具有如下特性：(1)景深小，有利于摄取虚实结合的影像；(2)视角小，能远距离摄取景物较大的影像且不干扰被摄对象；(3)能使纵深景物的近大远小比例缩小，使前后景物在画面上显得更紧凑，能压缩画面透视的纵深感，让运动物体的空间位移难以觉察；(4)影像畸变像差较小，在人像摄影中尤为明显。

4. 变焦距镜头

变焦距镜头指焦距可在较大幅度内自由调节的镜头，世界上第一只变焦镜头于1959年问世，焦距为36mm～82mm，用于135相机。

三、画面

画面原本是绘画用语。影视画面是客观物体的具体映像，在电影、电视中，画面具有自己的特性。一般一幅或一帧画面不能拿出来单独欣赏，通常要一连串画面才能表达一个完整的映像，所以画面具有不完整性。

镜头与画面有区别，如果摄像机不动，也无景别变化，一个镜头就是一个画面，此时镜头与画面同义；如果在一次拍摄中摄像机移动了或景别转换了，则影像构图可能改变，依次产生一组画面，但整个过程只开了一次机，只是一个镜头而已，此时镜头与画面就不完全相同了。

四、构图

构图指分析画面的组成成分，确立画面中各个组成部分的位置和相互关系，它是设计完美画面的过程和手段。构图要遵循均衡、统一、形式感、趣味、字幕与景物可视性、视屏导向性等原则。

五、镜头组接

镜头组接是一项技术性工艺活动,是将分散、零碎的镜头连接起来,它要求按照一定的思想和逻辑关系将影片内容组接在一起,即蒙太奇。

镜头组接遵循动接动、静接静、动接静或静接动的基本原则。

镜头组接有几种基本方式:切换,也叫无技巧剪辑;叠化;淡变(淡入和淡出);划像(划入和划出);闪白,在前一个镜头与后一个镜头之间空出几格(帧)画面,形成闪烁的白光,然后过渡到下一个镜头;分屏,分割银幕,即在同一画面中插入不同的小画面。

此外,镜头组接方式还有马赛克、翻转、圈入、圈出、帘入、帘出等。

第三节 景别镜头与运动镜头

主要知识点

1. 影视广告景别镜头。
2. 影视广告运动镜头。

景别基本上可以分为远景、全景、中景、近景、特写(细分则有大远景、大全景、小全景、大特写等)。在电影中,景别会限制观众的视角,引导观众的注意力,因此在叙事上起着非常重要的作用。下面简单介绍景别与叙事的关系。

一、景别镜头

景别主要指因摄影机与被摄对象间的距离远近不同而形成的画面上形象的大小不同,景别的大小也与摄影镜头的焦距有关:焦距变动,视距相应发生远近变化,取景范围也就发生大小变化。景别的运用是影视艺术创作的重要手段。要想塑造好鲜明的影视形象,创作者就要根据人物主次、剧情需要和观众心理,处理好景别的大小远近。景别的划分没有严格的界限,一般分为远景、全景、中景、近景和特写。为了使景别的划分有一个较为统一的尺度,我们通常以画面中人物的大小作为划分景别的参照物。如果画面中无人物,就按景物与人的比例来参照划分。

1. 远景

远景指摄影机远距离拍摄被摄对象的镜头。镜头离拍摄对象比较远,画面就开阔、景深悠远。这种景别能充分展示人物活动的环境空间，可以用来抒发感情、渲染气氛、创造某种意境。《黄土地》中的远景，人物都处理得很小，表现了人受制于自然的一种无奈。远景中视距最远的景别，称为大远景，它的取景范围最大，适宜表现辽阔广袤的自然景色，能创造深邃的意境。

2. 全景

全景指出现人物全身形象或场景全貌的镜头。这种景别视野相对小些，让观众既能看清人物又能看清环境，故可以表现人物的整体动作以及人物和周围环境的关系，展示一定空间中人物的活动过程。远景常常用来拍摄人物在会场、课堂、集市、商场等一定区域范围中的动作，是塑造环境中的人或物的主要手段。例如，在电影《阿甘正传》中有这样一场戏：珍妮再一次离开阿甘后，阿甘每天思念着她，最后决定跑，横跨美国。第一个镜头开场就用了全景，并用树和房子的影子及光线交代时间：在一个早晨，独自坐着的阿甘有了跑步的想法。全景的作用是确定事物、人物的空间关系，展示环境特征，表现事件的某一段的发生地点，为后续情节定向。同时，全景也有利于表现人和物的动势。

3. 中景

中景指显示人物膝盖以上形象的镜头。在这种景别中，人物所占空间的比例增大，观众能看清人物的形体动作，并能比较清楚地观察到人物的神态表情，因而这种景别可以反映人物的内心情绪，是影视作品中使用较多的基本景别。中景在主要表现人物的同时，可以表现人一定的活动范围，如房间的一隅、院落的一角等。影视镜头的成功与否，主要看中景的运用。例如，电影《这个杀手不太冷》在主人公走出校园时，镜头用了中景，主要表现建筑物的周边环境和学生状态，更加突出主人公的动作细节，真实写照出主人公与其他学生的不同内心世界。用中景拍摄人物时，多以人物的动作、手势等富有表现力的局部为主，环境降到次要地位。中景更有利于展现事物的特殊性。

4. 近景

近景指表现人物腰部或胸部以上形象的镜头。在这种景别中，人像占据大部分画面，环境变得零碎而模糊，观众已难以看全人物的动作，注意中心往往在人物的肖像和面部表情上，因而这种景别常被用来表现人物的感情和心理活动。近景相当于文学作品中的肖像描写，适宜于刻画人物的音容笑貌、仪表神态、衣着服饰，突出人物的神情和重要动作，也可以用来突出相当的景物，是影视作品中大量运用的景别。《老井》中有一组旺泉婚后与喜凤的感情戏，都是用近景来精雕细刻的，尤其是夫妻俩为儿子取名的场景，通过一个长达215英尺的镜头，尽情渲染了一个具有生活本色的画面。

5. 特写

特写指表现人物肩部以上部位或有关物体、景致的细微特征的镜头。它是视距最近的一种景别,能把表现对象从周围环境中强调、突出出来,使观众去注意某个关键性细节,如惊愕的眼睛、欲滴的泪水、颤抖的睫毛、抽搐的肌肉等,从而制作出强烈而清晰的视觉形象。当视距特别近时,就称为大特写。特写镜头的作用是多方面的:它可以介绍人物,突出影片的主体形象;可以突出贯穿的物体,如《魂断蓝桥》中的吉祥物;可以突出人物细致的表情或动作;可以反映特写环境,使某个物件含义深邃,如《芙蓉镇》中扫帚的三次特写(分立墙角的扫帚、渐渐靠拢的扫帚、并排合一的扫帚,借以表现两个扫街人相爱的独特经历);可以充当转换时空的手段;还可以与其他景别镜头搭配,使节奏加快,营造紧张激烈的气氛。但特写镜头不宜毫无节制地滥用,一般应和全景结合起来使用。

二、运动镜头

运动镜头主要指镜头自身的运动,就是用运动摄影的方法拍摄的镜头。在影视作品中,处于静止状态的镜头是不多见的,大量的是运动镜头。

1. 推镜头

推镜头指在被摄对象位置不变的情况下,摄影机向前缓缓移动或急速推进的镜头。在使用推镜头时,银幕的取景范围由大到小,画面中的次要部分逐渐被推移到画面之外,主体部分或局部细节逐渐放大、占满银幕,景别也由远景变为全景、中景、近景甚或特写。这种镜头的主要作用是突出主体,使观众的视觉注意力相对集中、视觉感受更加强烈,进入一种审视状态。它符合人们在实际生活中由远而近、从整体到局部、由全貌到细节的观察事物的视觉心理。

2. 拉镜头

拉镜头与推镜头的运动方向正好相反,摄影机由近而远、向后移动离开被摄对象,取景范围由小变大,被摄对象由大变小,与观众的距离也逐步加大;画面的形象由少变多,由局部变化为整体;景别由特写或近景、中景拉成全景、远景。拉镜头的主要作用是交代人物所处的环境。

3. 摇镜头

运用摇镜头时,摄影机移动,借助于活动底盘镜头上下、左右甚至旋转拍摄,犹如人的目光顺着一定的方向巡视被摄对象。摇镜头能表现人物眼睛看待周围一切时的感觉,可以从一个被摄对象转向另一个被摄对象,可以表现人物的主观视线及内心感受等。它在描述空间、介绍环境方面有独到的功用,左右摇常用来介绍大场面,上下直摇常用来展示高大物体的雄伟、险峻。摇镜头在逐一展示、逐渐扩展景物时,可以使观众产生身临其境的感觉。

4. 移镜头

移镜头指摄影机沿着水平方向做左右横移拍摄的镜头。移镜头是机身移动,而不是镜头跟随被摄对象移动,它类似于生活中人们边看边走的状态。移镜头同摇镜头一样,能扩大银幕二维空间的映像能力,但因机器不是固定不变的,因此移镜头的自由度比摇镜头更大,它能打破画面的局限,扩大空间视野,表现广阔的生活场景。

5. 跟镜头

跟镜头指摄影机跟随被摄对象,保持等距离运动的移动镜头。跟镜头始终跟随运动着的主体,可以给人造成特别强的穿越空间的感觉,适宜于连续表现人物的动作、表情或细部变化,比如人在山坡上疾速、迅捷的跳跃动作。跟镜头能强化运动的速度感,烘托、渲染人物的情绪,物体、镜头和背景空间三者均处于运动当中。

三、其他镜头

1. 空镜头

空镜头指画面上没有人物而只有景或物的镜头,也叫景物镜头。空镜头的内容并不"空",它是介绍环境、叙述事件、刻画人物、传情达意的重要手段。空镜头在展示故事发生的环境时,往往出现在影片的开头。

2. 长镜头

长镜头指长时间拍摄、不切割空间、保持时空完整性的一种镜头。这种镜头在同一银幕画面内保持了空间、时间的连续性、统一性,能给人一种亲切感、真实感,在节奏上比较缓慢,因而抒情气氛较浓。有人把长镜头称为"镜头内部蒙太奇"。法国电影理论家安德烈·巴赞是"长镜头理论"的倡导者,他总结了长镜头在电影中的运用实践:(1)长镜头和镜头的景深运用可以避免严格限定观众的知觉过程,它是一种潜在的表意形式,注重通过事物的常态和完整的运动揭示动机,保持"透明"的真实性;(2)长镜头(镜头—段落)能保证事件的时间进程受到尊重,镜头产生的景深能够让观众看到现实空间的全貌和事物之间的联系;(3)长镜头能再现现实事物的自然流程,因而更具有真实感。长镜头作为一种电影风格和表现手段,在展现完整现实客观方面具有独特的优越性。

3. 仰俯镜头

大多数镜头是平视拍摄的。在电影画面中，拍摄角度不同，被摄对象在观众视觉范围内的方位、形象就会发生变化，从而引起观众对被摄对象的注意，改变观众的心理反应。仰摄就是摄影机由下往上、从低向高地拍摄，仰镜头代表了观众仰视的视线，在心理色彩上往往给人以舒展、开阔、崇高、敬仰的感觉；俯摄则是摄影机从高向低、由上往下地拍摄，俯镜头代表了观众向下俯视的视线，在心理色彩上给人以阴郁、渺小、压抑的感觉，适合表现人物的悲剧命运或反面人物的可憎卑劣。许多影视片常用俯镜头拍摄敌人的酒宴、赌场的嘈杂、匪徒的密谋等。

4. 快慢镜头

按正常状态拍摄的速度，每秒钟有 24 格画面。如果减低或加快摄影机拍摄的速度，但不改变每秒 24 格的放映速度，那么银幕上就会出现特殊的视觉效果。低于摄影机正常速度(24 格/秒)拍下的镜头叫快镜头，放映时在银幕上会出现比实际运动速度更快的效果。运用得当，快镜头会产生一种夸张的喜剧效果。高于摄影机正常速度(24 格/秒)拍下的镜头叫慢镜头，放映时在银幕上会出现慢动作。慢镜头在影视造型中具有特殊的意义，它能人为地“延缓”动作节奏，“延长”动作时间，使观众看清在正常情况下看不清的一些动作过程，因此普多夫金称慢镜头是“时间的特写”，是一种有意识引导观众注意的方法。

5. 主观镜头

从镜头给观众的印象而言，镜头可以分为客观镜头和主观镜头两种：从导演(也是观众)的视角出发来叙述的镜头叫客观镜头，从剧中人物的视点出发来叙述的镜头叫主观镜头。主观镜头把摄影机的镜头当作剧中人的眼睛，直接“目击”生活中其他人、事、物的情景，它代表了剧中人物对人或物的主观印象，因而带有明显的主观色彩，可以使观众产生身临其境、感同身受的效果，进而使观众和人物进行情绪交流，产生共鸣。

第四节　常见的构图方法

由于一个镜头会像绘画一样在一个既定的画幅中覆盖演员、动作或事件，因而我们必须更仔细地思考自己如何利用那些重要的被摄对象或信息来填满画面。也就是说，要在一个特写镜头中把演员的头部安排在哪儿，或要在一个远景镜头中把一望无际的牧场大平原上一棵孤零零的高树放在什么位置。这不仅仅涉及放在哪儿的问题，还涉及为什么要这么放的问题。这些视觉元素在整体画面中的摆放位置非常重要，因为它们将向观众传达特定的含义。

主要知识点

1. 常见的构图比例。
2. 人物构图的取景方法。

一、常见的宽高比及构图方法

1. 常见的宽高比

常见的宽高比有以下几种：

◎1.33∶1，也就是俗称的4∶3；

◎1.78∶1，也就是俗称的16∶9；

◎1.85∶1；

◎2.35∶1；

◎2.40/2.39∶1（1920×800）。

2. 常规的构图方法

常规的构图方法有以下几种：

◎直线构图：直线构图可以充分显示景物的高大和深度，电影画面中的瀑布、参天大树等可以用直线构图。

◎水平构图：水平构图可以传达平静、安宁、舒适、稳定的感觉，常用于湖面、平川的拍摄。

◎斜线构图：斜线构图可以传达失衡、紧张、危险的情绪。

◎S构图：S构图主要用来表现画面中蜿蜒的河流、山脉。

◎X构图：线条、影调按X形布局，透视感强烈，有利于把视线由四周引向中心，也可以赋予景物从中心向四周逐渐放大的特点。

◎十字构图：十字形给人以平稳、庄重、严肃之感，可以用来表现成熟而神秘、健康而向上的感觉。因为十字最能使人联想到教会的十字架、医疗部门的红十字等，因而又可以产生神秘感。

◎向心、发散构图：向心、发散构图指主体处于画面中心位置、四周景物朝中心集中的构图形式。这种构图能将视线引向主体，并起到聚焦的作用，具有突出主体的鲜明特点,但有时也会产生压迫中心、局促沉重的感觉。

◎放射构图:放射构图通过画面向四周延伸的内容来表现具有冲击力的气势,可以有效地增强画面的张力。

◎三角形构图:三角形构图以三个视觉中心安排景物的主要位置,有时也以三点成一面的布局安排景物的位置,从而形成一个稳定的三角形,可以是正三角形,也可以是斜三角形或倒三角形。

◎平衡构图、对称构图:平衡构图和对称构图是电影中最常用的构图方式,可以在视觉上让观众感到舒适。

巧妙地安置画面中的被摄对象不仅有利于强调构图、提供潜台词,而且还可以赋予影像美、均衡和有序的感觉。

二、人物构图取景简单法则

在画面中摄影师注意到了什么?人物的头部位于画面什么位置?眼睛看向哪里?这些都是摄影师在构图时需要考虑的问题。

1. 头顶留白

对某给定的景别(中景镜头、远景镜头、特写镜头)来说,在画面中将人物的头部放在什么位置是有公认准则的。这个准则更适用于中景和特写镜头,因为在这些景别较紧的镜头里我们更多看到的是人的头部和身体而非周围的环境。

人们在日常交流时会自然地倾向于看对方的脸,特别是眼睛。这种"脸部聚焦"有助于我们洞察人物的身心状况并掌握他们的情绪状态。因此,当观众看银幕上的演员时,通常也会注意这个人的脸部,尤其是眼睛和下巴。导演们都知道这一点,并且会在构建人物镜头时利用这一点。

人物的头部在画面中的位置非常重要,这就是为什么会有"头顶留白"这个指导法则。

头顶留白特指演员的头顶和画面上边框之间的空间。由于银幕空间非常宝贵,绝对不能有丝毫浪费。因此在比较紧的镜头里经常让画面的上边框正好切到人物的头顶,而在比较松的镜头里则要考虑在人物头顶留多少空间比较合适。

一般而言,不要给人物头顶留下太多的空间,因为它会浪费银幕空间,而且会与整体构图格格不入,除非故事或时间需要在头部以上留有更多信息。

2. 拍摄方式——主观与客观

如果画面中人与人之间在交流时彼此看着对方的脸,并且是用眼睛在交流,那么画面中人物的眼睛是如何直视我们的呢? 如果被摄对象直视镜头,这意味着什么? 如果银幕里的人直接对着你讲话,作为观众的你是什么感受? 当然这取决于拍摄或观看的物体类型。

如果我们拍的是一位现场记者,那么被拍摄对象可以直视镜头进行实况报道,记者通过直视观众和讲述事实从而与观众建立起一种直接的联系。

在电视节目中,画面中人物可以直视镜头并对着电视观众讲话,这种拍摄方式被称为主观拍摄。

电影《我杀了我妈妈》开头前 40 秒都是男主角于贝尔对着镜头的自述,但这种方法并不适用于有剧本的虚构故事片(至少不适用于绝大部分虚构故事片——就像随后我们将学到的那样,规则经常会有例外)。在虚构故事里,演员在假想的世界里扮演角色,摄影机机是观察者而不是直接参与者。

演员一般不能直视镜头,甚至不能靠近它。

如果演员看向镜头或对着镜头讲话,这就叫"打破第四堵墙"。如果摄影机是在一个房间里拍摄演员的表演,则摄影机可以看到后面和左右两侧的墙。在摄影机后面的那堵墙,也就是说物理上处于摄影机所在位置的那堵墙,就是"第四堵墙"。第四堵墙是拍摄表演的地方,基本上也就是观众坐下来观看故事的地方。因此银幕上的所有人都要表现得好像摄影机根本不存在一样。这种拍摄方式通常被称为客观拍摄。

3. 视线留白

视线留白是画面中留出来的从被摄主体的眼睛到画面边缘之间的空白空间,这种空白区域可以使人物头部所占据的左边画面的重量和右边空白部分的重量保持平衡。在这里,"重量"指视觉上的分量而不是实物的重量,比如画面中人物的头部或画中的空白。

4. 九宫格定律

九宫格定律就是分别从水平和垂直的方向把画面做三等分。当然这些线条并不会出现在画面里,但是摄影师必须将其牢牢记在脑海里,拍摄时知道它们在取景器上的大概位置。

第五节 影视广告的动态语言

主要知识点

1. 影视广告动态语言应用原则。
2. 影视广告基本剪辑模式。

运动是影视艺术的基本特性之一，它不仅包括演员在表演中的形体运动和他们所塑造的人物的心理运动，还包括摄影机的物理运动和其在组接镜头的蒙太奇剪辑中的叙事运动。

影视中的运动就是指场面调度，它包括演员调度和镜头调度（运动镜头和剪辑运动）。而镜头调度中的运动镜头则指摄影机的物理运动，剪辑运动主要指固定镜头的组合。

一、匹配原则

所谓匹配原则，指两个画面在连接时要有一种和谐、对应的关系，这种对应影响着观众的视觉和心理。

正如一般红娘在介绍对象时遵循的基本原则“门当户对”一样，从心理学上讲，匹配就是要满足观众的“心理认同”。

在剪接中，要利用一定的造型特点以及画面造型之间的关系，适应观众的日常心理体验。

1. 位置的匹配

位置的匹配指两个画面中的主体剪接到一起时，要相互协调、关系和谐。具体而言，主要有以下两点。

（1）主体在画面中处于视觉中心的位置，使观众的注意力集中于主体，这一点摄影、摄像相同。

（2）主体不为寻求单幅画面自身的均衡，而是要照顾上下两幅画面的对应关系，这是摄影与摄像的区别，因为摄像是运动的。例如下面两种情况：

第一，两个画面的主体处于相同的位置。同一主体或同类物体，人物的对话和活动在同视轴变换景别时，如果运动物体变换景别，则主体应尽量保持在画面中大致相同的位置上。

第二，两个画面的主体处于相反的位置。在这种情形下，主体应置于画面的不同位置上。

相反位置是为了让内容之间建立起一种逻辑关系，虽然这会使人们的视觉注意力产生跳动，但可以产生一种心理平衡，在整体上形成连续感。

在有明显对立关系（如谈话双方、讲演者与听众、动作者与动作对象）的两个主体交流时，如果从两个截然相反的方向拍摄主体，则主体应置于画面的不同位置。

2. 视线、动作的匹配

剪接时要注意画面中人物的视线、动作方向符合一定的逻辑关系。

画框的存在导致影视中的人与物表现出明显的方向性。为保持正常的逻辑关系，画面中人物的视线方向应符合人的心理感受。

视线的作用是使人和物的画面产生联系，物常作为人的结果，用来表现一种对应关系。

视线往往是剪接的重要契机，视线的落点除了作为剪接点的依据外，还是表现人物心理活动和人物间感情关系的重要因素。

二、轴线原则

1. 为什么要有轴线

由于画框的限制，电视屏幕上没有东西南北之分，正如初玩 3D 游戏的人分不清方向一样。为什么会这样呢？让我们对比一下电视与现实：

在现实生活中，人们可以从任何一个角度观察一个物体的运动，而且绝对不会搞错运动方向，这是因为：（1）环境参照物的存在，使人们知道或能预测物体运动的总方向，视角为 180°；电视则不行，它受镜头角度的限制，所见极为有限；（2）视点转换有心理依据，当我们从运动的一侧移到另一侧时，我们已经意识到视点的变化，而屏幕上物体的运动方向则完全取决于摄像机所处的位置。

由于电视屏幕中方向感被弱化了，我们不得不制定某种剪辑规则，以使画面之间的运动方向保持一致，于是就有了轴线原则。

2. 什么是轴线原则

在运动着的物体或对话的人物之间有一条看不见的线，这条线影响着屏幕上物体运动的方向和人物的相应位置，这条贯穿于运动物体并影响画面运动性的无形的线，就叫作运动轴线（action axis）；对于不运动的人或物来说，这条线也称为人物关系线。

轴线分为两种：一种为运动线（可以是曲线），一种为情感交流线（只能是直线）。

轴线原则要求镜头只能在轴线的同一侧拍摄，越过轴线，运动方向就会相反；在剪辑时，相邻的两个画面必须是在轴线同一侧拍摄的。因此，在剪辑画面时，首先要考虑建立总轴线，使每个镜头的运动方向趋于一致。

3. 跳轴

跳轴指画面中主体的运动或视线方向无缘无故地改变了，导致观众理解上的混乱。其实，这就是在轴线不同侧拍摄的两个画面被剪辑在一起了。

请注意，情感轴线在拍摄和剪辑时都很重要，摄影机可以放在远处或近处拍摄单个或多个人，但绝不能越过情感轴线，它只能在轴线的同一侧，在180°的一个半圆形内移动（当然，为了拍摄效果，拍摄的角度不能太小，一般在20°以上）。

如果越轴拍摄，从相反的方向拍主体，则屏幕上人物的位置就会调转过来：一个原来处于右边的人物就会突然跑到左边的位置上。如果越轴拍一个人物的单独特写，他的视线方向也会相反。

4. 跳轴的弥补

跳轴的弥补方法有几种：

（1）借助运动的动作变化改变轴线

在两个相反的镜头中间插入一个有运动物体转弯动作或人物转身动作的镜头，利用动势将轴线变过来。

（2）插入中性运动镜头

在两个相反的运动镜头中间插入一个运动物体在画面中间纵深运动的镜头，中性运动镜头没有明显的方向性（因为它始终处于轴线上，对轴线两侧的画面而言，它都可以处于不越轴的状况），从而可以减弱相反运动的冲突感。

（3）借助人物的视线

如在车上看外面的景物从左至右划过画面，插入坐车人转头从左往右看的中性镜头，然后随着人物的视线，变成景物从右至左划过画面的镜头。

（4）特写镜头

在两个运动镜头中间插入一个局部的特写或反应镜头的特写，从而暂时分散观众的注意力，减弱相反运动的冲突感。

（5）全景再次交代视点

在一些速度不很快的运动物体改变轴线时，可以从近景跳到大全景，等运动改变过来后再跳到小景别。

5. 表现对话的机位:三角形原理

在表现人物对话时,共有六组机位可以搭配,分别是:顶角机位、平行机位、外反拍机位、内反拍机位、正反打机位和外侧正反打机位。

(1)顶角机位

采用顶角机位时,两个被摄对象的关系线作为等腰三角形的底边,摄影机放置在顶角。这一机位使画面中的两个人物处于同一视觉平面,各自所占画面份额相等,是交代环境和人物关系的角度,因而常用于一场戏中对话的开始和结束。

(2)平行机位

采用平行机位时,在轴线一侧设置两个或两个以上、视轴相平行同时与轴线相垂直的机位。它在画面上只表现关系轴线中的一个人物,因此它用于并列表现不同的对象,例如拍摄两个人物对话或多名赛跑运动员各自的表情动作,带有客观同等评价的含义。

(3)外反拍机位

外反拍机位指处于平行机位外侧的摄影机视角与轴线的夹角为锐角时的那种机位。与顶角机位相似,它同时交代两个人物,但两个人物互为前景、后景,具有明显的透视效果,因此有轻重之分。如果两个演员面对面地对话,其中一个就面对摄影机,观众可以充分注意到他的表情动作;如果背对摄影机的演员占画面较小,通常称为"过肩镜头"。

外反拍机位也可以让演员面对摄影机同向站立,以使观众同时观察到两个人物的情况,这时如果要突出其中的某一个人物,可以运用变焦的办法。

(4)内反拍机位

内反拍机位指处于平行机位内侧的摄影机视角与轴线的夹角为钝角时的那种机位。这种机位拍摄的画面中只出现一个人物,但可以使观众明显感受到他正在与轴线另一端的画外人物交流。内反拍机位常常与顶角机位结合使用,是表现对话的最佳形式——"三镜头(正反打)"。

(5)正反打机位

正反打机位都在轴线上,视轴与轴线相重合但分别向外,画面上只出现轴线一端的一个人物,功能与内反拍机位相同,只是它模仿的是另一个人物的主观视点,给观众的感受是主观视点镜头。

(6)外侧正反打机位

外侧正反打机位也设置在轴线上,但分别向内,画面上只出现离摄影机近端的人物,另一个人物则被完全遮挡,所以在实际拍摄中价值不大。

由上可以看出,(2)~(6)号机位分别与(1)号顶角机位配合,可以使三台摄影机反映同一对话场景,这三个机位组成一个三角形,这就是我们常说的“机位三角形”,也即分镜头拍摄时,三个机位所构成的底边与轴线平行的三角形。

为了使分镜头拍摄的画面保持视觉上的连贯性与流畅性,三个机位所拍摄的镜头中的人物必须在位置和视线方向上相匹配(如果人物有动作还应该有动作的匹配)。而要做到这种匹配,机位三角形就必须位于轴线的同一侧,三个机位中的任何一个越过轴线到了另一侧,就会打破位置与视线方向的匹配,引起视觉错乱。

三、剪辑句型

在此主要介绍三种剪辑句型:前进式句型、后退式句型和复合式句型。

1. 前进式句型

前进式句型在表现同一对象时,按全、中、近、特的镜头顺序展开叙述,视点从远到近,逐步前进。如果叙述顺序由面到点,或者剧情发展越来越紧张,用前进式句型。前进式句型表现的是一种上升的情绪发展曲线。

2. 后退式句型

后退式句型按特、近、中、全、远景的镜头顺序展开叙述,视点从近到远,逐步后退。如果叙述的顺序由点到面,或者剧情趋于松弛,用后退式句型。后退式句型表现的是一种下降的情绪发展曲线。

3. 复合式句型(环形句型)

复合式句型由一对对称分布的前进式分句和后退式分句构成,表现的是一种抛物线的情绪发展曲线。

四、五种剪接点

剪接点就是两个镜头之间的转换点。依据不同的剪辑依据,我们大致可以将剪接点归纳为以下几类:叙事剪接点、动作剪接点、情绪剪接点、节奏剪接点、声音剪接点。

1. 叙事剪接点

叙事剪接以观众看清画面内容或解说词叙事、情节发展所需的时间长度为依据,这是影视广告中最基本的剪接依据。在剪辑中,镜头转换不仅是为了满足影视叙事构成或艺术表现的需要,同时也是为了满足观众观赏的需要。每一次镜头转换意味着观众注意力的转移——从一个视觉形象转移到另一个视觉形象上,镜头的长度决定着视觉形象刺激观众注意力的强度和观众的接受程度。如果一个镜头能给大家带来出乎意料的事实或更多的信息，相对于人们熟识的镜头，这个镜头显然会得到更多的关注。通常，镜头连接虽然没有连续的动作，但我们可以通过主体将其统一于一体。因此，以镜头长度满足叙事要求，以镜头连接表现主题，是影视编辑中最基本、最常见的方式。

2. 动作剪接点

动作剪接以画面的运动过程（包括人物动作、摄像机运动、景物活动等）为依据，结合实际生活规律的发展来连接镜头，目的是使内容和主体动作的衔接转换自然流畅，它是保证影视广告外部结构连贯的重要因素。动作剪辑固然是为清楚地叙事服务的，不过它更着眼于镜头外部动作的连贯性，在镜头连接的剪接点选择上，除了镜头内部运动体的动作、动势外，摄像机的运动方式也是重要的判断依据。此外，运动镜头的速度、方向、起幅、落幅同样会影响到镜头连接的视觉连贯性。正确处理好动作剪接点，是镜头组合得以产生行云流水般自然连贯的视觉效果的基础。

3. 情绪剪接点

情绪剪接以心理活动和内在的情绪起伏为依据，结合镜头的造型特点来连接镜头，目的是激发情绪表现。就影视广告剪辑而言，有时候如果完全按照画面上的外部动作来剪辑，并不一定能准确地表现应有的情绪节奏或叙事上的跌宕起伏。这时，在剪接点的处理和剪辑方式上，必须考虑影视广告的总体节奏和这一段落或动作的情绪形态，依据人物情绪或时间发展的内在情绪要求，利用镜头在表现情绪上的造型作用来判断剪接点，而不必依据任何形体动作或声音语言。

4. 节奏剪接点

节奏剪接以运动、情绪、事物发展过程的节奏为依据，结合镜头造型特征，用比较的方式来处理镜头的长度和衔接位置，也就是通过镜头连接点的处理来体现快慢动静的对比，它重视的是镜头内部运动与外部动作形态的吻合。

5. 声音剪接点

声音剪接以声音因素（解说词、对白、音乐、音响等）为基础，根据内容要求和声画有机关系来处理镜头的衔接，也就是上下镜头中声音的连接点。各种声音都有其本身的规律性并与画面内容有着紧密的联系。镜头连接并不是单纯地处理图像的连贯性，有时候，如果不能很好地控制声音剪接点的位置，即便镜头连接很简单，也会显得失真。

实训项目：

项目一：利用运动镜头和不同景别拍摄如下画面，并分析每个镜头产生的视觉语言效果。

拍摄画面：地点在运动场，学校广场或者带有相关空间关系的场地，3～4 名学生为一组，彼此形成空间关系，同时设定一个主题，所有镜头设置均围绕这个主题表现。

实训目的：注意观察并掌握镜头运动角度、速度、节奏等拍摄方法，运用镜头形成的景别、构图以及运动关系来强化叙事表达能力，细心体会镜头产生的不同景别、快慢节奏和构图差异所形成的视觉语言效果。

实训条件：摄像机、拍摄场地、相关道具、助演。

实训要求：注重把握景别、构图、镜头节奏运动规律。

实训步骤：

1. 熟悉摄像机的使用。
2. 适合的拍摄地和助演有利于拍摄任务的完成。
3. 镜头景别规划和场景规划。
4. 运动镜头的表现（多种运动镜头的拍摄表现对比，体现不同镜头语言的运用）。
5. 特定镜头叙事的清晰性、合理性和完整性。

思考题：

1. 影视广告的镜头语言涉及哪些概念？
2. 影视广告的镜头语言有哪些构图方法？
3. 请阐述影视广告中的动态语言。

第 4 章

影视广告的蒙太奇语言

本章学习目标

☑了解蒙太奇及其功能。

☑掌握镜头组接的蒙太奇规律。

☑了解蒙太奇的分类与形式。

第一节　蒙太奇的定义与功能

主要知识点

1. 蒙太奇的定义。
2. 蒙太奇的功能。

一、蒙太奇的定义

蒙太奇是法文 montage 的音译，意为文学、音乐与美术的组合体，原本属于建筑学用语，用来表现装配或安装等。《大英百科全书》的解释是："蒙太奇指的是通过传达作品意图的最佳方式对影视进行的剪辑、剪接以及把曝光的影片组接起来的工作。"在电影创作过程中，蒙太奇是导演向观众展示影片内容的叙述手法和表现手段。

在视频编辑领域，蒙太奇的含义有狭义和广义之分：狭义的蒙太奇专指编排、组合镜头画面、声音、色彩等诸元素的手段。也就是说，是在后期制作过程中将各种素材按照某种意图进行排列，从而使之构成一部影视作品的手段。由此可见，蒙太奇是将摄像机拍摄下来的镜头，按照生活逻辑、推理顺序、作者的观点倾向以及美学原则连接起来的手段，是影视语言符号系统中的一种修辞手法。

广义的蒙太奇则不仅仅包含后期视频编辑时的镜头组接，还包含影视剧作创作者从开始到完成的整个过程中的艺术思维方式。

二、蒙太奇的功能

一条影视广告由若干镜头组成，每个镜头的画面内容、运动形式以及画面与音响组合的方式都包含着蒙太奇因素。可以说，一条影视广告在拍摄镜头时就已经在使用蒙太奇了。蒙太奇的作用主要体现在以下几个方面。

1. 概括与集中

通过镜头、场景、段落的分切与组接，我们对素材进行选择和取舍，选取并保留主要的、本质的部分，省略烦琐、多余的部分。这样一来，就可以突出画面重点，从而强调特征显著且富有表现力的细节，以达到高度概括和集中画面内容的目的。

2. 吸引观众的注意力、激发观众的联想

影视广告在编排之前，其视频素材中的每个独立镜头都无法向人们表达出完整的寓意。但通过蒙太奇手法将这些镜头组接起来后，这些镜头便能够起到引导观众注意力、影响观众情绪与心理、激发观众丰富联想力的作用，使原本无意义的镜头成为观众更好地理解影片的工具。此外，蒙太奇还能够激发观众的参与心理，从而形成主客体间的共同“创造”。

制造悬念是蒙太奇的一种具体表现，也是当代影视作品吸引观众注意力、激发观众联想的常用方法。

3. 创造独特的画面时间

通过对镜头的组接，蒙太奇可以对影视广告片中的时间和空间进行任意的选择、组织、加工和改造，从而形成独特的表述元素——画面时空。与早期的影视作品相比，影视广告对画面时空的运用使得广告片的表现领域变得更为广阔，素材的选择取舍也变得更加灵活。因此，影视广告更适于表现丰富多彩的现实生活。

4. 形成不同的节奏

节奏是情节发展的脉搏，是画面表现形式与内容是否统一的重要表现，也是对画面情感和气氛的一种修饰和补充。它不仅关系到镜头造型，还涉及广告片的长度与时间分配问题。因此，节奏的发展过程不仅要根据剧情的进展来确定，还要根据拍摄对象的运动速度和摄像机的运动方式来确定。

在后期编辑过程中，蒙太奇正是通过对镜头的造型形式、运动形式以及广告片长度的控制，使画面表现形式与内容密切地配合，让画面在消费者心中留下深刻的印象。可以看出，人们不仅可以利用蒙太奇来增强画面的节奏感，还可将创作者的思想融入故事中去，从而创造或改变画面中的节奏。

5. 表达寓意、创造意境

在对镜头进行分切和组接的过程中，蒙太奇可以利用多个镜头间的相互作用形成新的含义，从而产生单个画面或声音所无法表述的思想内容。如此，创作者便可以方便地利用蒙太奇来表达抽象概念、特定寓意或创造出特定的意境。

第二节 组接镜头的基础知识

主要知识点

1. 镜头组接规律。
2. 镜头组接节奏。

一、镜头组接规律

无论哪种影视作品，从结构上讲都是由一系列镜头按一定的次序组接后形成的。然而，这些镜头之所以能够延续下来并使观众将它们视为一个完整融合的统一体，是因为这些镜头间的发展和变化遵循了一定的规律。因此，在应用蒙太奇思维组接镜头之前，我们必须要了解一些镜头组接的规律与技巧。

为了清楚地向观众传达某种思想或信息，组接镜头时必须遵循一定的规律，主要有以下几点。

1. 符合观众的思维方式与影片表现规律

镜头的组接必须符合观众的生活与思维逻辑关系，如果影片没有按照上述原则进行编排，必然会由于逻辑关系混乱而导致观众难以理解。

2. 景别的变化要“循序渐进”

通常来说，一个场景内的“景”不宜发展得过于剧烈，否则便不易与其他镜头进行组接；但如果“景”的变化不大，同时拍摄角度的变换亦不大，同样也不利于其与其他镜头进行组接。

例如，在编排同机位、同景别恰巧又是同一主体的两个镜头时，由于画面内景物的变化较小，因此将两个镜头简单组接后便会给人一种镜头不停在重复的感觉。在这种情况下，除了重新拍摄外，还可以运用过渡镜头，使表演者的位置、动作发生变化后再进行组接。

综上所述，在拍摄时“景”的发展变化需要循序渐进，并通过渐进式变换不同视距进行拍摄，使各镜头间顺利连接。在应用这一技巧的过程中，人们逐渐发现并总结出了一些典型的组接句型。

3. 镜头组接中的拍摄方向与轴线规律

所谓“轴线规律”，指在多个镜头中，摄像机的位置应始终位于主体运动轴线的同一侧，以保证不同镜头内的主体在运动时能够保持一致的运动方向。否则，在组接镜头时，便会出现主体“撞车”的现象，此时，两组镜头便互为跳轴画面。在视频后期编辑过程中，跳轴画面除特殊需要外基本上无法与其他镜头相组接。

4. 遵循“动接动”“静接静”的原则

当两个镜头内的主体始终处于运动状态且动作较为连贯时，可以将动作与动作组接在一起，从而达到顺畅过渡、简洁过渡的目的，这种组接方法被称为“动接动”。

与之相应，如果两个镜头的主体运动不连贯，或者它们的画面之间有停顿，则必须在前一个镜头内的主体完成一套动作后，再与第二个镜头相组接，且第二个镜头必须从静止的画面开始，这种组接方法被称为“静接静”。在“静接静”组接时，前一个镜头结尾停止的片刻叫“落幅”，后一个镜头开始时静止的片刻叫“起幅”，起幅与落幅的时间间隔为1～2秒。

在将运动镜头和固定镜头相组接时，同样要遵循这个规律。例如，一个固定镜头与一个摇镜头相组接时，摇镜头开始要有“起幅”；当摇镜头与固定镜头相组接时，摇镜头结束时必须要有“落幅”，否则组接后的画面便会在视觉上给人一种跳动感。

二、镜头组接节奏

在一部影视作品中，题材、样式、风格以及情节的环境气氛、人物的情绪、情节的起伏跌宕等元素都是决定影片节奏的依据。然而，要想让观众能够很直观地感觉到这一节奏，作品不仅要通过演员的表演、镜头的转换和运动以及场景的时空变化等前期制作因素来实现，还需要运用组接手段，严格掌握镜头的尺寸、数量与顺序，并在删除多余枝节后才能完成。也就是说，镜头组接是控制影片节奏的最后一个环节。

在实施上述操作的过程中，影片内每个镜头的组接都要以影片内容为出发点，并在这个前提下调整或控制影片节奏。例如，在一个宁静祥和的环境中，如果出现了快节奏的镜头转换，往往会让观众觉到突兀，甚至在心理上难以接受。相反，在一些节奏强烈、激荡人心的场面中，如果猛然出现节奏极其舒缓的画面，便极有可能冲淡画面的视觉冲击力。当然，追求特殊效果的不在此例。

在剪辑、组接镜头时，每个镜头停留时间的长短，不仅要根据内容的难易程度和观众的接受能力来决定，还要考虑画面构图和画面内容等因素。例如，在处理远景、中景等包含内容较多的镜头时，便需要安排相对较长的时间，以便观众看清画面上的这些内容；对于近景、特写等空间较小的画面，由于画面内容较少，则可以适当缩短镜头的停留时间。

此外，画面内的一些其他因素也会对镜头停留时间的长短起到制约作用。例如，画面内较亮的部分往往比较暗的部分更能引起人们的注意，因此在表现较亮部分时可适当缩短镜头的停留时间，在表现较暗部分时则可适当延长镜头的停留时间。

第三节　蒙太奇的分类与形式

主要知识点

1. 蒙太奇的分类。
2. 蒙太奇的表现形式。

一、蒙太奇的分类

蒙太奇是影视创作中特有的思维方式，是一种画面语言构成方式。蒙太奇首先来源于生活，其次它依据一定的关系、原理，反映现实的需要，对生活中的各种素材进行选择、加工等，使之典型化和美化，在这一过程中加入创作者的思想、情感和创作意图，影视艺术的制作工艺、技术便有了可表现性。

蒙太奇主要分为以下几类。

1. 叙事蒙太奇

叙事蒙太奇也称"连续蒙太奇""连续构成"。它按照情节发展的时间流程、逻辑顺序、因果关系来组接镜头、场面和段落，从而引导观众去理解剧情。它着重于动作、形态及造型的连贯性，是影视剪辑中最常用的形式。一部影视作品中的绝大部分都是叙事蒙太奇。

2. 表现蒙太奇

表现蒙太奇也叫"对列蒙太奇""对列构成"。它按照画面或画面与声音之间的相互呼应、对比、比喻、暗示等关系来组接镜头，以形成某种概念或寓意。表现蒙太奇不是为了叙事，而是为了满足某种艺术表现的需要；它不以事件发生、发展的顺序作为镜头组接的依据，而是根据事物之间的内在逻辑关系，把不同的镜头对列起来，以表现一个原来不曾有的新含义。表现蒙太奇也就是苏联电影学派所潜心研究的蒙太奇理论。

二、常见的蒙太奇形式

1. 平行蒙太奇

平行蒙太奇指在一个蒙太奇段落里，分头叙述不同时空或同时异地发生的两条及以上的情节线。平行蒙太奇打破了单一情节线索的约束，几条线索并行表现，既可以删减过程，又可以使线索之间互相烘托、形成对比，易于产生强烈的艺术感染力。

平行蒙太奇的作用在于它可以自由灵活地展现更为广阔的时空结构，多层次多侧面地观察一个事物或事件的状态和发展，揭示事物之间的内在联系。

例如《钢铁侠 3》：一边是曼达林处决人质的直播，一边是总统团队在飞机上处理这一紧急事件，双方的剧情状况平行发展，但又不交叉出现，最后统一在一场矛盾中，既不失情节感，又条理清晰。

2. 连续式蒙太奇

连续式蒙太奇以一条情节线索和一个连贯动作的连续出现为主要内容，镜头的组接以情节和动作的连贯性和逻辑因果关系为依据。这种蒙太奇叙述手法可以表现出脉络清晰、条理分明的故事情节，容易被观众所接受和理解。如 Sony Net MD 的影视广告，广告片以故事的形式，根据情节和动作的发展进行剪辑，段落与段落之间转场连贯，表现了在斗舞比赛中 Sony Net MD 的高速传输给舞者带来的便捷性和灵感。

再如影片《偷天换日》：门锁脱落（大特写）—查理开门（近景）—抬头仰视（远景）—走进去（中景），影片按照人的视觉心理习惯安排镜头，述说流畅，简单易懂，无一不在说明主人公的活动状态。

3. 重复式蒙太奇

重复式蒙太奇让具有一定寓意的镜头在关键时刻反复出现，以达到刻画人物、深化主题的目的。

例如影片《007 大破量子危机》：重复出现玻璃碎片中的手枪特写，一定程度上代表了邦德的主观视角，让观众心理十分紧张。

4. 积累式蒙太奇

积累式蒙太奇将若干性质相同的镜头并列地组接在一起，以达到渲染气氛、强调情节、突出某种含义的目的。积累式蒙太奇的特点是不强调镜头之间在时间、空间上的联系，而注重镜头的同一类型性——画面内容具有共同的性质、特点，镜头造型在景别和运动状态上基本一致。

积累式蒙太奇还可以通过多个同质或异质事物的积累来表现思想，给观众一个总体印象和较深的感受。

例如影片《守望者》：通过老一辈超级英雄的一系列英勇事迹的曝光镜头，以慢动作来表现英雄们过去的辉煌和荣耀，这一段放在片头，以几个缓慢的镜头来铺垫故事的前提和背景，言简意赅，却令人陷入无限的幻想中——关于他们的过去、关于他们的故事……

5. 对比式蒙太奇

对比式蒙太奇将两种性质、内容或造型形式相反的镜头组接在一起，利用它们之间的冲突造成强烈的对比，从而达到表达某种寓意或强化所表现的内容、情绪、思想的目的。对比蒙太奇还可以用来强调事物之间的差异，通过对立因素的对列，使两者的差别更加明显，从而给观众造成一种视觉上的震惊感。

例如影片《守望者》:同样身为超级英雄,一个为国效力,受到肯尼迪总统接见;另一个则频频制造恐怖事件,刺杀了肯尼迪,画面反差强烈、令人深思。

6. 隐喻蒙太奇

隐喻蒙太奇通过镜头或场面的对列进行类比,含蓄而形象地表达创作者的某种寓意。这种蒙太奇是靠观众的想象来发挥作用的,它用暗示的手法来组接两个镜头,以达到用一个镜头的内容比喻、影射、引申另一个镜头的含义的目的。

苏联早期影片《罢工》中最后枪杀工人的几个场面,用屠宰牛的镜头与军队大规模枪杀游行群众的场面交织在一起,产生了"人的屠宰场"的隐喻:

(1)原野,在进行射击;

(2)屠宰场,拿着刀的手从画面的上部切下来(特写);

(3)(全景)1500 名工人从坡路上跑下来;

(4)50 个人从地上站起来,高举双手;

(5)士兵的脸,端着枪瞄准;

(6)一头公牛全身颤抖,终于倒了下去;

(7)(特写)即将死去的公牛的蹄子;

(8)(特写)枪的扳机;

(9)屠宰场,公牛的头被一条细绳子捆在屠宰架上;

(10)1000 名工人向前冲;

(11)一队士兵就像从地里涌出来似的,出现在草丛中;

(12)(特写)公牛的头,眼睛凸出;

(13)(特写)公牛的头被砍下,血一涌而出。

7. 抒情蒙太奇

抒情蒙太奇是在保证叙事和描写的连贯性的同时,表现超越剧情之上的思想和情感的一种表现方法,是营造影片诗意的一种手法。最常见、最易被观众感受到的抒情蒙太奇,往往是在一段叙事场面之后,恰当地切入象征情绪感的空镜头。

例如影片《007 大破量子危机》:雪夜里,邦德了却了与死去爱人的情缘,将项链丢在雪地上,M 夫人回头望着离去的邦德,邦德目光坚毅,静静地离开了这份本不该有的思念。

8. 交叉式蒙太奇

交叉式蒙太奇是描写人物心理的重要手段，它通过镜头组接或声画的有机结合，形象生动地展示人物的内心世界，即将同一时间、不同空间内容的镜头交叉组接起来，从而营造紧张的气氛，造成惊险的戏剧效果。交叉式蒙太奇常用于表现人物的梦境、回忆、闪念、幻觉、遐想、思索等精神活动。这种蒙太奇在剪接技巧上多采用交叉穿插手法，其特点是画面和声音形象的片段性、叙述的不连贯性和节奏的跳跃性，声画形象带有剧中人强烈的主观性。

例如影片《偷天换日》：在罗布和天才开汽艇引开保安争取时间的同时，查理一伙正在紧锣密鼓地破保险柜，两处行动的镜头来回交错，从而使剧情显得十分紧张、情节紧凑、极具动感。

第四节　影视语言的表达方式

主要知识点

1. 影视语言的表达特点。
2. 运用影视语言表述广告的内涵。

一、影视语言的视觉化表象特征

文字语言的表述给人以很大的想象空间，每个人对语言描述都有自己所认知的画面形象。因为性别不同、年龄不同、文化背景不同、受教育程度不同、种族不同等，每个人都会形成不同的画面形象构成。因此，我们的广告创意方案要落实到具体的脚本形象上。这个过程就是一次语言转化的过程，文字可以精准地描述人的心理状态，影像语言是外在表象，通过人物的举止和蒙太奇来反映人的内心状态。因此，广告创意要将抽象的文字描述落实到分镜头脚本的具象画面上，制作方和客户要共同确认、一致认可画面的表现方式，使之具有可操作性。

二、广告内涵诉求的视觉化

既然是影视广告片，“广告”元素才是其核心点，一切都要围绕产品或品牌的宣传概念才行，影像只是表现手段而已，一切影视语言的运用都是为了表达产品的特点属性。广告的内涵是通过影像元素呈现出来的，优秀的视听影像会给人留下深刻的印象，因此影像元素的运用决定着广告给观众留下怎样的印象或留下多少印象。好的广告令人津津乐道、过目不忘。

怎样将概念化的词汇形象化？这里举个例子，比如创意文案中的文字描述“老人牙齿不好”。所谓的不好是怎样的不好？我们怎么视觉化地表现它？通常，按照字面意思，我们可以直接表现牙齿疾病，比如蛀牙、牙龈红肿等。但如果用影像直接表现牙齿病变，就会给人非常不舒服的感觉，演员挤眉弄眼做痛苦状也显得非常虚假。我们早些年见过的小广告就是这么表现的，画面粗制滥造、令人恶心。

其实，不用这种表现方式也完全可以把牙齿不好的讯息传达给观众，我们可以设想一个家庭晚餐，女儿将一片豆角夹到母亲的碗里，母亲拿着筷子夹着豆角犹豫着，微微张开点口，停顿片刻，轻微摇摇头，无奈地将豆角放回碗里。画外音旁白：“关爱父母牙齿，咀嚼幸福滋味”(参见《以齿相依》广告片)。

这样的表达方式直截了当,又和生活元素紧密联系在一起,平实自然,既达到了广告的预期目的,又把女儿的疏忽所带来的愧疚感表现了出来:这是生活中很多人疏忽的细节,也是创意的核心诉求,可以唤醒广大儿女重视父母的牙齿健康问题。

实训项目:

以青少年如何杜绝网瘾为主题,把“心理健康”的概念形成创意方案,通过广告影像视听语言表达出来。

实训目的:训练学生如何将抽象概念视觉化地体现出来。

实训要求:列出青少年目前存在的心理健康问题,让学生写出文字创意内容并用文字描述画面内容。

实训步骤:

1. 提供素材,确定广告创意方向。
2. 找到关键词,形成创意方案。
3. 将文字方案转化为影像语言。

思考题:

1. 在影视广告中如何使用蒙太奇?
2. 在影视广告中蒙太奇有哪些表现形式?
3. 怎样让自己的导演本更能体现广告的预期效果,从而保证广告的最终质量?
4. 如何用最简洁的方式视觉化地再现文字方案?

第 5 章

影视广告的常规操作模式

本章学习目标

☑掌握影视广告制作的基本流程。

☑了解广告创意和影视广告创意在概念上和属性上的差异。

☑了解如何制作分镜头脚本，认识分镜脚本的表现形式。

☑了解广告提案的注意事项。

第一节 影视广告制作的基本流程

主要知识点

1. 品牌属性。
2. 基本流程环节。
3. 创意内容如何通过影视语言充分地表达出来。

一、提交创意策划案

创意策划案一定要在品牌定位的基础上来制定，品牌定位属于品牌规划的范畴，它包括目标消费人群分析（人口特征、购买习惯、消费心理）、品牌名称、产品/竞争架构、消费者利益点等。创意策划案包括以下几项：(1)广告语；(2)广告语核心内容阐述；(3)同类竞品分析；(4)广告表达内容（一句话说清楚）；(5)广告片风格定位；(6)关键词；(7)创意思路阐述；(8)广告记忆点；(9)广告片表现方式。

二、提交分镜头脚本

广告创意策划案经双方协商一旦确认，下一步就是绘制分镜头脚本。分镜头脚本也称“故事板”，是广告拍摄的重要参照依据，是非常必要的一个环节。通过分镜头脚本，广告制作者可以在头脑中提前形成影像画面，预知拍摄中可能出现的问题，以便提前解决。这个过程不是对文字脚本的简单图解和翻译，而是在文字脚本的基础上进行影视语言的再创造。在将脚本画面内容加工成具体形象时，要按影像顺序标注列出镜头的镜号、时长、对白、解说词、画面内容阐释、音乐风格等。

分镜头脚本也是演员和各部门所有创作人员领会导演意图、理解剧本内容的重要依据（详细内容请参考下一节“如何绘制分镜头脚本”）。

三、影视广告的报价方式

广告行业的劳动价值一般通过佣金的方式来体现：在影视广告拍摄前，甲方（出资方）提前支付一定比例的预付金给乙方（承制方）；拍摄完成进入后期制作前，甲方再支付一笔制作款，验收通过后结清尾款。报价包含几个部分：（1）前期拍摄费；（2）后期制作费；（3）保险和税金（详见表 5.1 影视广告预算一览表）：

表 5.1　广告制作预算一览表

响应人名称	包号	包类型	最终报价（人民币元）	响应声明	备注
		影视广告制作		——	——

Product 产品	广告片
Title 篇名	
Job No 工作号	
Length 长度	

前期制作预算

一、器材租金（Material Rental）　（单位：人民币元）

名称 Name	数量 Number	天数 Days	单价 Unit Price	金额 SUM
摄影机类型 Camera Type				——
摄影机附件 Camera Accessories				
特殊镜头 Special Shot				
升降机 Elevator				
大摇臂 Large Rocker Arm				
小摇臂 Dollar				
移动车（轨道）Track				
照明灯具 Lighting				
灯光附件 Lighting Appendix				
斯坦尼康 Steadicam				
器材车 Equipment Vehicle				
工作用车 Working Car				
对讲机 Interphone				
其他 Others				
小计：Subtotal				

续表

二、置景费/服装/道具 (Scenery Purchase/Costume Purchase/Stage Property/Makeup Purchase)			
名称 Name	数量 Number	单价 Unit Price	金额 Sum
景片 Scenery 材料费 Material Cost			
美术道具 Art Items			——
服装费 Costume Purchase(定制,租赁)			——
其他 Others			——
小计:Subtotal			

三、人员劳务(workers)				
人员 Staff	人数 Number	天数 Days	单价 Unit Price	金额 Sum
创意文案 Copywriter				
脚本绘制 Script Rendering				
导演 Director				
摄影师 Cameraman				
副导演 Assistant Director				
助理摄影 Assistant Cameraman				
照明师 Lighting Director				
照明工 Lighter				
制片 Production				
剧务 Grip				
场工 The Set of Workers				
现场录音 Record				
美工师 Art Director				
化妆师 Makeup				
化妆助理 Gaffer				
平面摄影 Stage Photo				
服装师 Clothing Division				
道具师 Props Master				
场记 Log				
司机 Driver				
演员 Actor				
小计:Subtotal				

续表

四、办公费(Office Purchase)				
名称 Name	数量 Number	单价 Unit Price	金额 Sum	备注 Remarks
餐费 Dinner Purchase				
差旅 Travel Expenses				
住宿费 Accommodation				
燃油费 Fueling Cost				
小计:Subtotal				

后期制作预算

(单位:人民币元)

编号	项目名称 Name	数量 Number	单价 Unit Price	金额 Sum
E1	剪辑 Editing			
E2	三维动画制作 3D Animation			
E3	二维动画制作 2D Animation			
E4	动态捕获 Dynamic Capture			
E5	镜头跟踪,摄影机参数捕获 Boujou,SynthEyes			
E6	后期合成制 Later Stage Editing			
E7	成片调色 Color Mixing			
E8	音乐制作,编曲 Music Production			
E9	配音 Dub			
E10	录音混音 Sound & Mixing			
E11	录音棚 Studio Rent			
	小计:Subtotal			
税前总计:　　元　　大写:　　元整				

税金/利润 Taxation & Profit		
税金 Taxation		——
保险费 Insurance		——
利润 Profit		——
其他 Others		
小计:Subtotal		
总计:Grand Total　元　　大写:　　元整		

四、PPM 会议

拍摄前的制作前会议(pre-production meeting,简称 PPM 会议)有两个目的:其一,导演和客户沟通影像表现细节,达成一致,避免拍摄后出现问题,产生分歧,事后补拍将给双方造成很大的损失;其二,赋予导演二次创作的空间,将原先没有想到的好点子激发出来(关于 PPM 会议请参考本章第二节的介绍)。

五、制定广告拍摄制作流程

要科学合理地安排广告拍摄流程,把握整体进度,在保证广告制作质量的同时节约制作成本。制定流程时一定要遵循相应的原则。广告拍摄制作流程的进度是客户与广告制作方共同商定的结果,进度表要尽量做得细致一些,各个部门要严格遵守,每项工作都应该有最终结束时间,不能随意拖延。

附:广告拍摄制作周期进度表

客户:XXX 企业
注释:(工作执行周期)(提案时间)(客户回馈意见时间)(客户确认稿件时间)
周期:Date: 月 日～ 月 日 摄制单位:XXX 影视广告公司

3月/20日	3月/21日	3月/22日	3月/23日	3月/24日sat	3月/25日sun	3月/26日	3月/27日
定稿	导演拍摄脚本绘制	导演分镜脚本绘制	导演分镜脚本绘制	PPM-1确认脚本	修改拍摄脚本	演员定妆照	拍摄前各部门沟通会议
3月/28日	3月/29日	3月/30日	3月/31日sat	4月/1日sun	4月/2日	4月/3日	4月/4日
美术置景道具制作	美术置景道具制作	美术置景道具制作	拍前检查(摄影,灯光,美术,特效)覆景	发现问题,调整确认	拍摄日	拍摄日	offline
4月/5日	4月/6日	4月/7日sat	4月/8日sun	4月/9日	4月/10日	4月/11日	4月/12日
offline	offline	三维模型制作	三维模型制作	三维精模制作,贴图材质制作	三维精模,贴图材质制作	3d灯光效果测试	三维场景渲染测试
4月/13日	4月/14日sat	4月/15日sun	4月/16日	4月/17日	4月/18日	4月/19日	4月/20日
摄影机数据反求,跟踪匹配	摄影机数据反求,跟踪匹配	三维特效制作	三维与实拍镜头合成跟踪测试	online 合成	online合成	音乐编曲/配音	音乐编曲
4月/21日sat	4月/22日sun	4月/23日	4月/24日	4月/25日	4月/26日	4月/27日	4月/28日sat
音乐编曲/特效音	MIX混音	online剪辑合成	online剪辑合成	DaVinci Resolve调色	A-COPY提交	A-COPY修改意见反馈	修改调整
4月/29日sun	4月/30日						
B-COPY提交	B-COPY成片确认						

专业术语注释:OFFLINE:粗剪
ONLINE:精剪
A-COPY:提交客户一审(根据脚本方案制作第一稿样片)
B-COPY:提交客户二审(根据客户提出的意见后修改完的第二版))

客户：×××企业

注释：(工作执行周期)(提案时间)(客户回馈意见时间)(客户确认稿件时间)

周期：Date：　月　日～　月　日　摄制单位：×××影视广告公司

时间 项目	8 月																		
	1	2	3	4	5	6	7	8	9	10	11	12	13	14	15	16	17	18	19
确认最终拍摄脚本	■																		
确认拍摄场地及美术道具		■	■																
拍摄前第一次会议				■															
客户确认化妆、服装风格					■														
拍摄定妆照及产品						■													
拍摄前第二次会议							■												
影棚拍摄								■											
外景拍摄									■										
整理拍摄素材										■									
音乐素材收集整理							■	■	■										
音乐编曲									■	■	■	■	■	■					
剪辑										■	■	■							
三维特效								■	■	■	■	■	■	■					
配音															■				
合成调色																■			
提交样片，根据客户意见进行修改																■			
提交成片																			■

六、挑选演员、服装、场景、制作道具

挑选演员的过程比较费周折，如果客户指定了某某知名一线演员，大家耳熟能详，那可以直接与其经纪人联系，这就比较简单，沟通细节也更明确，从而可以节约很多时间。如果是普通演员，则需要拍摄初次筛选的演员的定妆照并将其发送给客户，同时提出自己的建议和想法供客户参考，双方共同确定演员人选。定妆照能充分反映演员的造型和气质，包括化装、发型、服装等细节，演员最好经客户和导演共同认可，如果客户单方面认可，导演要将自己的想法和后果告知对方，以免在广告片验收时产生不必要的麻烦。导演还要在选定时间内勘察场景，检查道具是否符合拍摄要求。

七、开机拍摄

制片管理要在拍摄期间严控拍摄周期，同时还要防止遗漏镜头，各部门之间要目标一致、同心协力。制片管理要在整体拍摄流程的基础上制订每一天的细节拍摄计划，包括提醒导演下一步的安排、转场、食宿等，提前告知各部门做好下一环节的工作准备，以保证拍摄进度的流畅和高效。

八、后期制作

将拍摄素材核对场记进行分类整理，制定后期制作流程，根据不同的非线性编辑设备进行素材的导入和转码，进入初剪阶段，合理安排三维制作（或二维制作）和特效制作，在精剪的同时，将剪辑小样发给配音老师和音频制作人员。这样同步进行可以提高工作效率。

九、提交样片

提交广告样片时不要给客户初剪样片，粗剪样片属于半成品，提交给客户可能让客户产生非常不好的印象，客户头脑中的美好想象会在半成品面前破灭。国内的大部分广告客户都不是很专业，因此第一印象非常关键，初剪样片容易让客户误认为你的制作水平有问题，你有口也难辩。所以一定要提交至少接近成片效果的样片。初次看片会最好选择一个安静的环境，安排好音响，调整好光线，力求将广告的细节和优点充分体现出来。只有第一次给客户留下了美好的印象，今后才能得到客户的充分信任。

十、讨论修改

这个阶段要虚心听取客户的意见，客户也可能会在理解上有偏差或完全脱离脚本，要求按自己的主观意愿来，甚至提出无厘头的问题。请暂时不要辩解，辩解得越厉害，对你越不利，他们会认为你找了一堆理由来搪塞他们。你可以按照客户的修改要求，通过某种方式（手绘或 PS 图片合成）将客户希望的效果简单地呈现出来，采用视觉再现的方式，运用你丰富的广告制作经验耐心地讲解，同时将双方认可签字的分镜头脚本提交给客户，此后再有违背脚本的修改相当于违约，这些措施有利于解决问题。当然，如果在设定方案范围内广告确实没有达到预期效果，那就啥也别说，老老实实地将广告片修改好。这既是职业精神的体现，也是对客户的尊重，是维护这个行业的信誉所应共同遵守的游戏规则。

十一、提交成片

这是广告制作的最后一步，输出格式要严格遵守播出平台的要求。如果是在电视上播出，输出 HD 或 2K 格式；如果是在影院播出，最好是 4K 格式，当然 2K 也可以接受；如果是在网络平台播出，则要咨询不同网站的格式要求。与此同时，要做好相应的素材备份和工程文件备份。

以上为影视广告制作的整体流程，最终目的就是通过影视语言将前期创意内容充分地表达出来，最终的广告片是检验创意是否达到预期效果的衡量标准。有很多影视广告片之所以没有体现出创意的核心内涵或打了折扣，就是因为操作流程流于表面，缺乏对细节的精雕细琢，在环节上偷工减料了。因此，根据项目的不同，要灵活运用制作流程，适当变通，但前提是遵循广告制作整体流程的基本规律，这样才能收到预期的效果。

广告制作方和客户都应该清晰地了解并共同遵守工作流程，量化每一个环节。只有这样才能保证流程的科学、合理、高效，最终制作出高质量的广告作品。影视广告的总体操作流程如下：

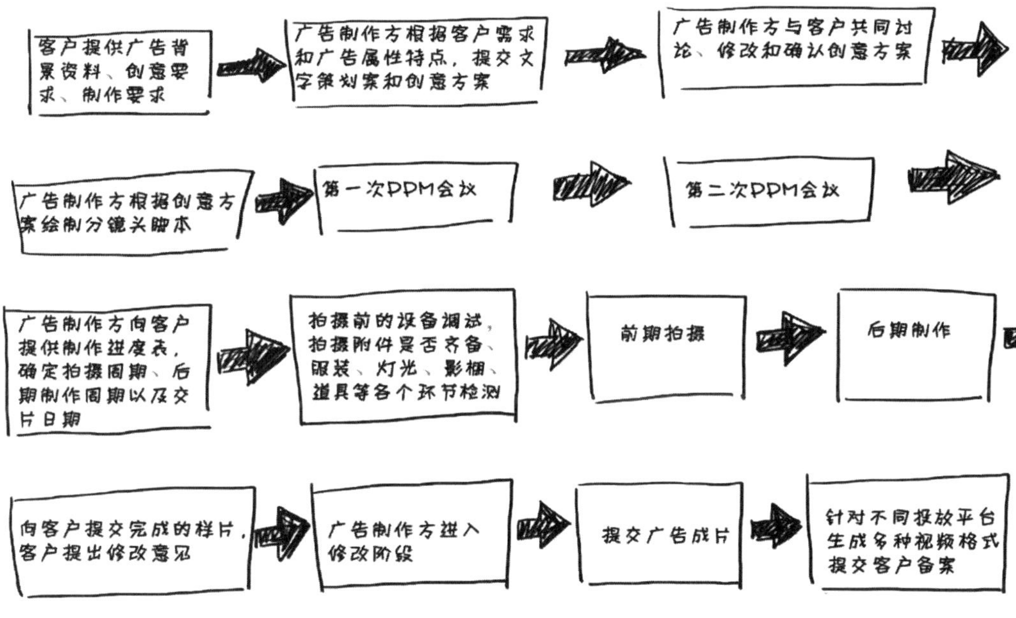

实训项目：

根据××品牌矿泉水，提交广告片的操作流程，并注明这个流程的时效性和合理性体现在哪里。

实训目的：熟练掌握整个影视广告流程的规律及特点，并能将其应用于实践当中。

实训条件：将××品牌矿泉水的品牌属性、品牌诉求、消费群体、营销方式阐述清楚，以便学生展开广告策划定位及制定流程。

实训要求：每个学生独立操作，形成自己的文案风格。

实训步骤：

1. 老师设定产品定位并提出广告片相应规格要求和播出平台要求。
2. 学生根据以上要求制订相应的广告流程方案。

思考题：

根据整体流程规律，多角度、多层面地丰富个别环节的信息内容，如何让方案的重点更突出细节、更丰富？

第二节 PPM会议

主要知识点

1. PPM会议的重要性。
2. 规范详细的导演本是项目的助推器。

如何保证广告片的制作质量？创意通过后，广告拍摄前的PPM会议至关重要。好的创意方案不一定会产生好的广告作品，因为创意经过客户认可后，要由分镜头脚本来呈现画面影像。因此，在拍摄之前需要和客户沟通广告片的风格、调性、节奏、影像等具体细节。由于每个人对通过文字描述而在头脑中产生的影像的内容理解有所不同，因而即使分镜头脚本也无法解决所有的问题。原因有两个。其一，分镜头脚本只是关键帧画面的展示，影像动态节奏、中间环节镜头语言衔接、声音、音效表现、氛围的营造等都无法通过分镜头脚本让客户真正体会到，因而客户也无法真正体会到影片的最终效果。因此，导演对创意影像层面的理解和客户对这个创意的最终效果的想象之间必然会有出入。这就会产生广告成片最终效果认可度评判标准的问题，即什么样的标准才是大家都满意的标准，既不违背影像表达的规律又能让广告的内涵主题得到充分的表达。其二,客户自然关注从创意到实施直至广告成片的所有流程细节,承制方要向客户描述广告最终效果的预想,只有通过拍摄前的这次会议才能让双方对每个细节进行充分的交流并统一意见,为广告片的拍摄和制作打下良好的基础,同时也为最终成片验收创造良好的条件。所以拍摄前的 PPM 会议至关重要。这个环节有两个目的:其一,让导演和客户在创意表现和影像表现的细节上达成一致;其二,赋予导演二次创作的空间,使其创意表现锦上添花,原先没有想到的好点子可能在此刻被激发出来。

PPM 会议的主要议程是双方围绕导演本确定拍摄计划和最终成片效果,提交的导演本应包含以下几个方面的内容。

一、确认广告片的视频格式和播出平台,最终提交几个版本的广告成片

视频格式要根据播出平台来定,如果在电视台和网络媒体播出,通常为 1920 × 1080 的高清视频规格、PAL 制,文件格式一般根据客户或播出平台要求来定,提交 MOV、MP4 等格式;如果在影院或 IMAX 大银幕上放映,需提供电影制式 2K(2048 × 1080)或 4K(4096 ×2160);如果是特殊媒体,比如楼宇、建筑 LED 屏或广场条形屏幕,则需根据播出屏幕的尺寸来具体设定。

二、双方确认创意方案和分镜头脚本的细节

创意方案是否有漏洞?哪些方面需要弥补?创意方案只有更好没有最好,这是拍摄前最后阶段的自检。在核心元素基本不动的前提下,是否还有更好的创意让广告片更出彩?双方对分镜头脚本画面的理解是否有偏差?针对这些问题,双方需要进一步达成一致,如果有疑问,导演和摄影师要耐心向客户解释,直到客户认可为止。这个环节必不可少。

三、导演的现场指导脚本

创意方案的分镜头脚本只针对客户,而导演现场的指导脚本是分镜头脚本的细化和补充,主要针对摄制组内部各个部门的工作人员。这个脚本更具专业性,其作用主要有几个:(1)和摄影师探讨用什么样的镜头规格、景深如何表现、光比多大、演员如何走位、产品怎么表现等,有些细节需要绘制出来以给人直观的印象;(2)和照明师沟通灯光的布

置要求，比如什么样的光线表达什么样的情绪、哪部分需要侧逆光、哪部分需要遮挡、是冷光源还是暖光源、用什么型号的灯光，因此要画出灯光的大概分布图，以便现场参考；(3)和美术师、道具师敲定道具风格、场景布置风格，如果是定制道具，需要确定尺寸、规格、材料及制作方式；如果不是定制道具，则需要找出一些参考道具的样式；(4)和服装师确认演员的服装颜色、花式和面料、款式，包括头饰、首饰等细节，如果是定做的，需要绘制出服装效果图。

总之，这个现场导演脚本是各个部门在片场参照的重要依据，会直接影响拍摄过程的时间控制(timing)。

四、预估影像的节奏和调性

广告片最终呈现出什么样的影像特点、什么样的调性，这些都是客户在开拍前比较关注的。这就需要导演找一些相关广告样片或电影片段作为影像参考，让客户对影片的节奏、镜头表现、剪辑方式、特效展示、色彩基调有个总体的认知和认可，双方结合创意方案、分镜头脚本以及客户的想法达成共识，以免最终交片时产生不必要的分歧和误解。

五、影视广告片中电脑特技(CG 特效)的使用

导演首先要清楚广告片中哪些镜头无法实拍完成，需要借助 CG 特效来实现，CG 特效最终要达到什么样的效果需要导演在拍摄前与客户沟通。因为有的特效会超出预算范围，有可能会导致调整创意方案，或者保留原有方案但增加预算。前期做到了心中有数，可以避免给后期交片带来不必要的麻烦。

六、广告片背景音乐的风格、配音旁白和字幕

如果是原创音乐，导演要和作曲充分沟通脚本，了解广告片的主题内涵，通过相关或相似曲目的样音来确定广告片音乐的大体风格，以便作曲家在这段时间内搜集创作素材。如果是在版权音乐的基础上进行编曲，则导演可以按相关属性挑选曲库里面的音乐，形成大概的编曲思路，等粗剪的视频样片出来以后再进一步创作。导演要提供不同声音的配音样音供客户选择，和客户一起探讨哪种类型的配音更适合广告片的表达；同时大体选定字幕的字体风格，这个环节只是大体确定、仅供参考，待成片出来后再调整也不麻烦。

七、演员的选定

广告片选演员的原则是:该演员符合创意脚本所提出的人物要求和性格,符合广告目标消费群所普遍认知的形象定位,能准确地表达创意概念;与此同时,导演要向客户解释选用该演员的原因。

八、服装造型

在网上或相关图库资料中找到与本片相匹配的服装样式和化妆造型供客户选择、确定,同时向客户讲解为什么选择此类服装风格和造型。一旦客户确定,承制方将拍摄演员定妆照,以确定广告开拍前最终的服装款式和化妆造型。

九、拍摄场景

承制方通常将广告的拍摄场景以照片和效果图的形式提前呈给客户,以便客户了解整体场景的风格基调和相关布置要素,客户根据场景画面提出自己的意见,最终双方确认拍摄场景并以此作为最终广告成片的验收依据。

十、道具

片中所有道具的款式、材料、材质都要明确,包括道具的尺寸、规格。在不影响拍摄效果的基础上,导演要考虑性价比,方式比较灵活,为了节省时间,如果价格合适,能购买最好直接购买,特殊道具则最好由道具师来制作。总之,要合理安排道具制作周期,不能影响拍摄进度。

十一、拍摄排期

由于广告项目不同,广告片制作的进度表也不尽相同,下表仅供参考:

在实际项目运作中,由于天气状况、相关政策、演员意外、甲方特殊情况等各种原因,拍摄周期有可能会提前或推迟,制作方要在推进过程中随时与客户沟通,双方共同努力确保项目顺利完成。

XXX 广告制作进度表

客户 clients:《XXX 广告》　　版本 Edition: 60 秒/30 秒/15 秒/10 秒/5 秒

注释 Notes:(工作执行周期)　　(提案时间)　　(前期筹备)　　(前期拍摄时间)　　(后期制作)　　(交片时间)

周期 Date:　年　月　日

时间 项目	11 月																								
	8	9	10	11	12	13	14	15	16	17	18	19	20	21	22	23	24	25	26	27	28	29	30	31	1
确认拍摄分镜脚本(PPM 会议)																									
确定演员角色																									
服装、道具、堪景																									
拍摄前准备会议																									
定妆照																									
客户确认																									
开机拍摄																									
拍摄素材整理																									
后期剪辑(粗剪)																									
精　剪																									
合　成																									
音乐编曲																									
配　音																									
最终合成																									
影片调色																									
提交成片																									

提示:正常情况下应该召开两次 PPM 会议:第一次提出方案,制作方人员与客户共同确认相关项目,形成的统一意见;第二次提交上次会议后的修改方案,形成最终方案并照此执行。

PPM 会议是让导演明确创作方向及制作细节的会议。一条好的广告片必然是导演二次创作的结果,导演可以运用自己独特的镜头表现方式来呈现影片的最佳效果,其视觉表达核心建立在创意方案的基础上。

实训项目:

PPM 会议操作流程及导演本的制作。

实训目的:熟悉 PPM 会议的流程。

实训条件:教室里教师模拟甲方,学生模拟乙方广告制作团队,电脑、幻灯放映。

实训要求:根据广告的性质和特点,通过 PPM 会议形成拍摄前系统化方案。

实训步骤:

1. 给出广告诉求及希望达到的效果。
2. 制定 PPM 会议方案。
3. 制作导演本。
4. 客户提问,学生现场阐述。
5. 提交广告制作方案。

第三节　影视广告分镜头脚本

一、分镜头脚本制作要求

主要知识点

1. 分镜头脚本和单幅绘画之间的关系。
2. 分镜头脚本对现场拍摄的作用。
3. 分镜头脚本的表现形式。

大家都知道，分镜头脚本的表现离不开绘画基础，有一定绘画基础的同学在制作分镜脚本时会相对轻松些，但只有绘画基础是无法制作出合格的分镜头脚本的。分镜头脚本不能按照单幅作品来创作，它体现的是镜头画面之间的关联、镜头关系和场景氛围，是通过连续的图解画面来描述故事情节的。因此，创作分镜头脚本要求分镜头画师具备基本的摄影常识，头脑中时刻要有摄影机角度、机位、演员位置、行走方向、场景风格、道具等概念。分镜头画师除了要掌握构图、色彩表现、透视、光照、造型风格外，更要了解相关的镜头调度、节奏、画面组接等，他所绘制的画面无需多么精美，但一定要能体现导演的拍摄意图。比如，导演或摄影师需要这个画面用12mm广角镜头来表现，那么分镜头画师就应该知道这个画面构图：12mm大概是什么样的景别？镜头所覆盖的画面是多少？分镜头画师必须掌握镜头型号常识，只懂绘画做不了分镜头画师。

分镜头脚本在拍摄现场起着非常重要的作用，导演根据分镜头脚本表现的内容协调各个部门有效地运转。在整个影视创作团队中，分镜头画师论说故事的能力可能不及导演，论拍摄经验可能不及摄影师，论专业美术可能不及美术指导，论特效表现可能不及视觉特效制作团队，但分镜头画师的价值也正在于此。一名优秀的分镜头画师具备上述这些职业能力，这是其他专业部门所无法做到的。分镜头画师在导演的指导下绘制出故事板，作为以上细分部门的统一指导和协作基础。分镜头脚本是各部门工作内容的参照标准。

根据故事体量的多少，分镜头脚本的画面数量也不尽相同，电影的分镜头量比较大，有几百甚至上千个镜头画面；广告片时长比较短，因而分镜头数量相对较少。

本节的重点不是如何绘制分镜头脚本，这些绘画技能平时要经常练习，网上也有很多分镜头绘画技法。但大家要清楚分镜头脚本的核心构架和重要组成部分，了解一段创意文字如何转换成分镜头脚本。如果你是导演或分镜头画师，但不具备绘画技能，你希望各个部门理解你的拍摄意图，你同样也可以制作分镜头脚本——你可以借助其他辅助软件设计分镜头脚本。重要的是你头脑中要有“拍摄”的概念，你要清楚展示的是“摄影机拍摄的画面”而不是绘画的画面。镜头的景别、景深关系、什么时候该特写、为什么这个镜头要俯拍、那个镜头要仰拍、能反映什么意图、能达到什么效果，分镜头要重点表现故事的核心表达元素和情节转折点。也就是说，看完分镜头脚本我们就基本能想象出成片的效果。可以说，分镜头脚本是成片的提前预览。

举个例子，我们来看这个片段：烈日下，一个年轻人行走在农场的乡间小路上，他举起手中的一瓶饮料喝了一口，周围的果树瞬间结满果实。这两句文字描述需要几个分镜头画面才能表现清楚呢？

(1)俯拍全景画面，展示农场整体面貌，年轻人走在农场小路上；

(2)特写：在阳光的光斑中，特写举起手中的饮料；

(3)特写：张口喝饮料，喉结在蠕动，脸颊流下的汗水；

(4)特写：绿叶生发，果实生长过程；

(5)中景：运动镜头环绕年轻人周围的果树，树上的果实在继续生长。

由此可见，我们至少需要五组分镜头才能充分表现这段文字描述。

二、分镜头脚本的表现形式

分镜头脚本的表现形式大概可以分为以下三种。

1. 传统分镜头绘制

传统分镜头脚本是直接在画稿上绘制每个镜头的画面，黑白稿采用素描或速写，彩色稿则可以是铅笔淡彩或水粉、丙烯等，根据画师的绘画习惯，绘画形式不受限制。下面我们来看看几位大导演亲手绘制或指导的分镜头脚本，从中体会不同分镜头脚本的绘制技法和表现风格。

电影大师黑泽明绘制的《影子武士》分镜头脚本：

悬疑片大师希区柯克指导分镜头画师绘制的《海角擒凶》分镜头脚本：

著名导演徐克绘制的《狄仁杰 · 通天帝国》和《狄仁杰 · 神都龙王》分镜头脚本：

2. WACOM 数码版手绘分镜头

数码版手绘即将传统脚本绘制搬到电脑上的做法，通过手绘板在电脑屏幕上画分镜头，当然手绘板有很多种，行业中最主流、最常用的是 WACOM 数码版手绘板。由于其压感设计非常灵敏，可以真实地模拟笔触的轻重，还原真实的纸质和画布绘画感，因此很受分镜头画师的欢迎，国内外影视行业都以 WACOM 数码版为首选工具。下面是于术导演用 WACOM 数码版手绘板绘制的电影短片《犹在梦中》分镜头脚本片段：

3. 通过 Photoshop 合成分镜头

根据广告创意方案，分镜头画师针对每一个镜头画面搜集相关图片资料，图片来源可以是从网上下载或通过其他渠道搜集的画面，也可以是自己拍摄的画面，然后将这些图片通过 Photoshop 软件进行加工合成，最后整体调色形成统一的表现风格。对于绘画基础薄弱的同学而言，这种处理方式的好处在于不需要手绘，只需通过“P 图”即可达到脚本展示效果。但采用这种处理方式也有不利的一面：由于图片来源不同，有时收集到的画面像素质量参差不齐、镜头角度、景别关系、光线统一性、场景透视关系等要素不一定完全符合脚本的设定，处理不当也可能收不到预期的效果。

以下是于术导演通过 Photoshop 合成处理的广告分镜头脚本：

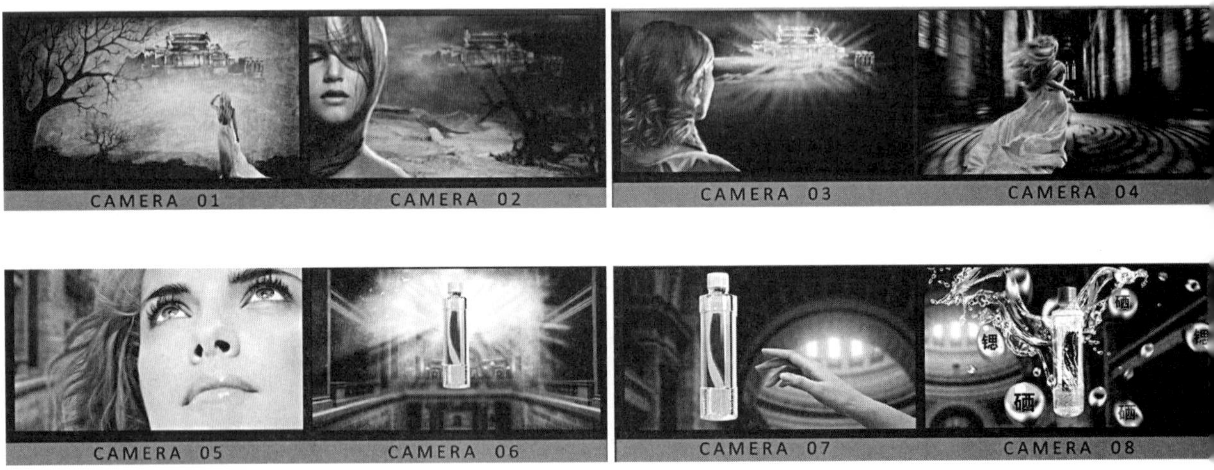

4. 计算机软件辅助分镜头设计

Poser 或 DAZ3D 这类软件就好似一个 3D 仓库，方便之处在于它们可以在网上或其他渠道购买或收集大量的模型、服装、场景、道具，将这些资源调入场景，稍加编辑改造即可形成你所需的分镜头脚本，3D 场景里面的灯光、摄影机以及角色的状态和动作可以根据情节需要随时调整，灯光氛围及摄影机的景别和视角、景深关系也可以随时调整，效率也很高。如果你没有绘画基础，抑或身边找不到合适的分镜头画师，这类软件就可以帮你解决很大问题。虽然画面不是那么逼真完美，但它具备了分镜头脚本的所有要素，客户是可以接受的。以下是于术导演用 Poser 软件制作的分镜头脚本片段：

5. 动态分镜头脚本

动态分镜头脚本将绘制的分镜头系列画面作为影片的关键帧进行编辑，形成连续播放的视频，有的还配上音乐或旁白，从而具有更加直观的呈现效果，好似让人提前预览了一部影片。这种表现方式的好处是可以使分镜头脚本具备更多的电影元素，便于我们提前发现问题、及时调整，从而更好地从整体上把控整个影片的风格和节奏。

第四节 如何提案

提案就是将方案的创意和理念准确无误地传达给客户，说服客户认同你的观点和想法，最终与客户达成共识的过程。提案时要注意以下事项。

主要知识点

提案注意事项。

一、知己知彼

在提案前要充分了解客户的需求，再好的创意，如果客户理解不透彻或者在观念上有分歧，方案也会胎死腹中，因此提案的准备工作至关重要。在提案前的几次沟通会上，提案人要从各个方面、各个角度了解客户对本项目的看法、观点以及思维方式，还要关注方案以外客户自身的相关信息，包括客户的年龄、文化背景、兴趣爱好甚至脾气秉性。前期工作多少带有一点点 FBI 的特征和属性，提案针对的不仅仅是产品品牌层面的创意，更多的是向下服务于广大消费者，让产品的品牌传播得更广泛，向上服务于客户，两者缺一不可。

二、简明扼要、一字千金

不同人对同一事物会有不同的看法，关键在于其对问题的看法是否见解独到、论据充分、高效合理。不能只有概念的讲解，一定要有生动鲜活的细节说明和成功案例的展示，分析一定要客观、数据化、多层面、多视角，要让客户清醒地认识到其企业品牌和产品的症结所在。提案人的建议一定要客观、肯定、全面、自信，论据经得起推敲，设定的行动目标在短期内可以实现。客户会对提案所得出的结论进行反思对比，认真斟酌和考量。提案在关键性结论方面要做到简明扼要、一字千金。

三、要"讲"方案，不要"念"方案

提案时最忌讳照本宣科，照着方案念或将方案事先背下来在现场复述，这些做法绝不可取。提案是讲解和交谈，互动很关键，提案人要透彻地理解方案，用口语化的表达清晰流利、通俗易懂地讲述，少用专业术语，不要故弄玄虚，要清醒地认识到客户是带着问题来的，期待着提案人去解决问题，不是来听讲课的。

不妨开门见山地告诉客户为什么要听你的提案，抛出一个客户最关心的客观事实，例如企业的经营现状，然后给出一个发人深省的观点，这在无形中会提升提案的价值，所有人的注意力都会集中到你这里。这是最佳的提案状态，趁热打铁，直入提案正题，干净利落，不拖泥带水。

讲解过程中要加强与客户的互动，尽量以图形和图像为主要表现方式，要简洁明确、言简意赅、令人一目了然；讲解的内容要紧凑，要掌握节奏，不要滔滔不绝，要适当停顿，停顿能刺激客户的注意力，给客户留出一定的思考空间；提案时不要总重复一句话，说两遍是强调，说多了就是心里没底；目光要直视客户，不要左右游离、回避客户。你的提案写在你的脸上，客户的反应也写在他们的脸上，不用问别人，双方彼此的反应就是答案。

四、如何应对难缠的客户

现在，仍然有个别客户心态不正确，认为自己是出资方、是雇主，就是广告的主宰者，服务方就得满足他提出的任何要求，于是极不负责任地随意更改提案策略，甚至在提案的两天前又冒出新的想法，敦促提案方根据新想法不停地修改方案，这是很令人讨厌的客户。但是，这毕竟是一种商业现象，因此我们要冷静地分析这种现象的成因，从两个方面看待这种现象：一方面，有的企业老总妄自尊大、独断专行；另一方面，广告行业自身也有问题，水平良莠不齐，甚至个别广告公司极不负责任，单纯追求商业利益，缺乏职业道德，完全不考虑企业的现实状况。一个烂的广告策划案给企业带来的不仅仅是伤害，若是耽误了重要的广告投放期或营销季节，企业的损失会更大，受到伤害的不仅有利润，更有无法修复的诚信体系。如果广告公司和企业间的不信任感日益加剧，甚至产生隔阂，最后，你即使提出了好点子，人家也会抱着怀疑的态度来看待。除了上述两个原因，还有一点：客观地讲，任何创意方案在没有经过市场检验前，谁都不能保证它是有效的。实践是检验真理的唯一标准，在提案过程中彼此猜疑是可以理解的。因此，你的提案首先要解决客户的燃眉之急，要有针对性地讨论核心问题，把客户存在的问题条理化、清晰化，指出其问题的实质和关键，直击客户的痛点，从而打破客户的心理防线，让客户不得不承认目前企业品牌或传播策略所面临的困境。要让客户觉得你的提案和其他公司的提案不同,观点独到、见解深刻、易于实施,这样客户的认可度便会大大提高。

五、与客户建立良好的沟通机制

广告行业本身属于服务性产业,其价值完全体现在服务上。所谓的品牌策略方案、广告创意方案、广告片制作等,都是基于对客户的充分了解才能提出的。因此,必须建立为客户长期服务的体系和良好的沟通机制,与客户共同成长,这一点非常重要。

与客户建立长期沟通机制有利于广告公司加深与客户之间的感情,了解企业的发展动向,了解企业在每个不同发展阶段的广告需求。沟通的方式有几种:信息沟通、理念沟通、情感沟通和意见沟通。

实训项目:

老师模拟客户与学生提案者进行互动。

实训目的:掌握提案的关键要素,完善提案的不足和漏洞。

实训条件:选取一个品牌案例,学生根据这个品牌诉求进行提案。

实训步骤:

1. 确定提案主题。
2. 给出提案方向。
3. 完善提案。
4. 提供分镜头脚本。

   重点训练画面的取舍,要体现出画面景别、构图和灯光氛围,可通过手绘板用 Photoshop 或 Corel Painter 绘画软件绘制或用 Poser 和 DAZ Studie 软件制作。要求故事情节清晰、主题突出、个人影像风格明显。

思考题:

1. 根据整体流程规律,如何多角度、多层面地丰富个别环节的信息内容,从而让方案的重点更突出、细节更丰富?
2. 怎样加强语言表达的视觉化?
3. 知识的多元化对发散性思维能起到什么作用?
4. 优秀的提案具备哪些要素?
5. 如何用最简洁的方式让文字方案视觉化再现?

第 6 章

影视广告的拍摄方式及技巧

本章学习目标

☑了解如何用镜头叙事表达广告创意内涵。

☑了解如何采用不同的拍摄方式表现不同的广告。

第一节 如何拍摄出精彩的广告画面

主要知识点

1. 产品属性与拍摄风格。
2. 机位设置原则。
3. 静止镜头和运动镜头。
4. 景深的作用。

一、产品属性与拍摄风格

电影有电影的风格，其拍摄风格取决于剧情、导演的手法和理念，影视广告同样也有自身的风格，但其拍摄风格取决于产品的属性。不同产品有不同的自身属性，其中传达着诸多因素，如使用方法、消费习惯、文化理念、地域背景、受众人群、年龄结构、职业特征等。广告片的拍摄内容取决于创意脚本，拍摄风格受这些产品属性的限制，即使同样的产品，诉求角度不同，也会形成不同的影像风格。比如，你拍的是食品、蛋糕、饼干类的广告，通常拍摄的画面风格会偏暖。但如果拍摄同属食品范畴的冰激凌，画面的影像风格就会偏冷些。同样的食品，如果受众人群不同，影像风格也会不一样。还以饼干或蛋糕为例，如果是儿童饼干，就要强调味道和制作工艺的特性。根据儿童的年龄特点和消费习惯，整个影像风格应偏于活泼明快、节奏鲜明，奥利奥饼干广告就颇具代表性。同样是针对儿童这个年龄阶段，如果换一个广告诉求的角度，让产品成为承载情感因素的载体，此时产品的味道和制作工艺就不是广告的诉求点了，产品完全浓缩为从属于那个年龄段的一个符号，影像的表达风格就变了。下面我们以佳能 IXUS 相机的广告为例，仅从广告拍摄风格的角度进行分析：这支广告片主要表达佳能新品 IXUS 相机的时尚、现代、个性、潮流等内在文化元素，IXUS 相机的广告语是“你好，色彩”，以突出相机本身丰富多彩的成像语言，同时也暗示了机身的颜色选择也多达十几种。整体拍摄风格基调定位为节奏明快、表现绚丽、强化镜头的韵律感，画面强调“光”和“色”，演员的舞蹈节奏、相机的快门和闪光灯的节奏相得益彰。通过拍摄风格，广告片将 IXUS 相机的产品属性表达得淋漓尽致（见 97 页图）。

二、机位设置原则

同学们在拍摄广告的过程中都带着一些疑问：这个镜头该是中景还是中远景？这个镜头该给近景还是特写？在哪个角度拍比较合适？是仰拍还是俯拍？是拍侧面还是拍三分之一的侧面？虽然手里有分镜头脚本做参考，但实际片场的情况又和分镜头脚本的感觉有所不同。虽然拍摄时大体可以参照分镜头脚本，但脚本毕竟只是预想画面，拍摄细节还得根据拍摄现场进行调整。

初次拍广告的同学有时会感到无所适从，不知道摄影机该摆在哪里拍才是正确的。那么机位的设置是否有原则呢？严格地讲，没有固定的原则，否则拍出的片子除了画面有区别外，其他的就千篇一律了。但从拍摄的常规思维方式来讲，还是有一定规律的。艺术创作本身也有规律，不是盲目碰运气，在掌握了规律的基础上，剩下的就是个人发挥了。

我们经常说，影视作品都是通过镜头语言来叙事的，让镜头来讲故事，所以我们要搞清楚什么是镜头语言。搞清楚了镜头语言的表达方式，我们就知道摄影机的位置该设在哪里了。

我们知道，文字语言可以给读者留下很大的想象空间，我们读小说或听故事时，每个人的头脑中都会出现不同的画面想象空间，尤其对于画面细节，不同年龄的人、不同文化背景的人和不同种族的人，想象都不一样，每个人都会按照自己的画面呈现方式去理解，故事的情景、氛围、色彩、环境自然会有所差别。文字语言的感染力也就在于此。但影像画面却不同，我们需要将画面表达真实地呈现出来，将不同人的想象空间统一起来，将不同的画面风格通过摄影技巧和表现落实到我们所理解的这个画面上。和语言描述不同，影像画面是通过一个一个的镜头来叙事的，每个镜头所呈现的画面就是我们所要表达的意思。

有时，每个镜头之间会产生第三含义，我们称之为“蒙太奇”，一组镜头传达整个段落的意思。了解了镜头语言的这个特点，我们就会清楚机位设在哪里更合适了。举个例子，比如我们的广告脚本中有一段文字描述内容：一位商务男士焦急地在空旷的原野上驾车飞驰。如果用镜头去表现，摄影机的机位该怎么设置？首先我们来分析这句话，它包含了四个元素：商务男士、焦急、空旷的原野、驾车飞驰。现在我们用镜头语言来表现，就很清楚机位该如何设置了：

镜头一：特写，商务男士的脸部（强调眼神中流露出的焦急神情）；

镜头二：航拍全景，远处汽车在原野上飞驰，扬起阵阵尘土，凸显周围原野的空旷；

镜头三：近景侧拍，变焦车窗外的景物向后快速掠过，太阳光斑在车窗边缘闪烁，突出气候的炎热，喻示人物心中的焦急；

镜头四：特写，手挂挡提速；

镜头五：特写，脚踩油门；

镜头六：特写，仪表盘的迈速表指针急剧上升。

你瞧，就这么简单的一句话，用了六个镜头去表现，每个镜头之间产生的视觉冲击力足以将这句话的内涵展现得淋漓尽致。

在此总结一下，机位设置原则就是：我们对镜头语言的理解和把握越准确、越深刻，机位的摆放就越正确、越科学。

三、静止镜头和运动镜头

静止镜头有多种形式，主要看镜头拍摄的主客体之间的关系而定，完全不动的镜头不一定就是静止镜头。例如，你拍摄的目标主体运动非常激烈，虽然你的镜头没有运动，但画面传达出的信息却是动态的，这个镜头就不能称为静止镜头。如果你的镜头是缓慢移动的，所拍摄的主体是静止的，画面营造出一种安静的氛围，那么，即使镜头在动，这个镜头画面也属于静止镜头。镜头的物理运动不重要，重要的是其传达出的画面信息给人怎样的感觉。我们再看看运动镜头是怎样界定的，如果你拍摄的主体运动很激烈，毫无疑问这属于运动镜头。但如果把动作升格，升到 120 格以上再升到 300 格甚至更高，目标物体的动作就会变得非常缓慢，比如一滴水溅起的水花，水花的形状变化非常缓慢；再如一个人的表情变化非常细微缓慢，令人产生一种时光停滞的错觉，此时这个运动镜头的镜头属性就转化成了静止镜头。

静止镜头和运动镜头有三个功能：(1)通过动静关系调节画面的节奏；(2)表达不同的情绪；(3)在观众心里留下视觉印象。下面我们着重分析这三个功能。

1. 通过动静关系调节画面的节奏

优秀的广告片一定有动静相宜的镜头节奏，类似于音乐的旋律、节奏，如果全片全是运动镜头或静止镜头，那么影像讯息就会显得单调乏味。这就好似音乐演奏一样，如果音乐曲调都用一个节奏来演奏，谁又能欣赏得下去呢？影片的节奏也是同样的道理。当你拍摄一组快速运动镜头之后突然来一个静止镜头，由于这种节奏变化，观众的注意力就会集中到那个静止镜头的画面上，他们的头脑中就会产生深刻的印象。我们做个形象的比喻，好似一个演讲家在滔滔不绝地演讲，突然他停止说话，只是看着观众，这时大家的目光就会集中到他脸上，期待下一刻会发生什么。此时这种静止的状态反而会给观众留下极为深刻的印象。

广告片的第一要务是吸引观众的注意力，并在观众头脑中形成记忆点。因此，除了内容上的创意表现要素外，镜头节奏把控同样重要。

2. 表达不同的情绪

同学们在拍摄时要记住一点：**你不是在拍画面，而是在拍画面中传达出的情绪，拍画面中隐藏的情感元素**。画面的色彩、光线、构图是应该运动还是应该静止，都应该围绕着镜头所要传达的思想信息来定。在此要说明一点，其实镜头就相当于人的眼睛，镜头所拍到的画面就是人的眼睛所看到的景物。镜头的特点是它极具指向性，无论是大全景还是大特写，其所呈现的都是导演的这种指向性画面信息，也就是说导演让观众看到什么他们就能看到什么，这种画面信息的取舍完全由导演来控制。因此，每个镜头画面所传达的情绪是由导演根据创意内容的情节来把握的。

3. 让广告更具识别性

所谓的合理运用，其本质和观众观看的心理节奏密切相关。也就是说，常规节奏的广告不会引起特别的注意(这里暂且不讨论同期声、特效声、旁白、音乐这些强化因素)。只有打破常规，通过静止镜头和运动镜头的对比关系来打破这种常规，广告才会有识别性和记忆点。例如：在一组静止镜头中只出现一个运动镜头，就好似在平静的湖面上突然投下一块石头；或在一组运动镜头中只出现一个静止镜头，就好似在惊涛骇浪中突然平静下来。这类镜头组合方式就打破了常规节奏。当然这只是一种极端的表现方式，不一定所有广告的镜头模式都按照这样来设计。但是，这种极端方式所反映出的内在规律却是很有代表性的，广告就是会让镜头关系形成强烈反差，镜头语言所表达的情绪反差越大，给观众留下的印象就越深刻。采用这种表现手法的前提是，镜头之间要有内在的逻辑关系，也就是画面之间要有关联性，应遵循如下原则：镜头反差越大，画面内容的关联度应该越紧密，不能为了单纯追求镜头反差而忽视画面内容，否则就会造成镜头割裂和画面信息混乱。每一支优秀的广告片都包括镜头关系，这样才能产生强烈的广告诉求。掌握了这个规律，你就可以形成自己独有的影像风格。

四、景深的作用

什么是景深？让被摄物体产生较为清晰的影像的最近点至最远点的距离就是景深，也是被摄物体能清晰成像的空间深度。在景深范围内，景物影像的清晰度并不完全一致，其中焦点上的清晰度是最高的，其余的影像清晰度随着其与焦点的距离成正比例下降。在这里举个例子以便大家理解，比如，我们拍摄一个人走在街道上，这个人是清晰的，背景的建筑是虚化的，这样的画面效果我们称为“浅景深”；或者，这个人走在街道上，背景的建筑和人物主体在同一个焦点上，同样清晰，这样的画面效果我们称为“深景深”。

那么，景深能起到什么作用呢？

20 世纪 50 年代初，景深受到电影界前所未有的关注，和“蒙太奇”一样成为电影工作者的标志。电影中的景深效应是相当明显的，现在广告拍摄中的景深镜头无所不包。景深的作用有几个方面，它类似于语言表达的重点，具有明确的提示性和指向性。比如，极端的浅景深镜头可以表现一个人的面部特写，在半侧面角度中我们可以把焦点对准人物的其中一只眼睛而让另一只眼睛虚化掉，强迫观众只看到我们希望他们看的这一点，强调我们所要表达的意图。景深的变化可以产生强烈的暗示作用。

再举个例子，前后两个人，起初，焦点在前面这个人的面部表情上，后面那个人是虚化的，变焦之后，前面这个人的脸虚化了，后面那个人的面部表情清晰了。通过两个人脸部的焦点变化，暗示两个人关系的微妙变化。连续景深变化形成了类似于音乐节奏的效果，比如，镜头前有一列化妆品，它们按一定的距离排列开，将镜头以 45 度角的方式拍摄连续变焦，焦点对准离镜头最远的那盒化妆品，然后连续变焦至离镜头最近的那盒化妆品，这样就产生了变焦的节奏变化，也就是不同景深的节奏变化。

利用景深还可以制造梦幻效果。比如，一个女孩置身在类似于水晶、钻石或透明玻璃物这类环境中，通过浅景深的镜头将背景虚化，给人以流光溢彩、如梦如幻，仿佛置身于梦幻世界的错觉。

五、怎样拍出浅景深效果

刚刚接触摄影的同学都会问，我怎样才能拍出背景虚化、主体清晰的画面效果？很多人都觉得这样的效果很酷、更电影化。从专业角度讲，这就是一种浅景深效果，其中有两个因素决定了到能否拍出浅景深效果。

1. 镜头规格（焦距）、光圈大小及环境光的强弱

如果我们用短焦距镜头或广角镜头，就很难得到浅景深效果。一般拍浅景深效果使用长焦镜头。光圈大小也决定了我们所拍的主体和背景之间的虚实强弱：光圈越大，主体和背景之间的虚实关系越明显。如果拍摄设备是全画幅传感器，同时镜头光圈也很大（比如 T1.4 或 F1.4，当然镜头型号不同，光圈也不一样），在日常光线情况下，得到的浅景深效果就非常明显：前景很清晰，背景非常虚化。也许有同学会问：如果室外光线很强烈，增大光圈会造成曝光过度，减小光圈则达不到浅景深效果，这是很矛盾的选择，在这种光线条件下，该如何拍出浅景深的效果？我们通过两种方式来解决这个问题：

首先，看摄影机有没有内置 ND 滤镜。有的摄影机有内置 ND 滤镜，ND 滤镜也称作灰片或减光片，我们可以通过增加 ND 滤镜来减少进光量，同时开大光圈。其次，直接在镜头前加灰片。比如根据阳光的照射强度，可以增加 1/8nd、1/16nd 的灰片，如果拍摄强烈阳光下的雪地，可以增加两个以上的灰片，同时加大光圈。相反，如果是在光线非常暗的环境中，即使将光圈开到最大也很难得到浅景深效果。

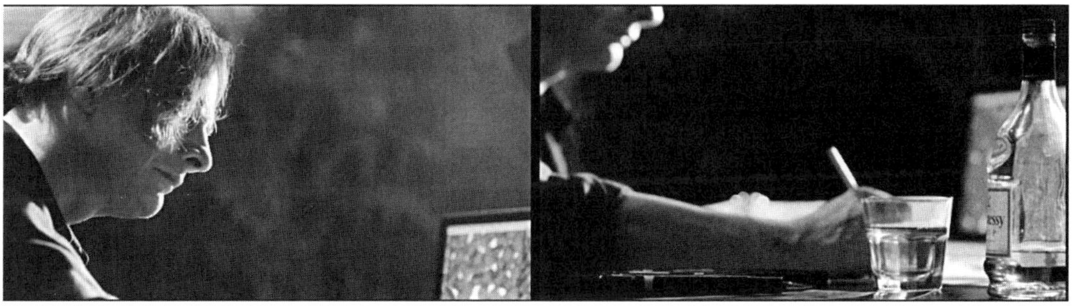

2. 拍摄目标主体的角度和目标主体与背景之间的距离

拍摄目标主体的角度也会影响景深的深浅。比如拍一双眼睛的特写，正面拍摄不会形成浅景深效果，当头部转动形成某个角度时，在镜头前两只眼睛的距离变成了前后关

系，这时就会出现浅景深效果。

焦点可以在前也可以在后，如果焦点所在的位置图像清晰，远离焦点的位置就会虚化，离焦点越远，虚化得越厉害。被拍摄目标主体离背景的距离越远，浅景深的效果就越明显。也就是说，在焦点对准主体的情况下，背景离焦点越远越虚化。要想加强背景虚化的效果，镜头与被拍摄目标主体之间的距离要小于被拍摄目标主体与背景之间的距离，最重要的是，被拍摄目标主体要远离背景，这样背景画面就会虚化，得到浅景深效果。请注意，最好选择中长焦镜头，广角镜头不容易得到这种浅景深效果。

第二节　如何制造不同凡响的画面效果

主要知识点

1. 镜头的合理运用。
2. 巧妙的画面转场。

一、镜头的合理运用

在镜头要素方面，我们之前讲过镜头的动静关系和景深关系，在拍摄方式上，要根据创意表现的需要，考虑采用手持拍摄还是稳定器拍摄或轨道拍摄，是否运用升降机或大摇臂等辅助设备。所有这些拍摄手段围绕的都是一个核心要素：内容，即镜头语言要表达什么内容。还有一个重要因素，就是镜头节奏，这一点在广告拍摄和剪辑中尤为重要。

案例分析

这是泰国制作的 New Mazda 2 的一支汽车广告，在明星展示的舞台上，汽车的每一个性能配合模特的每一个动作，人车一体，核心要素是展现汽车与模特从气质到功能的完美统一。因此，镜头语言的表达更明确。特写：步伐与车轮、转身与转向、眨眼与车灯。完美的人车结合配合得天衣无缝，镜头的节奏感和拍摄角度一目了然。

二、产品或品牌的出场方式

影视广告中产品或品牌的出场方式与其本身的性格特征是分不开的,产品或品牌和人的属性一样,也有其内在的性格特征,这在影视广告表现上尤为明显。因此,在脚本阶段一定要设计出独特的产品出场方式。怎样巧妙地呈现产品,是广告片核心创意中必不可少的关键环节。可以开门见山地推出产品,或在中间情节中巧妙地呈现,抑或整个广告片只表现产品的内在特质而不出现任何产品形象,引发观众的好奇心,只在最后呈现产品或品牌 Logo,把精彩留在最后。

三、巧妙的画面转场

广告片离不开巧妙的画面转场。所谓转场,指两个画面之间通过剪辑或后期特效设计,巧妙地转换镜头。转场主要有两种表现形式:一种是通过形式包装的创意转场设计,比如一辆行驶的汽车周围风景的四季变化,通过电脑特效结合后期剪辑处理来实现这种效果;另一种是不拘泥于形式,采用共同或相似影像元素关联性的创意转场。后者在广告中很常见。比如从电脑主机快速转动的风扇转换到高速行驶中汽车的车轮,再如从俯拍舞蹈演员的身体动作组合转换成钟表运行的指针,等等。

案例分析

泰国制作的三菱汽车广告就是以上两种形式合理运用的综合体现。随着演员的行走,三菱这款家用汽车的各个元素被展示出来。由于画面转场设计巧妙,汽车的颜色、内饰、空间、驾驶感、速度和灵活性得到了全面展示。其中有几处关键性的转场处理:(1)内饰,按键的同时镜头上移,带入主演;(2)穿过街道人群,略微推镜,通过演员的公益行为展现汽车的后备厢存储空间;(3)紧接着摇镜头再次将主演带入画面(这是典型的形式包装创意转场);(4)通过对一只手按动按钮的特写实现主演的换位;(5)黄色小汽车驶出画面,带入远处的蓝色小汽车驶入画面,这种运动交错设计用后期分层特效叠加实现;(6)镜头推近向下移动,绿色小汽车从上部入画,这就是利用第二种形式,通过路面这个共同的关联元素实现转场。这六处转场设计有机地将广告片的这些元素串联在了一起。

四、色彩属性和产品的关联

有些产品的广告画面采用强烈的色彩表现，通过色彩来表达产品的广告诉求，把产品的内在属性和色彩关联起来，通过视觉化展示给观众留下深刻的印象，请看下面这条啤酒广告。

日本的这条啤酒品牌广告整片贯穿着红色元素，场景的整体色彩偏红色，演员着装、啤酒包装、场景建筑都包含着红色元素。

五、强化视觉印象记忆点

每条优秀的广告都会给人留下深刻的记忆点，因此广告至少要有一个记忆点留给观众：一句广告语、广告语中的一个词语、一段难忘的音乐、独特的旁白配音、一个精彩的镜头画面，总之得给人留下点什么印象。如果影视广告什么印象都没有给人留下，只是把产品或品牌诉求表达了出来，虽然该说的都说了，那也不能称其为成功的广告，其传播效果便会大打折扣。影视广告既不是电影，也不是说明文，不能拍成说明书，谁也不愿意看枯燥无聊的说明书。广告可以有电影元素，也可以采用电影的表达方式，但绝不能采用电影的节奏——广告要在最短的时间内形成差异化的影像表达风格，瞬间给观众留下印象，至少给观众留下一定的回味时间和空间。

那么，如何强化视觉形象记忆点？

在此我们只讨论视觉层面上的表现形式，大概有几种方式。

1. 通过节奏的变化强化记忆点

还是举汽车的例子，一辆飞驰的汽车在森林中穿梭，音乐节奏配合着汽车发动机的轰鸣，突然一个急刹车，整个世界安静了下来，车前一只小鼹鼠悠闲地穿过。这种反差巨大的节奏变化无疑会给观众留下很深的印象。

2. 出乎意料

观众在日常生活经验中都会有一种“想当然”的思维定式，一旦打破这种固有的思维模式，广告就会产生意想不到的效果。例如有一条饮料广告是这样的：炎热夏季的一天，驴友在攀岩过程中不慎失手，瞬间坠入山涧，特写同伴惊呼不已的表情；此刻万籁寂静，正当大家极度绝望之时，眼前慢慢飘上来一个晶莹剔透的气泡，同伴坐在气泡上兴奋地招手，周围的气泡越来越多，镜头拉开，呈现出饮料瓶中的清凉气泡。

3. 独特的视觉符号元素

在广告片中设计一个独特的视觉符号，可以是一个标志，也可以是一个手绘抑或一个特殊图形，它既可以突出主体元素，又可以强化视觉效果。

4. 打破传统思维，创造全新概念

完全不按常理出牌，设计出一种新的广告表达方式。围绕广告的核心理念创造出一种新的表达方式，意料之外，情理之中。请看下面泰国这条绿箭口香糖广告和我们本土绿箭广告在表现方式上有什么区别。

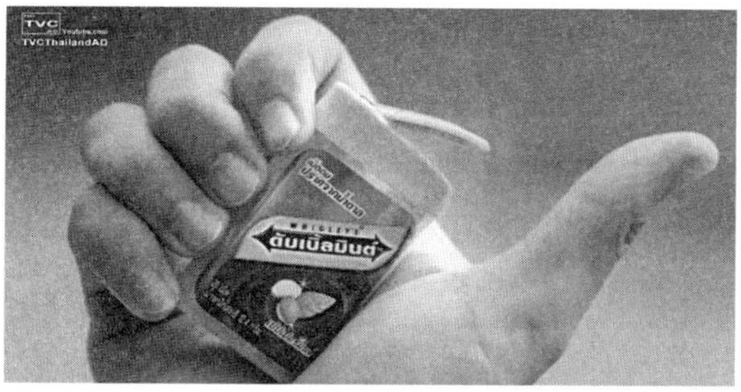

六、演员和产品内涵之间的关系

广告片的创意可谓天马行空，表现形式五花八门，我们在此只谈有演员参与的广告的表现形式。演员和产品内涵之间是怎样的关系？

1. 演员的内在气质和产品的内在属性或产品风格有一定的关联度

举例来说，比如在拍摄 JEEP（吉普）汽车时，人们一般都选用硬汉风格的演员，以便和 JEEP 硬派越野的这个产品属性相吻合。现在，JEEP 推出了城市 SUV，产品风格不再是单纯的越野，同时还加入了更多的城市元素，于是在选择演员时，就要相应地转换为城市白领精英这类风格的演员。即使是同一品牌，产品定位不同，产品内涵和演员之间的关系也会相应发生变化。上一节，我们分析的那个佳能 IXUS 广告片中的演员，其气质、风格和产品之间的关联度就非常紧密。

2. 明星效应会提升品牌附加值

如果由一位知名演员来代言产品，明星效应会在无形中提升产品的附加值。不同风格的演员会直接影响到其所覆盖的年龄段和特殊群体的粉丝群，产品的品牌价值就能迅速上升。

七、品牌倡导社会主流价值观

《以齿相依》这条微电影式广告在记忆和现实时空中递进，镜头语言无声无息地将对时光流逝的感叹浸入每个人的情感回忆当中，从而再现自己童年的影像。每一个背景转场叠化，都记录着岁月的沧桑和痕迹，都是一次父母恩情的递进和感情升华。这条广告片采用蒙太奇的镜头语言设置，在细微处呈现当今子女与父母的亲情关系，从而触动了观众内心无以言表的爱意。

小时候，父母是儿女的依靠，给予儿女无微不至的关爱。现在父母老了，儿女变成了他们的依靠，这和中国传统的孝敬父母的价值观相契合，而且关注点恰恰在“牙齿”这个最细微处上。父母身体健康与牙齿健康息息相关。这条广告在央视春节档播出，引起了春运返乡的广大儿女的强烈共鸣，那句“关爱父母牙齿，咀嚼幸福滋味”的广告语一时间不胫而走、广为流传。

第三节　特殊摄影的表现形式

主要知识点

1. 航拍摄影。
2. 延时摄影。

一、航拍

这些年，多轴无人机航拍在摄影领域越来越普及。与传统的固定翼飞机、直升机不同，多轴飞行器具有多个动力输出轴，带动多个旋翼产生升力，通过各个旋翼的不同转速（各个旋翼螺距固定）产生各个方向的扭力，从而控制机身。单从遥控模型领域来看，相对于其他飞机而言，多轴飞行器具有结构相对简单、连动部件较少、结构相对坚固的优点。但是，多轴飞行器不通过舵面改变气流，也不是用直接的倾斜旋翼来控制机身的，而是通过改变各个旋翼转速来产生扭力的，所以，传统的控制方式需要通过一定的手段转换成旋翼的不同转速，才能达到稳定机身的目的，这就是多轴飞行器飞行控制系统的最大作用。市场上的航拍器产品越来越丰富，航拍器的承重从小的 GoPro 至单反相机、佳能 5D 甚至 RED EPIC 或 ARRI 艾丽莎 MINI，力臂旋翼包含四轴、六轴、八轴不同规格。衡量航拍飞行器的质量和性能主要看五个因素：动力电机（动力输出强劲）、云台（稳定性好）、悬挂和电机减震设计(能有效降低云台系统的震动)、力臂设计(在方向上平稳,旋转方向灵活)、电池(供电持久)。

1. 航拍前准备事项

无人机航拍器少则几千元,多则几万元甚至十几万元,因而我们首先要考虑防止坠机。在无人机航拍器起飞前,一定要考虑几个因素:地形因素——是山峰还是湖面?如果是在景区或街道上航拍,要留意有没有障碍物、有没有高压电线、有没有军事禁区、下面有多少人等问题,要尽量避免在人员密集的地方低空航拍,因为飞行器上有高速旋转的机桨,一旦失控坠落可能造成人员伤害;飞行路径如何规划?风速是多少?有没有强风?超过三级风力就不宜航拍;顺风还是逆风?风向如何?雨天或雾气大的天气尽量不要飞行,雾气、水汽对电子设备有一定的损害;环境的磁场如何?要远离强磁的环境,强磁会干扰指南针工作;如果是低空航拍,风速和风向的变化多样,它们在不同高度的状况和人在地面上所感知的有很大差异。

2. 航拍飞行过程中的注意事项

无人机航拍器起飞前要检查设备,确保设备连接正确、校准指南针没有松动,仔细检查机翼、尾翼固定螺丝、起落架、固定橡皮筋、电池电压等。飞手要根据现场情况及时调整航线(包括飞行高度、航点、飞行距离),通过试拍调校摄影机(相机)快门速度、光圈大小和焦距。无人机航拍器飞行时我们不要只看着监视器图传,尤其在距离楼体或建筑物比较近的时候。因为高清图传会延时,影响我们的判断,看监视器时虽然感觉还没碰到,但实际可能已经撞到建筑物了。

除了飞手和云台手之外,最好再有一人负责瞭望,以避免无人机航拍器不小心碰到障碍物。飞手控制飞行的高度和机身的角度,操作时要轻推操纵杆,要慢慢感受操纵手感的力度,使无人机航拍器的飞行始终保持平稳,然后再练习调控飞行器前后左右自如转向,并精确定点。云台手要随时根据无人机航拍器的飞行特点和方位调整镜头角度,还要兼顾看监视器找准构图。

在飞行中,最忌讳的是飞行的路径设置、速度、高度、画面曝光等方面都没问题但构图有问题,如果是这种情况,这一条就不能用了。尤其要注意航线,在弯道飞行的情况下,很容易出现构图问题。很多时候这都是因为飞手和云台手配合不当造成的。因此,两个操作手之间的配合一定要默契,云台手在飞行中根据画面构图随时调整镜头的角度,这种调整是带有一定预见性的,要提前有心理准备,等发现构图不好再调整为时已晚,前面这条就作废了。

在飞行过程中，导航员要严密监视无人机航拍器的飞行状况，密切注意它的高度变化和航线执行情况，如遇紧急情况（天气突变或高度急剧下降、无人机航拍器未按航点飞行等），则应立即变更航点，努力使无人机航拍器返回起飞点，并及时通报给飞手，做好应变准备。无人机航拍器最好选择有GPS定位的，以便于其及时返航。

3. 航拍设备的保养和维护

要经常检查和保养航拍设备，老化的电机、电池等要及时更换。航拍设备应轻拿轻放，以免损坏无人机航拍器的舵面、舵机连杆、尾翼等易损部件。要注意以下事项：

◎拆装时应使用专用工具，以免用力过猛损坏设备和系统部件；

◎禁止在通电状态下插拔接插件，应在断电状态下检查插件和线路；

◎防止接插件进水、进尘土，小心插拔；

◎室内外温度、湿度相差较大时，应将设备放置在工作环境下10分钟以上，待设备内外温度基本一致、无水雾、无霜时再通电使用；

◎在雨天使用时，航拍设备须有防水、防雨淋措施，除非特殊情况，不建议在阴雨天使用航拍设备，如遇到打雷闪电天气状况，更是坚决不能使用；

◎在太阳直射且温度较高的环境下使用时，应采取遮阳措施；

◎选用洁净、高质量的汽油和机油；

◎按照设备生产厂商提供的《设备使用手册》定期保养。

二、延时摄影

延时摄影（time-lapse photography）是以较低的帧速率拍下图像单帧或降格视频，然后用正常速率播放画面的摄影技术。延时摄影以低于正常的速率将物体或景物缓慢变化的过程记录下来，呈现快速变换的奇异精彩的景象。影片的正常播放速度为NTFS制每秒24格（24 fps）、PAL制每秒25格（25 fps），也就是正常1秒钟包含24张或25张图像，我们将24张或25张单帧图像连续播放能制作1秒钟的影像。

延时是什么概念呢？就是在同样时间内去掉帧数，比如每1秒只拍1张，或每10秒甚至更久一点只拍1张，这样拍的影片中的景物会以24倍或240倍的速度运行。延时摄影的过程类似于制作定格动画(stop motion),即把单个静止的图片串联起来,得到一个动态的视频。因此,我们可以把一天的景色变化在 1 分钟甚至更短的时间内表现出来。延时摄影的拍摄器材目前有两种:第一种借助摄像机来实现,现在许多摄像机已经具有这样的功能,通过机内设置让传感器每间隔一定时间记录一帧画面,从而实现延时的效果。第二种则借助数码相机来实现,只需一根定时快门线就可以让自动装置以一定的间隔时间拍摄一定张数的照片,然后将这些照片以图片序列的形式导入非线性视频编辑软件中,这样就可以生成高画质的视频。专业领域通常用单反或专业相机来拍摄,比如佳能 5DMARK 系列或尼康 D800、D90 等。

1. 固定延时摄影

三脚架是拍摄延时摄影的必需品,一旦开始拍摄,就不能再动三脚架了,必须持续到拍摄完成为止。相机要配置定时快门控制器,还要设定按下快门的间隔时间、拍摄张数等。开拍前要固定 ISO、光圈和快门的值,设定好间隔时间,一旦设定好就不要再变了。设定好后,剩下的工作就由快门控制器来完成了。在此提示一下:请注意快门速度的设定,延时摄影对快门的速度要求十分严格,既不能太快,也不能太慢。比如,在强烈的阳光下拍摄,正常的快门速度是 1/1000 或 1/2000,这种快门设置可以让所摄景物元素清晰。以单一相片来看,那是不错的选择,但延时摄影就不可以了,因为延时摄影最终会以动态影片的形式呈现在大家眼前,那些清晰的相片在高速播放时(如 24 fps 或 25 fps)会出现影像跳动的现象,看起来令人非常不舒服。因此,大部分高清影片的拍摄将快门设定为 1/48,1/48 快门的单元格影像看起来略有点模糊,但在视觉上却增加了每格影片间的连续性,更有电影感。如果相机没有 1/48 的快门速度,可以把快门设在1/50,在阳光下拍摄时用两块 ND8 滤镜或灰片大幅减弱光线。在夜间拍摄时,1/20、1/30 的曝光很普遍,在长时间的曝光里,灯火辉煌的都市中运动着的人物、汽车、灯光会变成一条条金色的光流。如果延时摄影要拍出景物的快速运动和变幻,曝光就不要超过数秒。如果每 5 秒拍下一张照片,曝光的速度便不能超过 5 秒了。延时摄影时,相机的拍摄位置、角度及机身要绝对稳定,拍摄过程中即使轻微的晃动也会使画面闪动,这段视频就不能用了,后期制作也无法修复。

2. 运动延时摄影

运动延时摄影通常采用两种方式:前后纵向运动(可以偏离一定角度,形成纵深感）和半圆形环绕式运动。左右横向移动拍摄出来的画面效果不理想，因而很少采用。

相机要调整好固定的曝光参数、焦距、画幅比例和间隔时间。把相机固定在延时滑轨上，设置好滑轨的运动速度（专业延时滑轨支持间隔时间运动），剩下的操作就和固定延时拍摄一样了。拍摄时，最好采用手动对焦或者锁定焦点，始终对准一个焦点，因为自动对焦的焦点容易随着光线的变化而变化。

3. 大范围移动延时拍摄

大范围移动延时拍摄相对比较麻烦，在拍摄一段大范围移动延时前，首先要考虑镜头效果，是纵深运动还是环绕目标物体运动。这一点在拍摄前必须搞清楚，因为只有确定了这一点，我们才能设计相机与被拍摄目标物体的运动路径。比如，围绕一个目标物体进行运动延时拍摄，首先要在这个物体上找到一个固定的视角参考点，最好是标志性的，而且要以目标物体的主元素作为参考点；然后把相机调整为中央点对焦的方式，拍摄每张图像时都要对准这个焦点；再然后以这个焦点为圆心，大致规划出机位移动的路径（也可以是半圆形路径），起始点和结束点之间以及每次平均移动之间的距离要大致相等；最后设定拍摄每张图像之间的间隔时间。确定好后就可以遵照这些设定拍摄了，将拍好的素材序列帧导入 Adobe After Effects 中生成视频（其他后期编辑软件也可以）。如果出现画面轻微晃动的现象，利用 AE 自带命令变形稳定器处理即可。

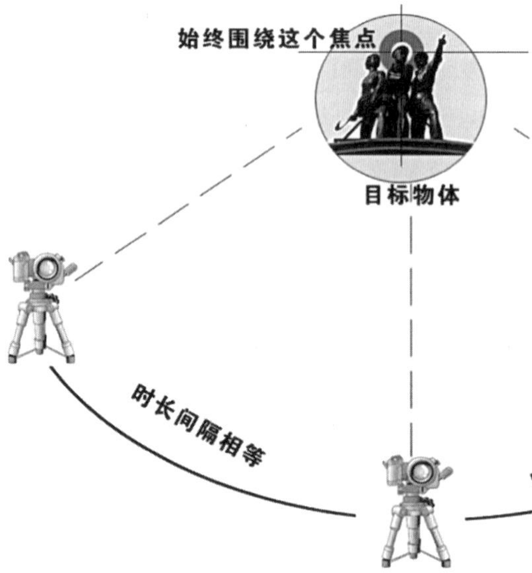

案例分析:《长春》城市宣传片延时摄影

这段延时摄影整整拍了一年(每个季节间隔拍摄几天,多次累计),分四个季节,展现长春四季的更替。下面将拍摄经验与大家分享一下。

1. 制订拍摄计划

计划拍摄一段一年四季更替的延时画面,每个季节拍摄一次,选取具有季节代表性的延时片段。后期为了实现更好的过渡效果,春季和秋季这两个树叶颜色变化明显的季节又分别增加了拍摄次数,一年四季变化分 6 次拍摄。

2. 堪景

把长春最具代表性的人民大街沿线作为延时拍摄的题材,起初找了几个高点取景,但都不理想,后来根据光照、距离、建筑物遮挡状况等多方面因素选取了长春出版大厦楼顶露台作为外景拍摄地点。景别最后确定为 28mm,根据导演的意图确定了最终构图。

3. 确定拍摄器材

(1)稳固的三脚架,云台最好是那种带有微调功能的齿轮云台,这样可以精细地调整构图(6 次拍摄必须拍同样的景别,否则后期无法对位)。

(2)尼康单反相机,成片长边像素在 4000 以上(需要输出 4K 视频素材),全画幅半画幅均可,机身本身自带间隔拍摄功能,但我们采用的是外接延时快门线。

(3)定焦镜头,这样在拍摄期间每次拍摄的景别就不会有变化,方便后期制作。

(4)热靴水平珠,用以精确控制相机水平。

(5)目镜盖,用以消除拍摄过程中取景器进入的杂光(有些机型机身内部自带,比如尼康 D700、D800)。

(6)测光表和色温表,每次拍摄前测量数据以供设置白平衡、光圈、快门速度等参数。以上器材在 6 次拍摄过程中不可以更换。

热靴水平珠

4. 正式拍摄

(1)拍摄时间,根据拍摄位置的朝向选择晴朗多云的时间段拍摄。为了使光影过渡比较自然,可设定上一次拍摄的结束时间就是下一次拍摄的起始时间。每个季节呈现的效果不同,应选取具有代表性的天气时间段拍摄,如在春秋两个季节,可以通过观察树叶颜色的变化择机拍摄,冬季则选择下雪期间拍摄,拍摄期间要随时关注天气预报。

(2)固定拍摄位置,选择一处可以做标记的位置固定三脚架,三个脚分别标记三个点的位置和中轴位置,每次拍摄三脚架的高度保持不变。

(3)相机设置,这次拍摄使用的相机长边超过6000像素,以便后期构图裁剪和对位。拍摄的图片格式为无损RAW格式,后期调整曝光、白平衡等参数不能有任何损失,后期用Adobe Camera Raw打开。感光度100,光圈快门和白平衡K值按照测光表和色温表的读数来设置。考虑到车流和云层,拍摄间隔设置为2S(2秒)。时间间隔太长,画面跳动感太强;太短,则运动效果不明显,存储卡的存储速度也容易跟不上。镜头选用了28mm定焦手动镜头,拍摄时光圈F8(中间光圈成像比较好),焦点无限远(为了保证每次拍摄的景别不变)。因为文件比较大,拍摄间隔比较短,因而选用了大容量高速卡。每次拍摄要求输出超过10秒的视频素材,所以每次需要拍摄300张。

(4)对准位置,同一景别的四季更替延时要求拍摄时对准位置。把机内参考线打开,在第一次拍摄后记录参考线在画面中的位置,以便下次对准,第二次拍摄时拷贝一张第一次拍摄的图片以供参考对位。在对位过程中,首先确定大概位置,然后根据热靴水平珠调整相机水平(机身自带的电子水平仪精度不是很高,因此采用热靴水平珠),根据上一次拍摄时的对位信息记录对准并拍摄一张,与存在卡里第一次拍摄的图片对比,再次调整位置,直到与第一次拍摄的位置基本一致。

(5)拍摄,拍摄时,根据天气情况在镜头上加偏振镜或减光镜来控制、调整光线强度,设置拍摄张数、间隔,遮挡目镜,记录拍摄参数及时间。相机设定在M挡。

5. 后期制作

(1)每组拍摄数据分别利用相机专用转换软件调整曝光、白平衡、对比度、亮度、暗部细节等参数,然后统一转换为高质量JPG文件,以方便后期制作视频。

(2)使用Photoshop软件对6组图片进行位置对位、裁剪和图像旋转,使其对位更加精准、图片固定位置完全重合。

(3)使用AE后期编辑软件将图片以序列帧的形式导入,并做最后对位调整,输出4K无损视频文件。

(参照样片:长影博物馆雕塑延时摄影。视频来源:商伟立。)

实训项目：

项目一：通过不同的机位设置强化景深关系。

实训目的：强调景深在广告拍摄中的作用。

实训条件：室内或户外拍摄指定产品。

实训要求：将焦点集中在产品本身上，虚化前后景。

实训步骤：

1. 摆放摄影机找好构图比例。
2. 通过不同焦段尝试将焦点对准指定产品。
3. 让前后景虚化，形成景深关系。

项目二：通过强化镜头关系、色彩关系、影像剪辑关系形成不同凡响的画面效果。

实训目的：了解镜头语言和广告语言表达的内在关系。

实训条件：搜集教材中的相关广告案例，围绕镜头表现、色彩处理、转场设计、视觉符号等几个方面进行分析。

实训要求：理解广告表现的关键要素。

实训步骤：

1. 挑选合适的广告样片，让学生根据不同广告片的特点进行总结、提炼，分析优秀广告片所具备的几大要素。
2. 老师提供广告选题和相关视频素材，学生剪辑一部广告片，表现方式和手法不限。

项目三：航拍和延时拍摄。

实训目的：了解航拍的流程及注意事项，掌握延时摄影技术。

实训条件：与航拍器材公司合作，由航拍技术人员演示小型航拍；老师运用简易滑轨演示延时摄影，可用器材 5D Mark2/3、尼康、索尼、iPhone 等。

实训要求：学生观看航拍场景，认识在某些场面中航拍对镜头表现的重要性。

通过亲自操作延时摄影，体现这种独特影像的表现形式。

实训步骤：

1. 航拍：由航拍手操作，学生根据无人机航拍器的飞行高度、距离和速度，通过监视器判断画面的构图和运动节奏。航拍过程以技术人员操作为主、学生观看为辅。
2. 延时摄影：老师指导学生操作，以学生操作为主、老师指导为辅。

思考题：

1. 不同的广告拍摄方式对广告创意表现有何不同的作用？
2. 如何让广告片与众不同、令人印象深刻？

第 7 章

影视广告拍摄制作团队各部门的职能及运作方式

本章学习目标

☑了解广告制作团队的组成部分及各部门的职能分工。

☑了解每个部门职能的特点并掌握相应的技能。

第一节　前期拍摄

一、导演组

1. 导演

(1)导演的职能

导演相当于一个交响乐团的指挥、一支部队的统帅。目前,国内导演的工作职能要求他既要参与制订广告创意方案,又要将自己的想法通过二次创作把文字语言转换成影像语言,还要考虑如何将广告制作成本控制在合理的预算范围内。导演的一切艺术创作都得围绕着如何打造产品品牌和达到营销目的来展开,确保广告片能给观众留下深刻的记忆。此外,导演还要对广告片所投放的媒体属性有深刻的了解和认知,因为不同的媒体投放平台,观众的观看习惯不同,自然会产生不同的广告效果。因此,拍摄前期导演应对以上因素做到了如指掌。

拍摄过程中,各个部门必须服从导演的指挥和调度,导演必须能清晰地表达自己的意图和想法,以便剧组的每位成员都能明确自己的职责所在。演员的表演方式、走位、服装、化妆风格、摄影角度、节奏、每个镜头之间的关系、灯光布置、场景、道具、录音效果等,都由导演来决定。包括后期制作、指导剪辑、合成、调色、特效、音乐、配音等综合艺术效果的把控,目前在国际上都采用导演负责制。总之,一条广告片的最终成败,导演负有不可推卸的责任。

(2)如何成为一名合格的导演

◎广告学知识必不可少

一切表现手段都是为产品宣传服务的,掌握必要的品牌知识、营销常识、消费者购买心理,是制作出好广告的必要前提。

◎训练和强化创意性思维

虽然说导演不是策划创意人员,但最终的策划案能否实施却是由导演来决定的。有时,看似很有创意的策划案却在某些环节上实施不了,或者说成本太高超出预算很多而客户又不想增加预算，就会造成广告片难产。因此导演非常有必要参与创意，在不损害创意核心诉求的前提下使其具有可行性。因为创意人员大部分不懂如何拍摄、如何制作，他们的职能是想出一个符合产品特性的好创意让客户满意，这就要求导演具备一定的创意能力并能保证创意方案能顺利实施。

◎亲手绘制分镜头脚本

这是非常重要的一项技能，它能将导演的想法以画面的形式呈现在摄制组各个部门面前，从而让各部门成员非常直观地了解导演的意图，同时解决与客户沟通的问题。如果导演不具备美术基础也不要紧，他可以找分镜头画师根据自己的想法画出来，还可以利用相关软件来代替手绘，比如 Poser、DAZ Studio 这类软件，他可以直接在模型库里将模型拖入场景中，设置摄影机的位置、角度、灯光位置和冷暖光源，直观地在三维场景中将自己的意图体现出来。

◎具备影视语言表达能力

影像语言表达能力训练是无止境的，通过不断观摩各类优秀影片和各种不同风格的广告片，我们可以学习其中镜头语言的运用手法，平时拍摄时也要不断积累经验，以形成自己的影视语言表达风格。但我们必须认识到，分镜头脚本再完善也不能确保广告片就一定能达到最终令人满意的效果，因为动态影像涉及的元素远远多于静态图像。演员的表演风格、镜头运动的节奏快慢、受场地和天气限制所做出的适当调整、现场氛围的营造、对白的语调语气……这些都是分镜头脚本无法解决的。所以，在客户签字认可创意方案和分镜头脚本之后，不妨找一些类似的参考样片让客户和剧组工作人员观看，提前让他们预想最终的拍摄效果。思想统一了更易于达到预期目的。

◎制造影视广告令人过目不忘的记忆点

影视广告是视听语言的一种综合表现形式，无论是在视觉上还是在听觉上，是否能在瞬间给观众留下深刻的记忆点是评判一条广告是否成功的一个标志。也许这条广告看起来比较常规甚至平庸，但就有那么一个亮点给观众留下了深刻的印象，这就可以算是一条成功的广告了。当然，这种记忆点不是哗众取宠，而是和创意的有机结合，是创意诉求的最好呈现。广告导演要在创意脚本中提炼出这个亮点，让它既出乎意料又合情合理，并通过视听语言的合理运用将其表达出来。虽然广告的所有元素都是为产品和品牌服务的，但视觉表现手法、影像节奏和记忆点的创意形式才能体现出导演的风格。形成了自己影像表达风格的导演才是成功的广告导演。

◎驾驭和操控拍摄现场的能力

在拍摄现场，导演具有绝对的权威，广告片的最终成败导演要负完全责任，导演要确保每个细节都不能有任何疏漏，各个部门都要无条件地全力配合，但这并不意味着导演就可以一意孤行。摄影组要给导演合理的拍摄建议，照明组要将灯光效果提前呈现给导演。导演不是技术工种，不可能对每一个技术环节都精通，他主要看最终的呈现效果。达到导演所预期的效果，是各个部门发挥自己的技术特长、精诚合作的结果。在拍摄过程中，部门之间有时会产生摩擦，这就需要导演来掌控局面。比如，假设拍摄产品时要求形成一个光斑的效果，这个光斑要出现在产品的哪个部分才最好，这与机位的角度、灯光照射的位置，包括产品摆放的位置都有直接关系。形成这种效果必然要求以上几个要素、几个部门紧密配合，如果在微调过程中没有达到预期效果，部门之间就有可能产生矛盾，互相指责对方配合不到位，这时就需要导演来找出问题所在，指导其中某个部门的具体操作，最终达到目的。所以导演要掌握拍摄和灯光性能的基本知识，平时要下功夫钻研相关知识，一旦片场出现问题，马上就能发现问题并予以解决。

◎前期向客户阐述创意内涵并确保广告片顺利通过客户验收

在拍摄前期，导演要将创意方案的要点和在广告片中如何表现等问题向客户描述清楚，针对不同类型客户提出的不同问题做出合理的解答。客户通常会担心制作出的广告片达不到预期效果，导演就要通过自己的拍摄经验来消除客户的这种担忧，经验丰富的导演会将类似的广告样片展示给客户，从风格、效果和制作质量等方面给客户一个参照标准，让客户放心。在广告成片验收阶段，由于不同客户的认知程度不同、欣赏水平不同，因而定制的广告片要兼顾两个方面，既要满足客户的需求，更要针对消费者的需求，让大多数消费者认可。广告片经过一段投放期，如果市场反应良好，客户就不会再坚持自己的意见。因此，导演要向客户阐明片中的表现手法、表现技巧、表现风格以及产品品牌概念的诉求，让客户树立起信心，从而让广告片顺利地投放市场，让市场来检验。

◎充分了解和掌握后期制作的流程和相关技术环节

合格的导演一定要懂得后期制作流程，甚至清楚地知道后期制作软件的特点，这样，前期拍摄时才能做到心中有数，否则就可能导致拍完的镜头后期无法处理，比如抠像拍摄和镜头跟踪拍摄。国内很多后期特效师不懂前期拍摄，而导演只懂前期拍摄不了解后期制作，如果没有一名好的监制（广告拍摄中很少设置这个环节），前期拍摄和后期制作之间就会出现“脱节”的现象。导演只顾实现自己的想法，但拍完的素材后期无法使用或者会给后期工作造成极大的麻烦，这非常影响制作进度，得不偿失。所以，导演是整个广告片的实施者，这就好似作曲家要对每个音符和每个节拍都了如指掌一样，这样才能保证作曲的独立性和完整性。

广告导演要对前期和后期的每个制作环节都了如指掌，他可以不会操作摄影机，但他要知道哪些画面达到了要求、画面中哪些元素出了问题，是构图、光线明暗、色温、光比的问题，还是镜头运动节奏的问题……他可以不会操作后期软件，但他应该知道这些软件的属性特点，例如：它们都能制作出什么特效？怎样和三维元素合成？什么样的镜头画面可以做抠像？什么样的运动速率和运动轨迹可以做镜头跟踪？……这些都是一名合格的导演应该掌握和了解的基本制作常识。

2. 副导演

副导演按工作大体划分为两大类：现场副导演和选角导演。

(1)现场副导演

在影片进入拍摄时，现场副导演根据导演的意图与指示，检查拍摄现场的准备工作，协助导演指挥现场，直至完成全部影片的后期工作。

有时，根据导演的安排，现场副导演也会直接指挥拍摄某些次要的场景镜头或在导演的指导下代替导演执行全部现场拍摄工作。在广告片拍摄中，现场副导演所执行的每一个环节都必须经过导演的验收认可才能进行下一步。由于广告片拍摄周期较短，影视语言表达比较凝练，因而国内很少设置现场副导演这个职位，为了保证广告片的质量，通常都由导演亲自操刀。

(2)选角副导演

这个职位在广告片拍摄中非常重要，在广告片的筹备阶段和摄制前的准备阶段，选角副导演要协助导演挑选演员、联系美工、造型、服装、道具等部门以及选看外景等。

当然，选角副导演最主要的任务是根据创意脚本的内容向导演推荐演员：男一号、女一号，包括特约演员、群众演员。为了保证广告片的质量，一个剧组可以有几位副导演来提供演员资源供导演挑选。

二、摄影组(包含延时摄影、航拍)

摄影组包括摄影指导、摄影师、摄影助理、推轨员、斯坦尼康操作师以及大摇臂、升降设备组人员。

1. 摄影指导

摄影指导指导新入行的或年轻的摄影师完成影片的拍摄任务，他们是富有经验的摄影师，一般不直接操作摄影机，只是指导摄影师如何拍摄，解决拍摄中的困难，帮助摄影师掌握摄影创作规律，并对全片的摄影处理提出建议、制定拍摄方案。

在广告界，摄影指导一般都拍过很多成功的作品，现场拍摄经验极为丰富，能很好地驾驭影像语言，能确定用什么型号的镜头、什么样的拍摄角度才能更有力地表现广告片的产品主题，能确定摄影机的位置和运动轨迹乃至定位影像风格。摄影指导的水平高低直接影响着广告片的拍摄质量和广告片的最终成败。由于好的摄影指导比较稀缺，国内只有广告大片才会聘请摄影指导，因而绝大多数广告片都由有一定经验的摄影师直接拍摄完成。

2. 摄影师

摄影师是广告片的实际拍摄者，他们非常熟悉各种摄影器材，直接操作摄影机，对手里摄影机的性能了如指掌。导演所期待的画面效果是通过摄影师来实现的，因而摄影师不单单要懂得摄影技术，还要对灯光、照明有充分的了解。离开了灯光，拍摄效果便会大打折扣，因此摄影师和灯光组的配合非常紧密，他们的思路要一致，同时还得和导演密切沟通，以便了解导演的拍摄意图。要想成为一名合格的摄影师，首先平时要多看优秀的影片和广告作品，仔细分析每个镜头是如何处理的，平时也要多拍片，以积累拍摄经验。在广告拍摄领域，摄影师也要了解创意脚本，除了执行导演的想法以外，有经验的摄影师还会给导演提出可行的拍摄建议供导演参考。好的摄影师具备一定的美术基础和色彩知识，可以在最短的时间内找到最适合的画面构图，捕捉到演员瞬间的表情变化，通过曝光指数、灰片增减、ISO 设定、色温设置来确定广告片的影像基调，而这些技术参数来源于摄影师深厚的艺术积淀。片子拍得如何，和摄影师的艺术修养密切相关。

3. 摄影助理

摄影助理的主要任务是协助摄影师完成拍摄工作。在广告拍摄中，摄影助理的工作范围包括管理摄影器材、搬运摄影器材。在这个数码时代，胶片已经用得很少了，以前采用 35mm 或 16mm 胶片拍摄，摄影助理要协助摄影师通过测光表测光，同时在片场更换胶片。合格的摄影助理应熟练掌握所使用摄影器材的各类参数，了解摄影师的拍摄风格，要和摄影师配合得相当默契才可以。这就需要他们私下经常沟通，甚至摄影师只要将想象的画面效果简单地描述出来，摄影助理就会根据当时的光线环境给出相关的摄影机参数设置。

摄影助理还有一个最重要的任务，就是跟焦点。在摄影机运动中，摄影师的注意力主要集中在画面构图、运动的平稳性和速率、演员表情和灯光环境的变化上，由于画面的景深关系，焦点的虚实非常重要，主要物体的焦点必须“实”不能“虚”，用业内的行话说，就是“不能跑焦”，这是决定“这一个镜头”成败的最为关键的一点。摄影助理就承担着跟焦、变焦的任务。这项技能要求我们平时多练习，根据运动轨迹的起点和终点，通过操作跟焦器的速率和平稳性来保证焦点的完美。摄影助理是摄影师的预备梯队，长期和摄影师一起工作，必然可以积累丰富的拍摄经验，很多经验丰富的摄影助理后来都成了摄影师。

4. 推轨员

广告拍摄通常离不开轨道，摄影师在轨道上拍摄，需要有人平稳地推动轨道车向一个方向运动，这个人就是推轨员。无论是推动轨道车还是拉动轨道车，其力度、速率和平稳性都必须符合摄影师的要求。这里包含了两个方面：一是轨道的铺设必须牢固平稳，滑轮要调试好；二是推轨员要熟悉粗细轨道的性能，平时多练习，要经常与摄影师沟通，以便快速、正确地领会摄影师的意图。

5. 斯坦尼康操作师

在移动拍摄时我们通常会借助轨道车、摇臂来降低摄影机的抖动，但有些特殊环境或特殊镜头则要求使用斯坦尼康，因为它非常灵活、便利，与摇臂相比，可以拍摄时间更长的长镜头。轨道需要平坦的地面，斯坦尼康却可以适应山地、台阶等多种环境，可以完成更为复杂的移动镜头的拍摄。这也许就是它和其他传统稳定器的区别，也是它的特点和优势。

有些广告片根据镜头的叙事要求和场地限制必须使用斯坦尼康来拍摄运动镜头。传统的大型斯坦尼康由承重背心、减震力臂和稳定平衡杆组成，不是所有的摄影师都能驾驭这个笨重的家伙，因此其操作师在走路姿势、腰肩角度、手臂随和度、手指分配、机器三轴向配平等若干环节都必须接受过专门的训练和调教。实际上，在专业领域里，斯坦尼康是一个专门的工种。简单地说，要想用好这个笨重的家伙，操作师一定要经过科学的练习和专业的训练。目前摄影领域通常都由高大强壮的摄影师来操作斯坦尼康，因为操作斯坦尼康确实非常消耗体力，技巧要求又非常高，而且操作师同时还得具备构图能力和运动节奏把控能力。近景和特写只是斯坦尼康运动过程中的一个部分，单纯拍近景特写一般很少用斯坦尼康，因为过浅的景深和太近的距离无法在运动中保证画面的稳定性，会产生抖动和震颤的现象，除非想特意强调这种镜头风格。运动过程中的焦点跟踪需要通过无线跟焦器来配合，由于它对平衡性非常敏感，而拍摄过程中又不能有任何外力触碰，因此摄影助理只能操作无线跟焦器来掌控焦点的虚实。

6. 三轴陀螺仪稳定器操作师

三轴陀螺仪稳定器已经得到了广泛的应用。这种手持仪器操作简便，不同于斯坦尼康的机械平衡稳定，三轴陀螺仪稳定器基于电子平衡稳定，操作人员无需经过长时间专门训练即可上手，稳定效果也很好。

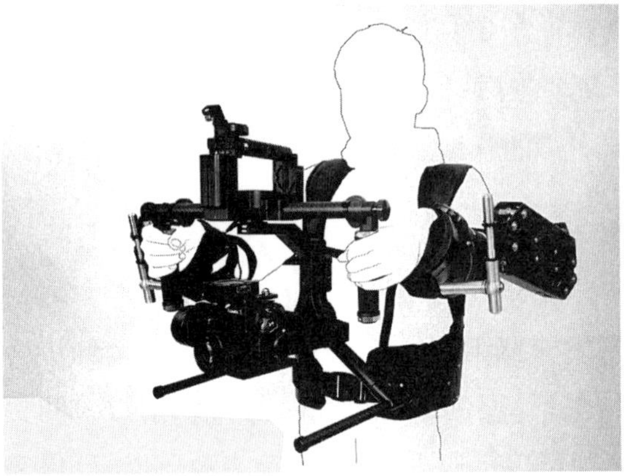

三轴陀螺仪稳定器可以调节力臂以适应不同重量的摄影机，无论摄影师是在行走、奔跑还是跟拍，画面都非常稳定。最重要的是，普通摄影师都可以比较轻松地完成拍摄任务，无需专业的斯坦尼康摄影师来操作使用。三轴陀螺仪稳定器也可以作为配合斯坦尼康的设备。

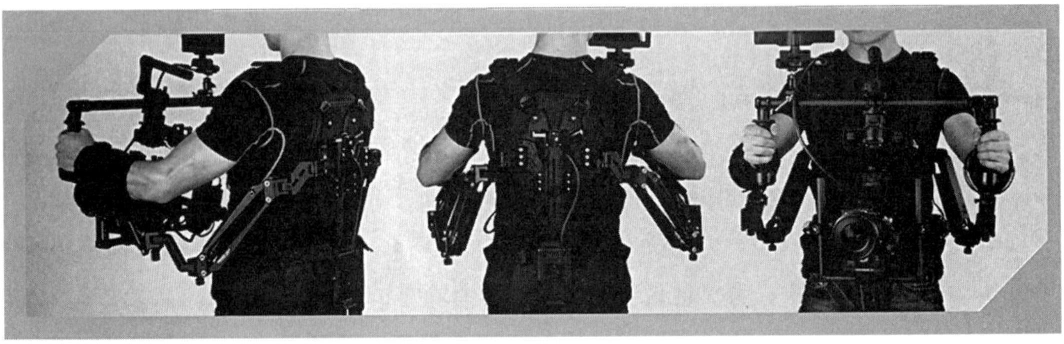

三、大摇臂及升降设备组

1. 大摇臂操作手

在广告拍摄中，大摇臂一般应用于大场景拍摄中，用以展现大场景和局部之间的关系。大摇臂需要摇臂手来操控摇臂的运动轨迹，也可以结合轨道边移动边拍摄，某些特殊摇臂的臂杆具有伸缩功能。拍摄现场有两个人同时操作摇臂摄像机，其中一人通过遥控器控制镜头的拍摄角度，并保证摄像机的安全；另一人控制操作手柄，保证画面的构图，控制运动节奏和所要强调的主体表现元素。这是一项相互配合的工作。在此我们举一个在广告拍摄中运用大摇臂的例子，以便大家理解，掌握了其中的应用规则便可以举一反三，希望能借此激发大家更多的创意性镜头表现手法。

比如拍摄一个啤酒节的狂欢场面：先特写手中的一瓶啤酒，清晰地展现啤酒的形态和包装；镜头逐渐拉开一点，一个演员充满激情的笑脸入画；摇臂慢慢上升向后拉开，画面上呈现五六个人在举杯狂欢；摇臂继续向后拉开同时升高，几十人出现在画面中，他们激情四射；摇臂升至顶端，呈现出几百人载歌载舞的场面，整个广场灯火通明，空中礼花绽放。

这个镜头采用了从局部逐渐过渡到整体的表现形式，既有细节的展现又有大场面的震撼，很有视觉冲击力。

摇臂手根据导演对画面构图和运动速率、节奏的要求，精准地控制摄影机的运动路径，因此摇臂手要充分领会导演和摄影师对当前运动画面的表现意图。还有一种情况：摇臂手根据导演的意图拍摄几组镜头供导演选择。

合格的摇臂手平时会通过大量练习掌握摇臂的各种性能，从而做到熟练地操控镜头方向和角度，使之与摇臂的运动路径完美地结合。

2. 升降设备操作手

摄影升降机是一种在拍摄时能做升降移动的摄影专用机械，主要由带轮子的底座、悬出的升降臂和后座的配重装置组成。摄影师坐在前端的座位上，后座的配重和前端保持平衡，操作手在拍摄中控制升降臂上下左右升降。由于升降设备功能单一，因而操作手不必考虑镜头的角度和方向，只要控制好升降运动路径和节奏即可。

拍摄前，操作手要与相关工作人员配合，根据摄影师的体重、摄影机以及云台和配件的重量，逐渐增加后座的配重，使之达到与前端平衡的重量。

操作手要根据导演和摄影师的意图，反复演练升降设备的运动路径。导演通过监视器观看画面的运动路径、节奏和构图，坐在升降设备前端的摄影师随时和导演沟通，导演和摄影师将共同认可的建议传达给升降设备操作手，操作手做出相应调整直至导演满意。下一步进入正式开机拍摄环节。

有的同学也许会问:大摇臂和升降设备看上去很相似,操作手法也有很多共同之处,能否将这两个设备做一个综合比较呢?

升降设备和大摇臂各有优缺点,可以优势互补。升降设备的优点是:摄影机的角度不是由摇臂操作手通过操作遥控器来控制的,而是由前端的摄影师来控制的;缺点是:如果场景有限制或处于危险地带就不适合了,大摇臂反而更适合有些危险场景的拍摄现场。此外,大摇臂的拍摄空间更自由,镜头的转换角度和节奏更自由,而升降设备在这些方面则会受摄影师操作的限制。

四、照明组

1. 灯光师

灯光师在广告拍摄中的作用和摄影师一样重要。影像离不开光,光是塑造影像最重要的元素之一,一条优秀的广告片,其画面质感与光线息息相关。因此,灯光师要能熟练运用各种灯具,根据不同的题材创作出不同的光影艺术效果。在影视广告的拍摄中,布光工作耗时最长,主光源在什么位置?环境光如何营造?侧逆光要达到什么效果?整个画面的调性是偏冷还是偏暖?要高色温还是低色温的光?怎样模拟太阳光的效果?怎样模拟月色的效果?怎样消除多余的阴影?在片场,除了演员表演是否到位,剩下的最复杂的工作就是灯光布置。在片场,来得最早的是灯光组,走得最晚的同样也是灯光组。灯光师要指导灯光助理和灯光场工根据创意脚本和导演的要求,将各类照明用具合理地布置到相应的位置上。摄影师首先确定拍摄位置和拍摄角度,确定画面构图,然后灯光师指挥灯光组成员开始布光,直到导演和摄影师满意为止。优秀的灯光师可以让广告画面的质感提升一个层次,对于画面所传达的情绪信息、画面的氛围营造,灯光师起着不可替代的作用。

(1)怎样做一名优秀的灯光师

内行都很清楚,灯光师在剧组里是最受尊敬的职位,尤其是影视广告片,在短短的几十秒甚至十几秒的广告片里,灯光照明的成败直接决定了广告片的优劣。然而国内的很多灯光师都在做“行活”,也就是人家怎么布光我就怎么布光,像个完美的熟练工,但却没有自己的创意,遇到这样场景就这样布光,形成了思维定式,不求有功,但求无过。理想的灯光照明其实是技术与艺术的完美结合,是对创意的挑战,优秀的灯光师都具备以下几种素质:

◎掌握一定的电工基础,了解电压与电流、功率的关系,接线、插座安装熟练、到位,充分了解各类灯具的属性和各种附件的应用,熟知各种灯具的性能参数;

◎掌握一定的美术知识,知道什么是原色、补色、主光源、附光源、环境光、轮廓光、逆光、顶光、面光、冷暖光比,理解脚本的内涵;

◎具有刻苦的钻研精神。

这是个日新月异的时代,新的产品层出不穷,创意构思更是五花八门,产品的造型和材质不再局限于传统的金属、塑料、陶瓷、玻璃等,新的材质不断涌现。这就要求灯光师在表现产品质地时,布光方式要与时俱进,要研究不同材质的光线反射和折射规律,结合灯光的特点创造出新的艺术效果。另外,随着创意表现难度的加大,对灯光师的要求也越来越高。因此,灯光师不仅要在片场不断积累经验,平时也要细心观察、细心体会光线变化的规律,这一点也非常重要。

2. 灯光助理

灯光助理是灯光师意图的执行者,只对灯光师负责,完全听命于灯光师并按照灯光师的指令将灯光搬运到指定位置,布置灯光,调试灯光,接线,操作各种灯光附件。一般根据广告项目的规模安排灯光助理的人数,常见的一般广告项目通常需要 6 ~ 7 名灯光助理。灯光助理也要非常熟悉灯光的种类和性能,这样才能领会灯光师的意图。最重要的是动作要快、效率要高,要在最短的时间内将灯光调试到预期效果的水平,这是灯光助理的基本素质。

五、美术师和道具师

美术师设计影片元素的整体造型，包括景物造型和人物造型，他们负责片场的布景、道具的设计以及外景选择等。道具师负责设计、组织影片所需的各种道具及陈设，组织、收集或装置、置换道具，编制道具预算。道具师应具有一定的文学艺术修养和历史知识，了解不同历史时期有关道具的样式，并根据美术师的整体造型设计意图完成片中的道具设计。

美术师和道具师是紧密合作的关系，美术师的设计要通过道具师来实现。

目前，国内很多广告摄制组为了节省预算，将美术师和道具师合并为一个职位，这个人既是美术师也是道具师。场景设计方案经导演确认后，美术师带着几名助手就完成了，设计通过后直接安排人制作，省去了许多中间环节。

六、服装、化妆与造型

广告拍摄所需的服装，要根据分镜头脚本的画面需要由服装师来把控，有些服装通过租赁、购买即可达到拍摄要求，个别特殊服装则需要根据演员的身高体重和形体特征单独定制。服装师要根据导演的要求选择相应的服装款式，同时也要考虑预算，其决策以拍摄效果为最终目的。化妆造型是一个富有挑战且体系复杂的学科领域，是一种视觉艺术，不是单纯靠个人兴趣或天赋就能成为一名出色的化妆造型师的。化妆造型师要根据角色的性格特点和剧情需要去创造出不同风格、不同创意的整体艺术形象。优秀的专业化妆造型师除了具备技术实力外，还具有独到的艺术审美眼光、强烈的思维感知能力和创造性的设计表现能力。

化妆造型不仅仅是要求实操性和服务性的简单手工作业，它更重要的任务是设计和塑造完美的形象。在广告拍摄中，化妆造型的目的已不再单纯是追求唯美的妆面效果或妆面的创意与另类，更注重表现人物所呈现的内在气质与产品品牌内涵的完美结合，更注重将产品隐含的诉求和演员的化妆风格统一起来，以形成强烈的视觉元素记忆符号。这种视觉冲击力不能喧宾夺主，而要整体烘托和提升产品的品牌价值。

根据广告预算，如果广告拍摄中没有对服装提出特殊要求，服装师通常由化妆造型师兼任。

那么广告化妆造型师应该具备怎样的专业素质或个人特质呢？

◎具备扎实的造型基本功，能汲取各家所长，结合自身条件融会贯通，创造性地将别家所长运用到自己的创作中去。

◎了解脚本的表现方式和表达的核心点，理解导演的要求和意图，能给导演提出建设性的化妆造型方案，并能根据不同演员的特点和风格制定细节方案，包括面部和发型的处理以及服装、首饰、演员性格呈现等，与此同时，他还要结合产品特点、品牌内涵进行整体造型的风格定位。所以，化妆造型师还要掌握本专业以外的相关广告知识，这样才能将演员的风格特点与产品的品牌属性特征有机地结合起来，达到艺术和商业的完美融合。

◎学会从生活中汲取营养并将它们应用到创意设计中，通过个性化的、完美的设计表现手法去传递美的信息和美的概念，而不是一味地迎合客户的喜好和想法，盲目地听从客户的主观臆断。化妆造型师对产品和演员造型，包括创意脚本中设计的剧情一定要有自己独到的见解，能利用自己的专业知识去说服客户，积极地与客户沟通，了解客户的真实需求。

七、制片管理

在广告片的制作流程里，制片管理涵盖了生产制片、外联制片、生活制片，甚至包括场务和剧务等工作。制片管理首先要在保证广告片质量的前提下制定出一套节约拍摄成本、合理规划拍摄周期的严谨科学的拍摄流程方案，在广告拍摄中，制片管理通常也兼任统筹的职务，比如把广告脚本中的镜头进行合理的归类，根据场景组织镜头的拍摄顺序，以便在同一场景下集中拍摄完所有的镜头，然后再转换到下一个场景，从而节约拍摄成本。制片管理部门的主要任务是在制片人的领导下监督整个广告片的拍摄进度并为摄制组提供拍摄和生活所需的各种设备和服务，有经验的制片管理会给剧组的拍摄创造良好的拍摄环境和条件。科学合理地安排制片流程可以节约很多成本并保证广告片在预计周期内顺利完成。由于广告片的拍摄周期一般不长，因而制片管理这种部门很容易被忽略，但这种观念是错误的，有经验的制片人都非常重视这个部门。

八、录音师

在广告制作中，录音师按照导演的创作要求进行音响、音效、独白、对话等录音工作，根据拍摄画面的要求进行前期录音、同期录音和后期录音，最终完成全片的混录工作。

任何一部影视作品都离不开声音，声音的风格和品质直接影响着广告片的品位，甚至影响到广告片的表现方式。当今数字录音时代对录音师的要求越来越高，首先是传声器的使用技术，这就要求录音师必须掌握和控制不同类型传声器的识音特性，恰当地组合立体声、环绕声，匹配调音台的各种连接阻抗，搭建合理增益架构和同步系统，校准降噪系统和监听回放环境，严格遵守播出平台对声音指标的要求，熟练掌握录音软件的操作,包括录音格式、录音文件的科学系统管理。

录音师通常会根据脚本设定的氛围向导演提出录音方案,比如除了录制对白之外是否还需要提前或在拍摄结束后录制环境音、同期声、特效声等。录音师要和音效师沟通相关声音的录制指标和特定要求。

在拍摄现场,录音师通常配有一两名助理,录音师负责设定录音设备的录音参数、监听声音的录制,助理则负责检查录音线的连接、测试声音及挑杆话筒。

九、场记

场记的主要任务是将广告拍摄现场的每个镜头的详细情况——镜头号码、拍摄方法、镜头长度、对白、布景、道具、服装、化妆等方面的细节和数据详细、精确地记入场记单。广告拍摄由于受到场景和时间的限制,拍摄时不能按镜头顺序进行,通常会将同一个场景中的戏份全部拍掉再转换到下一个场景,以便提高效率、节省预算,因此镜头的顺序会被打乱,很容易出现丢镜头或漏镜头的情况。场记所做的记录就是为了防止这种现象的发生,为导演的后续拍摄以及补拍、重拍提供准确的数据和资料。场记最重要的任务是协助导演合理地规划镜头,防止镜头遗漏或其他失误。影片完成后,这些记录还可供制作完成台本之用。

场记板在每个镜头开拍时使用(打板),场记在板子上记录摄像机将要拍摄的集数、场数、镜数,然后用摄像机拍摄下来。

场记单有一定的格式:先写上场数、镜数、条数,再写上拍摄的内容,最后记录时间码。导演每拍完一条,场记都要仔细记录导演对这个镜头的想法和提出的问题,哪一条通过了哪一条没通过,何时补拍或重拍都要一一记录在案。场记要时刻守在导演身边,及时记录导演所说的话并领会导演的意图。

十、场工和司机

场工主要负责搬运器材和道具、灯具,场工不是只要有体力就行,还要能领会各部门负责人的意图。摄影师会安排场工将摄影器材搬放到指定位置,比如距离拍摄物体多远、距离对象多高,灯光师将灯光器材放置到合理的布光区域,这个过程中不能有失误,否则将耽误整个拍摄进度。司机的主要任务是在转场时接送工作人员、运送各种拍摄器材和道具。由于转场频繁,司机在行驶过程中必须集中精力、安全驾驶,无论事情多么紧急,都要遵守交通规则,人身安全和设备安全都不容小视。

第二节　后期制作

一、剪辑师

剪辑师也称非线性编辑师,不能把他们当作操机员,然而目前在影视行业,剪辑师基本上成了导演的一个工具,完全成了技术员,成了导演创作意图和艺术构思的忠实体现者。其实,优秀的剪辑师应该在导演构思的基础上提出自己对镜头的理解和对影像关系的再创作。剪辑师通常不在拍片现场,这样也有好处,他们在后期剪辑中可以始终对画面保持一种新鲜感,不受片场导演构思的影响,而以观众的角度来客观地看待镜头之间的关系要素。

剪辑师一定要对创意脚本有深刻的理解,具有非凡的洞察力,善于运用蒙太奇手段达到影像叙事的目的。此外,剪辑师还应熟练掌握剪辑软件,目前广告视频剪辑领域常用的软件有 Adobe Premiere、Final Cut Pro、Sony Vegas Pro、Avid Media Composer、Edius 等。

二、视觉特效合成师

视觉特效简称 VFX,指真人实景拍摄和计算机图像(CGI)经过特效软件的合成而制造出的虚拟仿真的视觉效果。视觉特效师在特效软件的操作和编程上要有极高的水平,因为创意、导演再有想法,无法实现也等于零,而要实现这些想法,熟练掌握特效软件是前提。实景拍摄画面和 3D 制作画面(包括抠像画面)要有机地合成,在角度、构图、运动节奏、3D 渲染模式、抠像画面边缘精细度、跟踪点设置、整体画面色调与风格的匹配等方面都有严格的要求,一旦穿帮,特效合成就会失去意义。目前广告片制作遵循的原则是:能实景拍摄解决的最好实景现场拍摄,实景拍摄无法实现最终效果的才通过特效合成来解决。这反映了国内市场存在的两个问题:一是复杂的特效制作还普遍达不到客户的要求,二是即使有少数能达到要求的制作公司,其制作费用也非常高昂。

合格的特效师要做到以下两点：

◎熟练掌握软件，目前市场上合成软件的制作流程大概有两种类型：一种是节点类，[①]一种是层级类[②]（详见第九章第三节）。

◎多看国内外电影大片和广告大片的特效，以开阔眼界，丰富自己的想象力。如果能搜集到拍摄花絮，尤其是特效制作花絮则应仔细研究，最重要的是要学习和掌握特效制作流程，什么样的特效从哪里着手，实拍和特效通过什么方式处理最合理，从而在实践中不断总结经验。只有具备了先进流程的思维方式，掌握了先进流程的制作规律，再加上勤练习、多实践，才能成为优秀的特效师。

三、3D 动画师

3D 动画也称为三维动画，目前在影视领域，3D 动画师通过 3D 软件来实现虚拟现实的技术。由于 3D 软件是一个非常复杂的系统，完全是从无到有，它涉及建模、贴图、材质、灯光、摄像机运动、路径、粒子特效、动力学、骨骼、程序代码等方方面面，因此 3D 动画师也细分为场景动画师、角色动画师、特效动画师。由于广告行业涉及的范围比较广，各行各业有不同的广告需求，创意类型又五花八门，因此单纯依靠某一类动画师很难解决所有的问题，一般需要一个团队或几个不同类型的动画师配合来完成一个项目。

目前从事广告制作的动画师所需掌握的主流 3D 动画软件中，应用最广泛的是 Autodesk 公司出品的 3DMAX 和 MAYA，这两款软件基本上能解决广告片的制作需求。还有一些动画师比较钟爱 Cinema 4D，这个后起之秀的软件也异常强大，广泛应用于影视、广告和工业设计等领域。

1. 场景动画师

场景动画师不只会做场景，除了骨骼绑定、角色动画、动力学、粒子特效之外，他们在其他方面也都应该精通，掌握各种建模技能，熟知贴图、材质、物体动画和摄像机运动、灯光设置、路径设置和渲染技巧。

---

① 节点式流程相对比较直观，方便查找、修改、归类，节点树一目了然，每个节点对应每个素材和处理的效果，每种效果的归类都可以一眼看到。通过观察和梳理节点树，可以形成一个整体编辑轮廓，流程清晰严谨，逻辑性很强，无论效果多么复杂，都可以根据节点树找出各个环节的相互关系。

此外，这种流程也方便修改，如果某一环节出现问题或者要替换素材、更改效果，只需针对这一环节进行处理即可，无须改动其他节点，这就可以避免因某一环节出错而导致将整个效果弄乱。

② 层级式流程的特点是时间线功能强大，镜头与镜头之间、特效与特效之间可以通过上下层关系让人一目了然，层和层之间的特效叠加既方便又直观，第三方特效插件对层级的支持也更广泛，特效插件的选择余地非常大。此外，层级软件和剪辑软件的配合也最方便、最契合。层级式合成软件的剪辑功能比节点式合成软件更强大。

2. 角色动画师

角色动画师负责设置动画，操控角色动起来。在 3D 动画领域，角色动画师最终根据角色设计方案来制作 3D 角色模型，通过骨骼绑定、骨骼调节、运动设置、IK 设置、皮肤、毛发、布料、人物动态捕获、面部表情动态捕获等来实现惟妙惟肖的角色运动状态，定义动画的特定风格、运动节奏和帧数。给我们留下深刻印象的 M&M 巧克力广告就是 3D 角色动画的经典代表作品。

3. 特效动画师

粒子特效在影视广告中应用得最为广泛，水的特效、奶液特效、光线特效、爆炸特效、生长特效、雨雪特效等，比比皆是。因此，特效动画师要重点研究 3D 动画软件中的粒子部分，包括动力学和刚体柔体属性以及虚拟物体设置，同时还要掌握各种特效插件。如果想成为特效高手，建议学习一下 Houdini 软件①。

特效动画师要有很大的耐性和毅力，要有极强的逻辑性和严谨性，因为面对大量的参数设置，稍有一个参数设置不合理或者数值不精确，就可能导致前功尽弃，因此要反复测试不同参数才能达到满意的效果。

4. 2D 动画师

广告片的风格多种多样，2D 动画也是一种表现形式。2D 动画的制作内容包括分镜、原画、中间画、动画、上色、背景作画等，角色形象设计是 2D 动画的核心要素，这就要求 2D 动画师必须具备美术基础和手绘能力。虽然传统 2D 动画的烦琐步骤早已被当今的计算机软件所取代，很多制作环节操作起来更加方便了，但这并不意味着 2D 动画师就可以完全依赖电脑，实际上有些传统的制作步骤仍然需要人工去完成，只不过以前在纸质介质上绘画，用画笔手工上色，现在用计算机软件来完成，变成无纸化操作了。根据制作的规模和难度，我们将 2D 动画师分为两类：一类是独立 2D 动画师，即一个人，或一名动画师和一名助理；另一类是团队 2D 动画师，多人协作完成项目，其特点是分工详细、流程规范，适合承揽大型项目。

---

① 这是一款应用于电影领域的重量级软件，是完全基于节点模式设计的产物，其结构、操作方式等与其他的 3D 软件差异很大。Houdini 也有第三方渲染器的接口，比如 RandMan Mental Ray Vray 等，可以把场景导出到这些渲染引擎中进行渲染。

独立 2D 动画师通常应该掌握 Anime Studio Pro、TVPaint Animation 等相关软件。

团队 2D 动画师使用 RETAS PRO、ANIMO、Open Toonz 等软件。

无论哪类动画师，都必须根据项目的需要和导演的要求来设定动画的风格，2D 动画师是很辛苦的职业，尤其是原画师，他要设计角色形象、动作关键帧、动作姿态、场景形态、色彩体系，等等。根据不同的广告项目，一般每秒钟需要绘制 8 ~ 12 帧，30 秒广告则需要 240 ~ 360 帧，同时还要动作连贯自然、节奏鲜明、表情丰富。

2D 动画师除了要具备软件操作能力，更要掌握以下动画原理。

(1)个性化的角色设定

根据动画角色的造型特点，我们常见的三大体系，欧美代表一种风格，其中迪士尼、皮克斯、梦工厂的卡通形象最具代表性；日本动画自成一派，以宫崎骏为代表的一批动画大师设计的经典动画角色深入人心，这些角色造型元素极具日本风格；中国的动画以水墨画和工笔画的表现形式强烈地传达出中国的视觉符号。

(2)内心状态

动画片离不开表情,表情是传达内心情感的核心要素,动画是否传神、是否有感染力,就要看表情刻画得是否到位:

（3）动作规律

2D 动画师要善于把握动画的节奏，注意精准的夸张、传神的动作，强调每个姿态衔接关键点的合理性和动作的连贯性：

（4）镜头设计

2D 动画也有镜头关系，现在的 2D 动画很多都是 2.5D 或仿 3D 动画，通过合理地处理镜头的景深关系和景别关系，让广告片呈现出电影化的气质。

（5）场景设计

广告片中的场景一般有以下三种呈现方式：主体核心为 2D 动画角色，与之合成的有实拍场景、3D 场景、2D 场景。场景在设定上要与广告所表达的主题风格相统一，背景要与 2D 动画角色的运动轨迹、角度、透视关系相吻合，必要时要设定镜头跟踪与之相匹配。

四、调色师

广告片中除了拍摄风格、动画风格、特效风格、音乐风格，将这些风格统一在一起的是整体色调风格。调色师的工作是整个广告片剪辑合成后、提交成片前的最后一道工序，将广告片的影像基调的定位作为表达广告主题的最终结果，用色调传达出情感诉求，以此来大大提升广告片的品质。毫无疑问，调色师除了要熟练操作调色软件，还必须具备美术基础尤其是色彩知识，对视觉色彩非常敏锐。

目前 Davinci Resolve 仍然是广告制作领域的主流软件，将来无论使用什么类型的软件，作为调色师，其关键都是在初级调色阶段将全片的画面控制在标准色彩范围内，将黑电平触底、白电平达到合理的上限值，控制影像的曝光、色阶、明度、纯度、对比度等，到二级调色阶段才做广告色彩风格个性化的具体表现，同时兼顾调光，包括光线塑造、光比大小等，从而营造画面的情绪氛围，根据不同主题、不同产品风格展示广告片的影像基调以及其与同类产品的差异化表现风格。

五、配音

不同类型的广告片必须配以不同的配音风格，即使是卡通风格的广告片，无论是 3D 动画还是 2D 动画，也需要角色的对白配音和广告词的旁白配音，只是配音风格偏重于动画片的语调而已。配音演员的配音风格要符合角色本身的性格特征，突出广告片主体所表达的声音要素。如果是常规拍摄的广告片，场景对白可以直接在现场录制，如果现场比较嘈杂或演员的发音达不到要求，则要进入录音棚进行二次配音，之前的现场录音仅作为参考音。广告词的旁白配音涉及广告片的整体风格，尤其在选定了几位配音演员的情况下，他们的配音是否与广告片的整体风格吻合？因此，最好先录制样音发给客户确认。配音风格没有好坏之分,只有适合和不适合之分,优秀的配音演员在配音风格(音域、音色等)上的差异很细微,有些需要反复观看画面才能判断哪种风格更适合。需要注意一点,在配音整体风格保持一致的情况下,落幅的配音语调和语气应稍微强调一下,带出广告的一些识别性,以便给观众留下声音记忆点。

六、编曲及作曲

广告的编曲或作曲通常都是根据预算来决定的,但也有例外,比如有的客户担心作曲达不到预期的理想效果,同时作曲周期较长,于是选择编曲。实际上,我们在此只是从广告片的一个狭义范畴来讲编曲①。

编曲成本相对低一些,但需要将几段音乐完美地结合在一起形成新的音乐风格。这种制作方式要求编曲对不同的曲目风格有充分的了解,能巧妙地处理细微的音调转呈。

作曲指完全去原创音乐,是针对这支广告片去量身定做。作曲的制作成本相对高一些,大制作的广告片一般都采用这种方式。作曲对作曲家的水平要求很高,他首先要对广告片的内涵有充分的理解才能给这条广告片一个整体的风格定位,确定广告片的主旋律。其中难度最大的是广告音乐的识别性。优秀的广告音乐能将广告片提升到相当的高度,经典广告音乐的传播性甚至远远超过广告片本身。

广告片的音乐作曲一般都委托给非常有经验的作曲家,他们在正式作曲出成品之前要作出音乐小样或提供类似的音乐风格作为参考,以便与客户、导演共同探讨创作思路,确定作曲和编曲的创作方向,以免成片出来后再做颠覆性的修改。

七、音效合成师

广告音效通常可以通过三种渠道获得,常见的场景音效或日常生活音效可以在音效库里选择;特殊音效需要音效师在录音棚里或现场录制,用专业硬盘录音机录制经过特殊处理的声音,比如科幻声音;在音频软件里利用现有的音效素材,利用软件的各种音频处理手段将不同的声音特性进行叠加处理、变音处理,从而获得新的音效。

音效合成师要仔细倾听日常生活的环境声音,包括那些被人们遗漏、不易察觉的音效,并将它们分类归纳,不断总结录制经验,然后在此基础上创造出生活以外的各种音效,以适应不同广告风格的要求。

① 编曲指挑选带有版权授权的音乐素材,包括几段风格相近的音乐素材进行二次编辑,从而满足广告片的音乐制作所需。

实训项目：

实训目的：通过了解广告制作各部门的不同职能、作用，逐渐掌握广告拍摄及后期制作等各个环节的特点。

实训条件：1. 老师提供选题，成立摄制组，组织学生拍摄一条广告短片，根据学生的不同特点，给他们指定相应的职位，共同完成这条广告片（拍摄地点可在校园内或本市区域）。

2. 与广告制作公司合作，让学生以实习生的身份参与拍片现场，以了解各部门的操作流程。

实训步骤：

1. 老师确定选题，比如拍摄洗涤用品，然后组织学生出创意文案、绘制分镜脚本并开会讨论，选出优秀的创意和脚本。
2. 组织前期拍摄和后期制作团队，进行职能分工。
3. 根据最终成片总结、分析各部门取得的经验。

思考题：

1. 为什么说严谨科学的广告制作流程及各个部门的高效协同合作是决定广告片制作质量的重要因素？

第 8 章

摄影器材的选择

本章学习目标

☑掌握摄影器材的不同类型、基本常识及配置特点。

☑了解如何根据不同广告项目选择相应的拍摄设备。

第一节 摄影机基本知识

主要知识点

1. CCD 和 CMOS 两种图像传感器的对比。
2. 视频编码。

一、有关摄影机的几个关键术语和概念

在了解不同类型的摄影机之前,我们首先要搞清决定摄影机性能的几个关键性术语和概念。

1. 动态范围

所谓动态范围,通俗地讲就是拍摄对象从最亮到最暗部的跨度,这是摄影机成像最重要的一个指标。好的画质要求动态范围一定要高,高动态范围可以使画面看起来更加逼真。高动态范围由多个性能组合而成,包括高亮度、高对比度、宽色域,它能以最低限度的黑白噪点逼真地捕捉画面中的高亮区域和黑暗区域。高动态范围画面开创了一种全新的方式,突破了广播标准的限制,可以逼真地显示高亮度画面,同时还可以显著地扩展色域,呈现的色彩比传统标准动态范围呈现的色彩更逼真,从而赋予了制作人更高的画面逼真度和表现力。

2. 传感器

目前数码摄像机的核心成像部件有两种:一种是广泛使用的 CCD(电荷耦合)元件;另一种是 CMOS(互补金属氧化物导体)器件。

CCD 和 CMOS 两种图像传感器的对比见下表。

	CCD 图像传感器	CMOS 图像传感器
图像数据扫描方式	扫描的方法非常简单,搬移时像素无任何损失。例如,假设分辨率为 300 万像素,CCD 传感器可连续扫描 300 万个电荷,只有在最后一个数据扫描完成之后才能将信号放大。	每个像素都有一个将电荷转化为电子信号的放大器,因此 CMOS 传感器可以在每个像素的基础上将信号放大。采用这种方法可以省去任何无效的传输操作,只需消耗少量能量就可以进行快速数据扫描。

续表

	CCD 图像传感器	CMOS 图像传感器
图像数据传输方式	每一行中每一个像素的电荷数据依次传送到下一个像素中，由最底端部分输出，再经由传感器边缘的放大器放大输出。CCD 的特殊工艺可保证数据在传送时不会失真，因此各个像素的数据可汇聚至边缘再进行放大处理。	每个像素连接一个放大器及 A/D 转换电路，用类似于内存电路的方式将数据输出；数据在传送距离较长时会产生噪声，因此必须先放大，再整合各个像素的数据。
灵敏度	在像素尺寸相同的情况下，灵敏度更高。	在像素尺寸相同的情况下，灵敏度更低。
像素	尺寸相同时，CCD 传感器的分辨率通常优于 CMOS 传感器。	每个像素都比 CCD 传感器的更复杂，尺寸相同时，CMOS 传感器的分辨率很难达到 CCD 传感器那种水平。
ISO 感光度	在像素相同、感光器尺寸大小相同的情况下，CCD 的感光度高于 CMOS。	每个像素包含了放大器与 A/D 转换电路，过多的额外设备压缩了单一像素的感光区域表面积，感光器尺寸大小相同时，CMOS 的感光度低于 CCD 的感光度。
色彩	图像饱和度较高，图像相对锐利，质感更加真实，尤其在低感光度的情况下，成像表现更好。	成像看上去偏灰（在不调整的情况下），色彩饱和度较低，质感和锐度的表现稍逊一筹。
噪点	只有一个放大器放在芯片边缘，相比 CMOS 传感器噪点更少。	每个感光二极管都需搭配一个放大器，由于放大器属于模拟电路，因而很难让每个放大器所得到的结果保持一致；噪点比 CCD 多。
成本	采用电荷传递的方式传送数据，只要其中有一个像素不能运行，就会导致一整排的数据无法传送，因此控制 CCD 传感器的成品率要比控制 CMOS 传感器难得多；成本高于 CMOS 传感器。	采用普通半导体电路最常用的 CMOS 工艺，可以轻易地将周边电路集成到传感器芯片中，因此成本低于 CCD 传感器。
功耗	图像采集方式为被动式，需外加电压让每个像素中的电荷移动，该外加电压通常需要达到 12V ~ 18V，高驱动电压使 CCD 传感器的功耗远高于 CMOS 传感器，相对于 CMOS 传感器，CCD 传感器是一只名副其实的“电老虎”。	图像采集方式为主动式，感光二极管所产生的电荷直接由晶体管放大输出，是针对 5V 和 3.3V 电压设计的，功耗远远低于 CCD 传感器。

综上所述，CCD 传感器在灵敏度、分辨率、噪声控制等方面都优于 CMOS 传感器，而 CMOS 传感器则具有成本低、功耗低以及整合度高的特点。不过，随着 CCD 与 CMOS 传感器技术的进步，两者之间的差异有逐渐减少之势。

在同样尺寸条件下，绝大多数消费级别以及高端数码产品都使用 CCD 作为传感器；CMOS 传感器则更多地作为低端产品在应用，但不能因此就绝对地说 CMOS 传感器比较差。

CMOS 传感器可以通过加大尺寸来提高感光度,全画幅 CMOS 传感器进光量比较大,即使在低感光度下成像质量也非常好。

CMOS 传感器不需要复杂的处理过程,可以直接将图像半导体产生的电子转变成电压信号,因此速度非常快。这个优点使得 CMOS 传感器非常利于高帧摄像机,高帧速度能达到 400 ~ 2000 帧/秒,其转换数据的速度比 CCD 传感器快 10 ~ 100 倍。因此,在同样时间内,CMOS 传感器记录的帧数更多,因而非常有利于拍摄快动和升格帧。

3. 分辨率

分辨率分为显示分辨率与图像分辨率两个方向。显示分辨率涉及屏幕图像的精密度,指显示器所能显示的像素有多少。由于屏幕上的点、线和面都是由像素组成的,因而显示器可显示的像素越多,画面就越精细,同样大小的屏幕区域内能显示的信息也就越多。所以分辨率是一个非常重要的性能指标。在显示分辨率一定的情况下,显示屏越小,图像越清晰;反之,在显示屏大小固定时,显示分辨率越高,图像越清晰。

图像分辨率指所有经线和纬线交叉点的数目。视频图像的分辨率越高,包含的像素越多,图像就越清晰。

4. 帧速率

帧速率也称为 FPS(frames per second),指每秒所显示的静止帧格数,常用帧 fps/秒来表示,指视频在播放时每秒可以播放多少帧,我们也可以理解为图形处理器每秒钟能够刷新的次数。帧速率越高,得到的画面就越流畅、越逼真。目前在视频领域大概有三种帧速率(在这里不探讨动画帧速率):电影的帧速率以及电视领域的两种主流帧速率——PAL 制帧速率和 NTSC 制帧速率。当然还有 SECAM 制帧速率。

5. 电影制式

传统的电影为 23.976fps/秒。由于人类眼睛的特殊生理结构,如果人眼所看画面的帧速率高于 24,人的大脑就会认为帧是连贯的。数字时代,2K 分辨率下的电影格式为 16:9 24p(分辨率 2048 × 1152、帧速率 23.976 fps),4K 分辨率的电影格式为 4K 16:9 24p(分辨率 4096 × 2160、帧速率 23.976 fps)

6. PAL 制与 NTSC 制

正交平衡调幅逐行倒相制——Phase-Alternative Line,简称 PAL 制,中国、德国、英国和其他一些西北欧国家采用的制式,这种制式的帧速率为 25fps(帧/秒)。

正交平衡调幅制——National Television Systems Committee,简称 NTSC 制,采用这种制式的主要国家有美国、加拿大和日本等,这种制式的帧速率为 29.97fps(帧/秒)。

7. 升/降格

（1）升格

以电影制式为例，电影的拍摄标准为每秒 24 格，也就是每秒拍摄 24 张画面，这样在放映时才是正常速度的连续画面，但为了实现慢镜头效果，就要改变正常的拍摄速度比，如高于 24 格/秒，这就是升格，升格越高动作越慢。例如拍摄液体飞溅需要 300 帧/秒以上，要达到最佳效果则需要 500～600 帧/秒。一般的摄影设备通常设置到 60 格、120 格、240 格、300 格、500 格等。如果拍摄射出的子弹或更快的运动物体，则要用高速摄影机，比如 Phantom V1610 摄像机，它配有宽屏 1280×800 的 CMOS 传感器，可获得超过16,000 帧每秒（fps）的全分辨率画面，若降低分辨率，更可达到 1,000,000fps。

（2）降格

降格和升格刚好相反，降低拍摄速度（低于 24 格/秒）就是降格，降格放映出的效果是快动作。降格越低，拍摄对象的动作速度越快。

二、视频编码

在市场上的主流摄影机中，ProRes 这个词出现频率非常高。ProRes 是苹果系统的专有视频编码格式。

所谓视频编码，指通过特定的压缩技术，将某个视频格式的文件转换成另一种视频格式文件的做法，如果从拍摄角度去理解，就是你是以什么视频编码的格式录制的。视频编码里包含的信息有帧尺寸、帧率、位深以及色彩采样比率等。常见的视频编码有很多种，在此，我们重点介绍 MOV 格式的 ProRes 编码。

ProRes 编码是苹果专有格式，运用广泛，ProRes 的解码方式有六种：ProRes Proxy、ProRes 422 LT、ProRes 422、ProRes 422 HQ、ProRes 4444 及 ProRes 4444 XQ。

1. ProRes Proxy

ProRes Proxy 画质比较差，在分辨率为 1920×1080、帧速率为 29.97fps 的情况下，其目标数据速率大约为 45Mbps，剪辑流程比较快捷。ProRes Proxy 常被用作代理工作流程，这就需要低数据速率全分辨率视频。初学者可能搞不太懂，怎么又出现一个代理工作流程？举个例子：如果你拍摄的文件量巨大，单个视频的文件已经很大，那么在非线性编辑的过程中，配置低的电脑运算起来就会很吃力，画面甚至无法正常浏览，这时就需要先用一个代理文件去剪辑，在最终渲染时再替换成原始文件。

2. ProRes 422 LT

和 ProRes Proxy 相比，ProRes 422 LT 的整体画面质量较高，因为 ProRes 422 LT 包含

了画面中的每一个像素，它的比特率是 ProRes Proxy 的两倍。在分辨率为 1920×1080、帧速率为 29.97fps 的情况下，ProRes 422 LT 的目标数据速率大约为 102Mbps。

3. ProRes 422

ProRes 422 是经过优化的格式，能很出色地平衡画质和剪辑效率，即使标准配置的电脑在剪辑过程中运行得也很流畅，在分辨率为 1920×1080、帧速率为 29.97fps 的情况下，ProRes 422 的目标数据速率大约为 102Mbps。

4. ProRes 422 HQ

这一版本支持全宽、10－bit 像素深度的 4∶2∶2视频，极受欢迎，在后期制作中采用率很高，在 10 比特像素深度下支持全宽 4∶2∶2视频源，在分辨率为 1920×1080、帧速率为 29.97fps 的情况下，ProRes 422 HQ 的目标数据速率大约为 220Mbps。

5. ProRes 4444

该编码对存储、交换和合成动态影像来说分辨率极高，非常适合 VFX 工作、色度键控及重度调色操作。

ProRes 4444 的像素深度更广，色彩采样比率为 4∶4∶4，亮度和色度的比率几乎无损失。这类编码的调色空间很大，要求高品质画面的广告片最好采用这类编码拍摄，它在后期剪辑、视觉特效、调色中都会发挥很大的作用。顺便提一下，它对设备硬件配置的要求相对高一些。

6. ProRes 4444 XQ

ProRes 4444 XQ 是 ProRes 家族中的最新成员，是一个非常专业的高质量格式，专为高端后期工作流程和设备而设计，这个编码相比 ProRes 4444 的图像精度更高，文件体积也更大一些，所支持的画面通道比特高达 12，每个 Alpha 通道则高达 16 比特。在分辨率为 1920×1080、帧速率为 29.97fps、数据来源为 444 的情况下，其目标数据速率大约是 500Mbps。该编码主要用于大制作。

第二节　摄影机的类型及特点

拍摄广告时，摄影机和镜头的选择至关重要。面对一个广告项目，很多同学面对众多类型的摄影机无从下手。下面就讲讲如何选用摄影机和镜头。哪种摄影机和镜头更适合这个项目，需要从以下几个方面去考虑：

主要知识点

1. 针对自身用途，学习并掌握摄影机的专业术语及几项硬件指标。
2. 了解摄影器材的特点，选择相应的拍摄器材。

第一，项目的整体预算。摄影机的选择意味着选择什么类型的摄影指导和摄影师，包括整个摄制组，因此产生的费用可谓天壤之别。举个夸张一点的例子：用 DV 拍摄只需一个人就够了，用 ALEXA 拍摄则需要一个团队，还要考虑摄制组人员的经验、技术水平和配备人数，包括灯光的体量和数量，成本会大幅度增加。

第二，广告的风格类型、题材。不同风格调性的广告适合用不同的摄影机和相应的镜头型号。

第三，脚本要求。拍摄场景是什么样子的？是否有特殊画面需要？比如狭窄的场景不利于大型摄影机发挥，只能选择体积小的设备；同时，还要根据特殊画面要求匹配相应的特殊型号镜头。除了要考虑拍摄的可行性，更要保证画质。比如拍摄一栋建筑需要强烈的透视关系，需要大广角画面夸张的变形构图，此时就要考虑是否选择 8mm 鱼眼镜头去拍摄。

一、ARRI ALEXA 摄影机家族系列

1. ARRI ALEXA 65 摄影机

ARRI ALEXA 65 的 CMOS 尺寸达 54. 12mm × 25. 59mm，分辨率为 6. 5K，XPL 卡口尺寸更大。

ARRI ALEXA 65 最厉害的地方就是其超高的动态范围，高动态范围能捕捉到画面中更多的细节。ARRI ALEXA 65 是影像捕获技术的一次突破，数字技术第一次在电影领域获得了接近甚至超越胶片的能力。

这款设备的租赁价格非常高昂，也非市场主流，但如果我们想追求超高的色彩层级表现，这款设备无疑是首选。

2. ARRI ALEXA XT 摄影机

ARRI ALEXA XT 是一台 2K 摄影机，在没有升级的情况下分辨率为 2K，其在色彩表现力上的优势非常明显，尤其在高光层次的表现上，其色彩还原的优势非常明显。当前 ARRI ALEXA XT 可以通过升级包达到 4K 的分辨率。

ARRI LEXA XT 机身配备了 XR 记录模块，无需外置记录仪即可用 XR 模块专用的固态硬盘直接记录 120 帧/秒的 ARRI RAW 格式视频。除了 ARRI RAW 之外，在 XR Capture Drive 录制硬盘上还可录制 ProRes 或 DNxHD 文件，甚至可以在帧速度 120fps 的情况下录制 ProRes 4444 格式。

在国内市场，这款机型相对比较普遍，目前广泛应用在高标准的广告拍摄中。

3. ALEXA SXT、ALEXA SXT W 摄影机

ALEXA SXT 是一款名副其实的 4K 机型，ALEXA SXT W 则可以对应两种 4K 拍摄规格：针对 UHD 电视的 UHD ProRes（3840 × 2160）和针对 4K 电影的 Cine ProRes（4096 × 2637），以适应不同分辨率拍摄的需要。

ALEXA SXT W 基于大受欢迎的 ALEXA SXT Plus 而打造（W 指无线），将替代之前的 ALEXA SXT Plus 与 ALEXA SXT Studio 机型。ALEXA SXT W 集成的 Wi-Fi 组件带来了一系列新的特性，例如在现场通过无线遥控管理色彩，或通过 ALEXA 网页遥控功能无线控制摄影机。这款设备也是广告拍摄领域的主力机型。

4. ALEXA MINI 摄影机

这款机型是 ARRI ALEXA 家族系列机型中最轻便的紧凑型摄影机，其机身设计非常适合安装在新一代无刷遥控头、无人机和其他特殊设备上。它体积紧凑，即使带有标准的 PL 卡口镜头也能安装在轻型和空间要求苛刻的摄影机机架上。其超凡的低照度表现使得它成了水下摄影的完美工具。最重要的是，ARRI ALEXA 全系产品都植入了自家的色彩管理系统,这无疑给后期制作留出了足够的空间。ALEXA MINI 也能录制 4K UHD ProRes 影像,无论输出格式是 HD、2K、4K UHD 还是其他原生分辨率(例如无压缩 ARRI RAW 2.8K 或 ProRes 3.2K),它都可以保持各影像元素之间的完美均衡,因而备受摄影师的青睐,在广告拍摄领域应用得越来越广泛。

二、RED 摄影机家族系列

在此重点介绍两款机型。

1. RED RAVEN 数字电影摄影机

从个人使用的角度来讲,RED RAVEN 应该是 RED 家族中目前性价比较高的一款机型,单机机身重量很轻,无论是拍摄广告片、纪录片、短片、独立电影还是在无人机或无刷云台稳定器上使用,它的稳定性都表现得很理想。它的格式兼容性也非常好,支持 ProRes 422 HQ。最让人期待的是 RED RAVEN 在升格方面的优势,它可以在 4.5K 模式下升格至 120 格、2K 模式下升格至 240 格。

2. RED-EPIC 摄影机

这是 RED 家族中目前应用得最为广泛的一款产品,是 RED 家族中的主力机型。这款机型的色彩宽容度不错,性价比优越,其动态范围是 13.5 挡,但如果用 HDR 拍摄,那么动态范围可升至 18 挡。这也是 ARRI 最有力的竞争者。在电影领域和广告拍摄领域,该机型使用频率非常高。

三、SONY 摄影机家族系列

1. SONY F65

这是影视领域的一款高端摄影机，几乎达到了65mm胶片的拍摄效果。出色的对比度和极佳的彩色再现能力使它拍摄的图像具有丰富的胶片感。相比F35，SONY F65的动态范围更宽、噪波更低、灵敏度更高，可以变帧频记录4K RAW，最高每秒60帧、2K分辨率最高每秒120帧，镜头接口为电影标准的PL卡口。

2. SONY F55

这款摄影机常用于电影、电视剧、广告的拍摄，采用FZ卡口，在2K/HD格式下能够以最高180fps的可变帧速率拍摄，如果搭配RAW外部记录器，更可以240fps的帧速率高速拍摄。在高速升格拍摄方面，SONY F55具有强大的优势，比如拍摄液体飞溅的慢动作、汽车飞驰的慢动作等。

3. SONY F5

SONY F5在2K的情况下支持每秒120帧的录制，且不像FS700那样有时间限制；如果采用新的帧内XAVC编码格式，则还可以拍摄每秒180帧的4K视频。SONY F5在网剧、电视连续剧、广告拍摄领域也是常用机型。

4. SONY FS700

SONY FS700 最大的特点是强大的超高速摄影功能，其基本配置和 SONY F5 差不多，配置 35mm CMOS 传感器，4K 分辨率在分辨率为全高清 2K 时慢动作帧频高达 10 倍（240fps），在以较低垂直分辨率的形式转换至全高清时，慢动作可以高达 40 倍（960fps）。SONY FS700 采用内置超薄 ND 滤镜，即使在户外强光下拍摄也游刃有余，镜头接口为 E 卡口，兼容性一般。

5. SONY PXW-FS7

这是 SONY 市场细分化的产物，是 SONY FS700 的升级版，基本配置和 SONY FS700 差不多，色彩宽容度一般，最大的优势是 4K 分辨率的内部录制可以达到 60fps 升格、2K 的内部录制可以升格至 180 格，使用外部 RAW 录像机可以实现 2K 和 240 格。如果广告片对画质要求不太高，而且需要大量升格镜头，那么这款机型就很适合，既便宜又好用。

6. SONY PXW-FS5

与以上机型相比，这款摄影机的身材是 SONY 专业摄影机中最小的，方便灵活，在纪录片领域非常受欢迎，但在广告拍摄领域应用不多。它最大的优势也秉承了 SONY FS7 和 SONY FS700 这两位老大哥的强大高速摄影传统，若降低分辨率，则可以实现最高 960fps 的超级慢动作拍摄。

四、Blackmagic Design 摄影机家族系列

1. Blackmagic URSA 摄影机

Blackmagic URSA 数字电影摄影机是专门为电影长片和电视广告片、纪录片打造的产品，最大分辨率为4608×2592，4.6K，拥有15 挡动态范围，最大亮点是机身自带超大10 英寸翻折式现场监视器，这是目前所有机型中最大的一款监视器，非常方便纪录片拍摄和特殊场景拍摄的现场监看。Blackmagic URSA 支持4K RAW 和 ProRes 4444 两款主流格式，升格功能也很强大，4K RAW 格式可升格至120 格，在高清模式下最高可升格至240 格。

这款摄影机在广告拍摄领域属于主流机型，尤其适合拍摄中小成本的广告，拥有超高的性价比。

2. Blackmagic URSA MINI

Blackmagic URSA MINI 采用4.6K Super 35mm 图像传感器，12 挡动态范围，4.6K 版在全局快门下有13.5 挡动态范围，4.6K RAW 格式下最高25 格，4K RAW 格式下最高30 格，HD 格式下最高60 格。在使用卷帘快门的情况下，有高达15 挡动态范围，4.6K 格式下 RAW 最高可达50 格，4K 格式下 RAW 最高可达60 格，HD 格式下最高可达120 格。该机型色彩宽容度表现不错，在同价位设备中有明显优势，但在升格拍摄方面表现一般，没有什么明显优势。不过这款机型价格较低，这使得它在同级别配置中占有很大的竞争优势。

五、佳能 Canon 摄影机家族系列

佳能摄影机机型包括 EOS C500、EOS C500 PL、EOS C300 等，在此只重点介绍在广告领域表现突出的 EOS C300 Mark II。

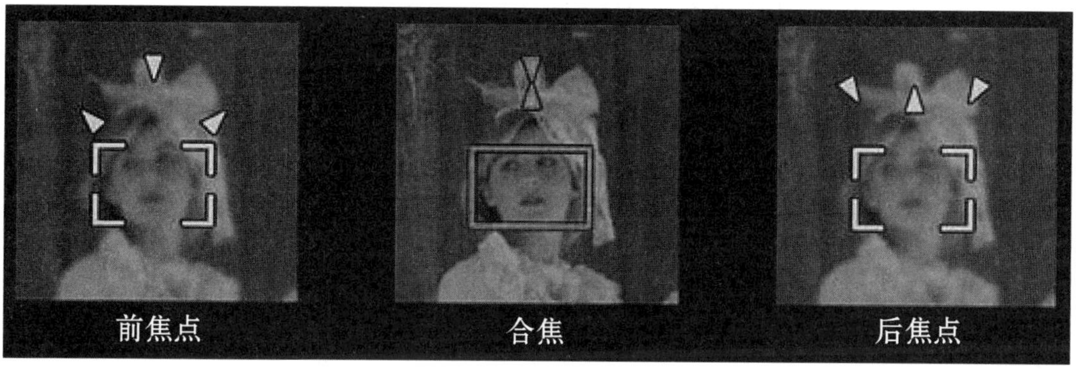

EOS C300 Mark II 是佳能 C300 的升级机型，在影视领域应用广泛，在广告拍摄领域占有一席之地，它也是佳能摄影机家族系列的主力机型。EOS C300 Mark II 使用的 CMOS 传感器基础感光度为 800，向下、向上分别可扩展至 100 和 102,400，若匹配佳能生产的 EF CINEMA 电影镜头，则能拍摄出令人惊艳的画面效果。佳能 EOS C300 Mark II 还具备对焦向导功能，新型对焦系统支持查看焦点前后并通过图标直接显示在屏幕上。

佳能特有的色彩表现能力在这款机型上表现得非常突出。

第三节　镜头基础知识及镜头的选择

镜头的品牌和种类非常丰富，影视拍摄应根据项目制作的需求和播出平台来选择适合的镜头。

主要知识点

1. 镜头的卡口、焦距、光圈。
2. 主流镜头各自的特点和优势。
3. 如何选择适合自身项目的镜头。

一、镜头基础知识

按接口来分，电影镜头大体上有 EF 接口、PL 接口、F 接口、微 4/3 及 E 型卡口类。

根据焦距来分，电影镜头有定焦镜头和变焦镜头两大类。定焦镜头又可以分为广角镜头、短焦镜头、标准镜头、长焦镜头四类；变焦工作镜头又可以分为手动变焦镜头和电动（自动）变焦镜头两类。

此外还有特殊用途的镜头：微距镜头、移轴镜头和鱼眼镜头

1. 视角 FOV

视角 FOV 指镜头所能覆盖的范围（物体超过这个角度就不会被收在镜头里），镜头能涵盖多大范围的景物，通常以角度来表示，这个角度就叫镜头的视角 FOV。被摄对象透过镜头在焦点平面上结成的可见影像所包括的面积，叫镜头的视场。

2. F 光圈和 T 光圈

F 光圈常用于照相机的镜头，F 光圈的数值越大，表示光圈孔径越小，即光圈越小。通常镜头规格上的 F 值表示的是该镜头的最大光圈极限。光圈大的镜头比光圈小的镜头在对焦速度及夜拍能力上都更有一定的优势。由于镜片材料、镀膜以及镜片数量的不同，即便是相同 F 值的光圈，镜头的透光率也不尽相同，会出现曝光亮度不同的现象。

视频和电影是连续拍摄的，要求切换镜头时两个镜头间拍摄出来的光线效果不能相差太多，不然两段影片会出现明暗偏差。于是，为衡量镜头的实际曝光亮度，出现了另一个参考值“T 值”，又称“曝光级数”。T 值的数值通常比镜头最大的光圈值大，两者数值之间的差，代表光在传输过程中流失的量。简言之，T 值越小，表示镜头的透光性越佳，拍出来的曝光效果也更明亮。在电影摄影镜头上也多用 T 值作为镜头亮度的参考标准。特别是在早期还没有变焦镜头时，由于依据拍摄距离的不同，需要更换不同焦距的定焦镜头来“变焦”，但又不能影响拍出来的光线亮度，这时 T 值就是一个不错的参考值。

二、镜头的选择

1. ARRI/蔡司电影镜头、卡尔蔡司镜头

ARRI/蔡司电影镜头在国内属顶级镜头，定焦基本组共有 16 只：12mm、14mm、16mm、18mm、21mm、25mm、27mm、32mm、35mm、40mm、50mm、65mm、75mm、100mm、135mm、150mm，是电影定焦镜头中的顶级水准，畸变极低，呼吸效应极小，反差与色彩表现良好，并配备有 T1.3 大光孔，T-stop 范围广至 T1.3～T22，适合在各种光线条件下拍摄。从大光孔到小光孔，成像质量均稳定。

ARRI/ZEISS-Ultra-Prime 简称 UP 镜头，现有焦段为：8R/T2.8、10mm/T2.1、12mm/T2（以下均为 T1.9）、14mm、16mm、20mm、24mm、28mm、32mm、40mm、50mm、65mm、85mm、100mm、135mm、180mm，Ultra-Prime 这组定焦镜头更为大家所熟知，在电影、电视剧、广告片的拍摄中使用频率非常高。无论是在镜身机械设计还是在成像质量标准上，UP 镜头

都能满足不同的拍摄场景所需。

Compact Prime CP.2 系列镜头是蔡司数码及胶片电影镜头家族中的新成员，这些第二代的 Compact Prime 系列镜头使用起来更加灵活，通过可互换的镜头卡口，镜头可适用于不同的机身：由传统的电影摄像机至最新的高清单反数码相机系统，现有五款镜头卡口可供选择（PL、EF、F、微 4/3 及 E 型卡口）。该系列镜头即使覆盖全画幅范围也不会出现四周暗黑的现象。

以上蔡司镜头目前在国内中高端影视拍摄制作中一直占据着主流地位，是大中型广告片拍摄的首选。

2. Leica 莱卡电影镜头

莱卡镜头在国内照相机领域口碑很好，成像品质非常优秀，被公认为镜头中的贵族。但莱卡电影镜头在影视拍摄领域却极少应用，或许是因为价格高、产量少的缘故，国内很少能租得到这类莱卡电影镜头，我们在此只大体介绍一下大家相对比较熟悉的 35M 系列。

Summilux 35mm 系列中的 Summilux - C 电影镜头在电影领域属当之无愧的高端镜头，是顶级产品，最大光圈为 1.4，CPL 电影镜头接口镜头主要有 21mm、35mm、40mm、50mm 和 75mm 五种规格，全部为定焦镜头。

莱卡 T2.0SUmmicron - C 最大光圈为 T2.0（PL 电影镜头接口），定焦镜头为 18mm、25mm、35mm、50mm、75mm 和 100mm 六种规格，成像圈大于 34mm，能很好地匹配 6K 模式。该系列镜头可与 ARRI ALEXA F65 等系列机型以及 SONY F5、SONY F55 等机型匹配，不过莱卡 SUmmicron - C 电影镜头价格不菲。

莱卡 Summilux - S 镜头接口为莱卡 S 卡口，是莱卡相机的专用接口。在视频拍摄领域，Summilux - S 镜头的高清视频成像质量相当不错，很遗憾这款 S 系列镜头只能在莱卡相机上使用，与其他机型不兼容。莱卡 S007 相机可达到 4K 水平（每段视频 15 分钟）。目前 S 系列镜头中只有一只变焦镜头，其他八只均为定焦镜头。

3. Schneider 施耐德电影镜头

在蔡司、莱卡的光环下，已有 100 多年历史的施耐德看上去一直默默无闻，施耐德靠着自己一流的设计在传统相机领域中以制造中大画幅座机和放大用镜头而声名远播，其生产的镜头堪称座机中的“镜中之王”。在此我们重点介绍 Schneider Cine-Xenar III（第三代施耐德 PL 电影镜头）。

该镜头可覆盖 35mm 画幅的传感器，成像质量极佳，图像几乎无失真和畸变现象，没有呼吸效应，每个镜头有 25 个清晰焦点标记。六只定焦镜头的光圈基本在 T2.0 ~ T2.2

之间，镜头焦距包括 18mm、25mm、35mm、50mm、75mm、95mm，镜头接口为 PL 卡口，同时也有 EF 口，接口兼容性非常好。在高端广告拍摄领域，施耐德电影镜头极具优势。

4. Cooke 库克电影镜头

库克镜头作为主流的电影摄影镜头，无论是做工还是专业程度，在业内均具有相当的分量。能够拍摄出维度感强的图像，因而备受众多摄影师的青睐。库克镜头售价较高，因此在中国市场上比较少见。库克镜头具有以下特点：

◎焦外形状：焦点外部图案形状不是圆形，准确地说也不是大家所说的蜂巢形状，而是一种边缘极其锐利、漂亮的菱形。

◎焦外过渡：在焦外部分光线的过渡和细腻度上，库克镜头远远超过其他镜头，焦外的光线层次特别好，清晰而明确，即便在焦外的一个菱形点上，也可以分辨出细微的光线过渡。

◎锐度：业内公认 MP 镜头非常锐利，但 MP 的处理更像是对图像边缘的锐化处理，而库克镜头的锐利则更多地体现在色彩上。库克镜头能把画面中的每一个颜色都真实地还原，并让颜色更加饱满，在打光相同的情况下，库克镜头画面中色彩的独立性和细节处理也好过其他镜头。

◎亮光的光滑柔和感：王家卫的电影《一代宗师》中用了库克镜头，我们可以看到在画面的高光部分有柔和的光晕。如果用 MP 镜头加柔光来达到这种效果，我们就会发现画面整体会失去锐度，但库克镜头却可以在保持暗部锐利的前提下做到部分晕开。这会让数字影片呈现出更接近胶片的质感，也会让整个画面更加光滑油润。

◎对比度：库克镜头会让暗部和亮部记录更多的画面信息，拥有更大的对比度，从而让画面更加细腻，让焦外部分颜色清晰、过渡柔和。

5. Angenieux 安琴电影镜头

世界上第一只变焦镜头于 1956 年 5 月由法国安琴公司制造。该公司是专门生产变焦镜头的厂家，其产品几乎覆盖了所有拍摄领域，包括电影镜头、专业电视镜头、医疗用镜头以及航天卫星用镜头等。安琴镜头（又叫爱展能镜头）以精湛的制造工艺和绚丽的成像色彩征服用户，其焦点更实、色彩更加饱满、真实。在电影电视领域，安琴的品牌知名度也很高。国内常用的安琴变焦镜头有 24mm ~ 290mm、25mm ~ 250mm、28mm ~ 340mm、17mm ~ 102mm、19.5mm ~ 94mm、12mm ~ 120mm、30mm ~ 76mm、16mm ~ 24mm。以上变焦镜头均支持 PL 电影镜头接口。

Angenieux Optimo 25mm ~ 250mm 镜头是我国最常用的一款变焦镜头，适用于高性能 S35 数码摄像机，可为 S35 传感器提供完美图像，偏移最小，3.2 恒定光圈，为 10 倍变焦电影镜头。

Angenieux Optimo 19.5mm ~ 94mm 镜头图像偏移低，光圈 T2.6，聚焦标尺带有 50 个参考标志，能精准对焦，可在英制与米制单位之间轻松转换，拥有出色的光线品质和无与伦比的光学性能，可媲美同等焦距的定焦镜头。

6. SONY 电影镜头系列

SONY 电影镜头表现非常优秀，其电影定焦镜头焦段为：25mm、35mm、50mm、85mm、135mm，镜头特点如下：

◎成像效果好于卡尔蔡司的 CP2 系列，与 UP 系列相近。

◎最大光圈均为 T2，2.0 大光圈，在低照度环境下表现非常出色。

◎手动对焦为 0.35m、0.5m、0.85m ~ 无穷远；对焦行程长，非常适合手动对焦。

◎抗炫光能力强，成像锐利，能够最大限度地降低几何失真、虚光和模糊程度。

◎标准电影镜头接口 PL 卡口。

SONY 电影镜头在电影和广告拍摄领域和 ARRI/蔡司镜头一样，是绝对的主流镜头。

7. 佳能 EF CINEMA 电影镜头系列

佳能 EF 镜头不仅产量大，镜头种类也非常丰富，包括数字电影摄影用的“EF CINEMA 镜头”在内，佳能的 EF 系列镜头阵容有 84 款之多。

目前 EF CINEMA 电影镜头共有 6 款定焦镜头、4 款 PL 卡口的变焦镜头和 3 款 EF 卡口的变焦镜头：

（1）EF CINEMA 定焦镜头

EF CINEMA 定焦镜头系列适配 35mm 全画幅和 S35mm 大尺寸传感器，能提供独特的 4K 图像品质和全画幅成像，并且设计小巧、轻便。

（2）EF 卡口定焦镜头

该系列镜头分别为 CN – E14mm T3.1 L F、CN – E24mm T1.5 L F、CN – E35mm T1.5 L F、CN – E50mm T1.3 L F、CN – E85mm T1.3 L F 以及 CN – E135mm T2.2 L F，可提供一致的外观规格和为电影制作而优化的标记，其中 1.3 超级大光圈感光度表现异常强悍。

（3）EF CINEMA 电影镜头的特点

新的玻璃材料和先进的多层光学镀膜赋予了这款镜头较好的对比度，佳能 EF CINEMA 电影镜头在中小成本广告制作领域应用得非常广泛。

8. Tokina 图丽（肯高 – 图丽）电影镜头

这里重点介绍两款 Cinema ATX 电影系列新镜头：Cinema ATX 11mm ~ 16mm T3.0

(f/2.8)和 Cinema ATX 16mm ~ 28mm T3.0。

(1)Cinema ATX 11mm ~ 16mm T3.0 广角电影镜头

这是一款超大广角镜头,光圈用电影镜头的标准 T 标示,T3.0 光圈(f/2.8),其最大的不同便是镜身改为了全金属设计并转为全手动控制,配合视频操作。新镜头覆盖 APS-C 画幅像场,因而可以在 Super-35 画幅以及各种 APS-C 画幅机型上使用。镜头接口为 EF 卡口和 M4/3 卡口。

(2)Cinema ATX 16mm ~ 28mm T3.0 电影镜头

ATX 16mm ~ 28mm T3.0 电影镜头的体积和重量明显增加,镜身上标注了各种电影拍摄所需的光圈环以及镜身预览标尺。为了方便安装滤镜还加大了滤镜尺寸,最大光圈 T3.0(f/2.8),镜头卡口改为了适用于专业摄影机的 PL 口,并在光圈环、变焦环和对焦环部分增加了驱动齿轮,以使其更适应电影拍摄的需要。该镜头同时也支持 EF 卡口。

9. Sigma 适马镜头

适马是刚刚进入电影领域的新秀,没有严格意义上的电影镜头,目前的适马镜头光圈标注的是 F 值,没有 T 值参数,它的镜头基本应用在相机和单反领域。适马全画幅大光圈镜头具有相当的市场竞争力,其镜头卡口基本为佳能 EF 口、尼康卡口、适马卡口。目前国内应用得还不错,价格易于接受,画质不错,常用于佳能 5D、尼康等相机的视频拍摄。国内常规的网络广告和专题片拍摄也常用适马镜头。以下是几款适马主流的全画幅镜头。

(1)全画幅定焦镜头

恒定光圈 f/1.4,35mm 全画幅,适马 Art 20mm F1.4 DG HSM 广角定焦镜头、适马 50mm F1.4 DG HSM Art、适马 35mm F1.4 DG HSM 和适马 180mm F2.8 EX DG OS HSM。

(2)全画幅变焦镜头

适马 24mm ~ 70mm F2 DG OS HSM、适马 150mm ~ 600mm f/5 ~ 6.3 DG OS HSM、适马 24mm ~ 35mm F2 DG HSM ART 和适马 24mm ~ 105mm F4 DG OS HSM。

10. Samyang 三阳电影镜头

后起之秀韩国三阳公司发布了 XEEN 系列电影定焦镜头,相对于蔡司 Compact Primes、佳能 Cinema Primes 以及施耐德 Xenon FF 等"入门级"电影定焦镜头,三阳电影镜头在性价比上具有相当的优势,价格比以上那些大牌厂商的镜头便宜很多,最重要的是质量非常不错。XEEN 严格遵循电影镜头的设计,并在各个方面都进行了提升和优化,可覆盖全画幅传感器 T1.5 大光圈,有 5 种可互换的镜头接口,包括 PL、佳能 EF、尼康 F、索尼 E 以及 MFT,几乎能适合市面上所有主流的摄影机和视频相机。

这里顺便提一下国内拍摄领域的一个现象：为了节约成本，很多摄影师使用相机镜头拍摄视频，这虽然不失为一种低成本的解决方案，但静态摄影用的镜头与电影镜头在视频拍摄方面还是有一定的差异的。严格地讲，相机镜头的呼吸效应往往比电影镜头大，这将导致在变换焦点的过程中画面出现景别上的细微变化。基于这一点，还是建议在拍摄视频时尽量使用电影镜头。

第四节　摄影机附件及常用辅助设备

主要知识点

1. 摄影附件的种类及相关用途。
2. 摄影附件在拍摄中的重要性。

一、摄影机附件

摄影机附件包括三脚架、遮光斗、跟焦器、取景器、滤色片和灰片、导演监视器、肩托架、场记板、苹果箱。

这里简单介绍一下这些附件的特点和用途。

1. 三脚架

我们根据摄影机的类型选择合适的三脚架，三脚架承重各有不同，12kg～50kg 不等，大型摄影机选择承重较大的三脚架，同时要匹配相应的云台。三脚架的阻尼为 4～8 级，要挑选超硬耐磨材料制成的阻尼元件，以保证拍摄中阻尼运动平滑稳定、无停滞。市场上主流的三脚架材料大体上有镁合金和碳纤维两种。

2. 遮光斗

遮光斗可以遮挡光线从镜头侧面进入镜头以免产生光斑，遮光斗有不同的型号和规格，同时也可加载滤片和灰片。全功能遮光斗适用于各种镜头，包括 35mm 以及高清变焦镜头，最多可以配 6 个滤片槽，最小滤片尺寸为 6.6 寸×6.6 寸，圆形。

3. 跟焦器

跟焦器分为手动跟焦器和自动跟焦器两种，其主要功能是跟踪焦点。拍摄过程中，如果直接在镜头上跟焦，则操作起来非常不便，而通过跟焦器就比较容易控制焦点了。手动跟焦器通过跟焦钮直接带动焦环驱动齿轮，通常由摄影助理站在摄影机旁操作。拍摄浅景深的画面时，跟焦器的作用非常明显。初用跟焦器时，要根据运动目标物体的起点和终点，在跟焦器上做好标记，这样我们就知道焦点范围在哪里，以便控制焦点。转动跟焦器的速率时要尽量与运动物体的速率同步，以免“跑焦”。自动跟焦器也称作无线跟焦器，比较适合在斯坦尼康和三轴陀螺仪上使用。由于斯坦尼康这类平衡稳定装置不能让任何外力接触，不能手动跟焦，因而自动跟焦器就很方便。

4. 取景器

取景器常用于导演和摄影师取景构图的参照目镜，有多种画幅形式，可以替代很多摄像机提前进行观察，画幅比例为 16.9、1.77、1.85、2.35、2.55 等，取景格式为电影格式——35mm、16mm 或电视格式，取景范围可达 18mm～200mm。

5. 滤色片和灰片

灰片和滤色片各有不同的用途。

滤色片能改变色温（色温决定被摄物体的颜色、调子），其色温分别为 3200K、4800K、5600K、6400K。

灰片控制进光量，进光亮若过大，可以通过增加灰片来减少进光量。有些摄影机有内置灰片，统称为 ND 滤镜，显示为 NO ND、ND1、ND2。如果光线太强，可以用它来降低照度。

在有些摄像机上，灰片和滤色片是合一的，例如：5600K＋1/16ND；但在有些摄像机灰片和滤色片是分开的。

有些摄影机本身不自带 ND 滤镜，此时可以外加灰片，一般是 1/4、1/8、1/16、1/64 四挡，用于控制进光量。在阴天或者阴影下用 1/4 或不用灰片。是否用灰片主要取决于光孔想开多大、想呈现什么样的画面效果。在清晨或者阳光不强烈的下午，一般用 1/8ND，在上午或下午阳光下较强烈时用 1/16ND，在阳光下的雪景等高亮光环境下用 1/64ND。

6. 导演监视器

导演监视器最重要的作用是监看屏幕画面的呈现效果和色彩、清晰度、锐度。导演监视器有别于摄影机上的小监视器，它的屏幕尺寸较大，便于观看细节，有 17 英寸、19 英寸甚至更大一点的。导演通过监视器在拍摄现场监看画面构图是否合适、演员表演是否到位、色彩和光影的明暗是否符合影片的要求、焦点是否精确，等等。

7. 肩托架

肩托架是手持摄影的辅助稳定器，主要以肩扛为主，目的是增加镜头的运动呼吸感。但实际上它的稳定效果并不太理想，拍摄过程中镜头会略微晃动，从而产生情绪化的镜头画面效果。

8. 场记板

场记板是记录场次、镜次、导演、项目名称等资料的小木板，一端可以开合，可以拍出清楚的响声，主要有三个作用：

◎充当每一段拍摄素材的开头标记，便于剪辑的时候识别；

◎利用打板的声音确定准确的声像定位，充当后期音效编辑的开始点；

◎充当区分特定镜头的依据，避免重拍或补拍镜头时出现混乱，同时也防止漏掉镜头。

9. 苹果箱

“苹果箱”就是一个小木箱，是摄制组约定俗成的术语，是摄影师常用的工具，也是垫脚箱。拍摄时由于脚架升得比较高，摄影师可能看不到摄影机寻像器，不方便拍摄，此时就需要箱子来垫脚。若在轨道上拍摄，摄影师有时也需要坐在苹果箱上，以便操控摄影机。苹果箱有时也用来抬高演员或物体的高度。由于苹果箱的大小尺寸不同，因此可以组合成各种高度，以适应拍摄的需要。

主要知识点

1. 辅助设备的种类。
2. 辅助设备的使用原理。

二、常用辅助拍摄设备

常用辅助拍摄设备包括轨道、车载吸盘跟拍器、大摇臂、车载摇臂、升降设备、小摇臂、斯坦尼康、手持三轴陀螺仪稳定器。

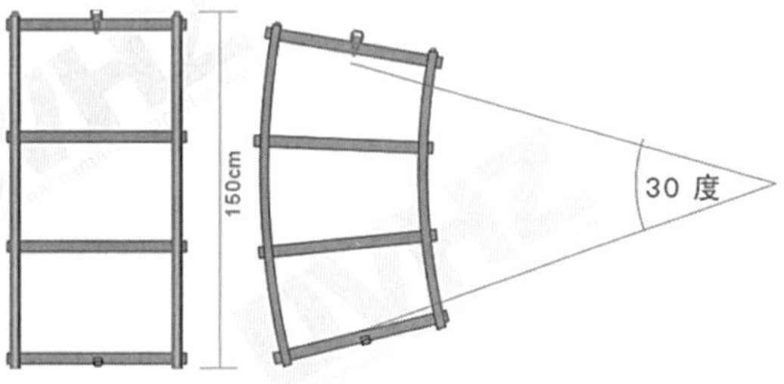

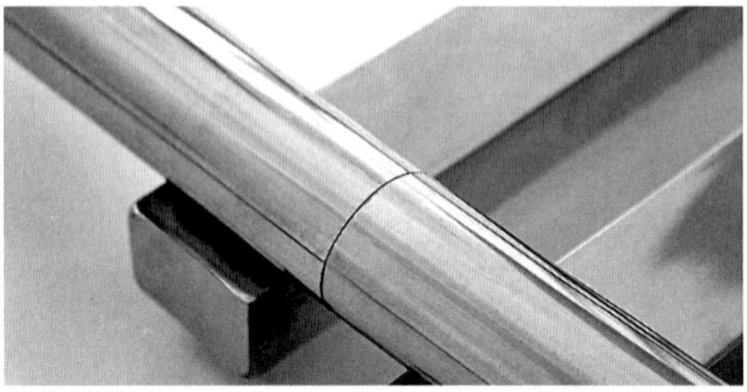

1. 轨道

轨道分直轨和弯轨，全部采用高强度优质工业不锈钢管精制而成，每节直、弯轨道可任意拆装组合，拍摄时摄影师坐在轨道车上，由他人推动或拉动轨道车在轨道上滑行。直轨单节长度为 1. 5 米，弯轨的夹角为 30 度。不同规格的轨道，钢管粗细也稍有不同，一般电影拍摄青睐粗轨。

使用轨道车时要注意以下几点：

第一，由于轨道是一节一节地衔接在一起的，因此在挑选轨道时要仔细检查轨道之间的衔接处是否平滑，不能有焊点或颗粒，否则会影响轨道的平滑运行，给拍摄造成障碍。

第二，拍摄前在轨道的底座上架上机器，将轨道缝隙中的木楔子镶嵌牢固，要仔细观看云台上的水平仪，用水平尺调整好轨道与地面之间的水平，之后再将轨道车从头至尾反复滑动，业内称之为“润轨”，以便让轨道更顺滑，避免拍摄时轨道车运行到某处时出现抖动的情况，在弯轨上拍摄时尤其要注意这一点。

2. 车载吸盘稳定器

车载吸盘稳定器是安装在车辆上的专业影视设备，有双吸盘、三吸盘、四吸盘几个版本。吸盘数量增加后，吸力可以 50kg、100kg、150kg 的水平阶梯递增。使用时，先把吸盘固定在设定的位置上，将部件按需要调节好，再把事先装好快装板的摄像机装上，松开云台旋钮，调好角度，再锁紧云台旋钮后即可使用了。也可锁定需要的轴，其他轴在拍摄时可随意控制。注意，在车体外使用时必须系好防脱落安全带，也可使用普通绳子辅助固定。

3. 大摇臂

大摇臂是拍摄电视剧、电影、广告等大型影视作品中用到的一种大型器材，通过大摇臂的运动我们能够全方位地拍摄场景，增强场景的震撼力。大摇臂的组成部分包括摇臂臂体、电控云台、伺服系统、中控箱、液晶监视器。使用时，我们通过臂杆运动、摄像机镜头指向控制、变焦控制、焦距调整等来达到拍摄的目的，而臂杆运动与摄像机镜头指向之间的互相配合，是用好摇臂的前提，特别是在围绕目标主体运动时，这一点尤为重要。随着摄像机变焦镜头逐渐向主体推近，操作的难度也会随之增加。有时为了方便控制焦点，需要换上广角镜头。既要控制摇臂臂杆的运动，又要控制摄像机镜头的指向，这就要求摇臂操作人员在整个操作过程中要始终兼顾运动节奏和画面构图。普通摇臂分为 6 米摇臂、10 米摇臂以及最长的 15 米以上摇臂。使用时必须检查摄影机的云台型号与大摇臂是否匹配。

4. 车载摇臂

车载摇臂(Russian Arm)也称为“俄罗斯臂”,最早由乌克兰 Filmotechnic 公司推出的车载电控摇臂并不是一种常见的电影拍摄设备,因而它只在预算较高的电影或广告中使用。其最关键的技术是将汽车、电控摇臂和三轴陀螺仪稳定云台结合了起来,可以对运动物体做近距离跟拍。车载摇臂通常安装在高性能的越野车上,常见的有奔驰 ML、丰田 TUNDRA、福特 F150 等。车内操作人员配置为三人:(1)摇臂操作员,负责控制摇臂转动和升降;(2)云台操作员,负责控制云台的动作,车载摇臂的云台可做 XYZ 三轴转动;(3)跟焦员,负责控制焦点。另外,导演或摄影师也会随车指挥拍摄。

5. 升降设备

很多人认为升降设备和摇臂在功能上差不多,其实应该说原理差不多,但使用方式上有一定的区别。使用升降设备时,摄影师坐在摇臂顶端的安全座椅上,系好安全带操作摄影机;摇臂手只控制升降的起点和落点的方向及速率,至于焦点和画面构图,则完全由摄影师来控制,相当于摄影师和平常一样操作摄影机,只不过他的运动路径由摇臂手根据导演的意图来控制。从这个方面来讲,摄影师控制焦点和变焦更方便。大摇臂的特点是电控云台,除了运动路径与升降设备相似,摄影机的转动角度更灵活、更具优势。

6. 升降轨道车(升降移动车)

顾名思义,升降轨道车兼顾轨道运动和上下升降运动,从而大大拓展了镜头表现的丰富性,它既可以在轨道上运行,也可以装配能适应标准平滑地面和影棚地面的轮胎,在不平坦的路面则装配充气橡胶轮胎。

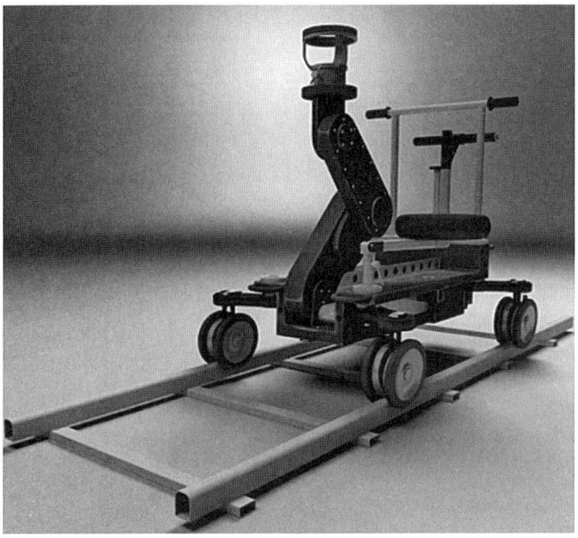

7. 小摇臂

顾名思义,小摇臂同样遵循摇臂的原理,但体积更小、重量更轻,臂长 1.2m ~ 3m,没有电控系统,它可以平移、摆臂、超低角度拍摄,目的是增加画面的冲击力和空间感。小摇臂的正确操作是前端操作(承

载摄影机的那一端)，调整好配重平衡后在前端直接控制云台就可以完成很多复杂的镜头，也可以把它升到顶端拍摄垂直俯拍镜头。小摇臂比较适合中近场景的空间运动，运动速率和轨迹完全由前端操控人员控制。

8. 斯坦尼康

手持摄影在移动过程中通常会产生画面抖动的现象，这就需要通过稳定装置来解决这个问题。斯坦尼康有点像轨道和摇臂的混合物，同时兼具轨道和摇臂的特点但镜头变化更加灵活，有自己独有的画面风格。斯坦尼康是高度人机结合的设备，因此使用时要对使用者的走路姿势、腰肩角度、手臂随和度、手指分配、机器三轴向配置平衡等若干环节进行训练和校调。在专业领域里，斯坦尼康是一个专门的工种，需要大量练习才可以使操作达到预期效果。

传统的斯坦尼康稳定系统包括稳定平衡杆、减震力臂和承重背心三个部分：稳定平衡杆用于保持摄影机水平稳定，通过万向轴进一步减少摄影师运动时带来的震动和轴向干扰力量；减震力臂利用减震弹簧臂缓冲摄影师运动时(或车载)产生的震动，通过弹簧臂吸收运动所产生的震动，减少摄影机的上下震动；承重背心用于将稳定系统固定在摄影师的身上，将重量有效地分布在摄影师的肩、背、腰上并同时发挥保护作用。

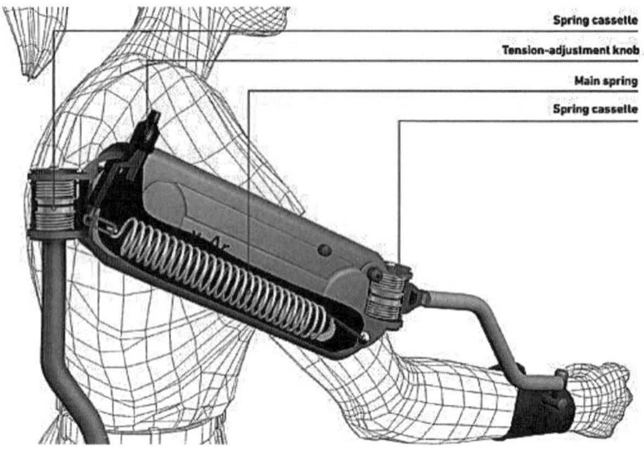

9. 手持三轴陀螺仪稳定器

手持三轴陀螺仪稳定器是近几年新开发的新生代电子自动化稳定装置，与斯坦尼康相比，三轴陀螺仪稳定器在使用上更为方便、灵活。斯坦尼康需要高度的人机结合，三轴陀螺仪稳定器则不需要，上手很快。最初，三轴陀螺仪稳定器适用于单反、Sonyα7 系列、Canon5D 系列等体积小、重量轻的小型摄影机，现在也逐渐被应用在 ARRI ALEXA MINI、RED EPIC、BMD URSA MINI 等这类体积稍大的摄影机上。三轴陀螺仪稳定器可以同时测定六个方向的位置、移动轨迹、加速，其最大的作用就是“测量角度、维持方向”。

当前，影视领域为了取得更好的拍摄效果，往往在稳定装置方面采用斯坦尼康和三轴陀螺仪稳定器相结合的方式。这种组合威力更强大，在影视拍摄画面创意方面可以发挥更大的作用。

三、现场录音设备

现场录音常规设备配置包括硬盘录音机、挑杆、话筒防震架、专业定向话筒、防风罩、话筒防风毛衣、延长线等。

一般根据项目的大小和预算来配置以上设备，为了保证声音质量，避免失真，如果预算充足，建议使用配置高一些的专业硬盘录音机，不低于 6 轨数字录音，最好是 10 轨同期声数字录音同时加配便携式调音台。数字录音机除了支持 SD/SDHC 卡，最好也支持 SDXC 卡。录音机接口支持卡侬口，加载多轨音频文件和多轨回放。目前，市场上有些数字录音机可用 iPhone 或 iPad 通过蓝牙无线控制录音机记录、播放、停止、快回声音，也可以

监看电平、时间码和电池状态。

专业的定向话筒具有强指向性和频响范围宽的特点，这类话筒可以抑制侧面和背后来的噪声。若在室外使用话筒，一定要加上一个防风罩，以收到更为干净的拾音效果。

话筒挑杆

片场由录音助理举杆进行同期录音，如果挑杆的重量较轻，他就可以节省很多力气，手臂不至于过于酸痛。因此，建议选择重量轻、高强度的碳纤维材质的专业挑杆（目前市场上挑杆品牌很多，在此就不逐一介绍了）。

关于摄影器材，最后要补充一句：由于技术的飞速发展，器材更新换代的速度极快，因而大家在选用设备时可参考各大生产厂家的官网介绍。

实训项目：

全面掌握摄影机的不同类型、与之相匹配的镜头型号以及相关摄影附件的应用

实训目的：比较不同摄影器材的特点及实用性，以便在广告拍摄中选择性价比最高的器材，达到最佳效果。

实训条件：建议学校与影视器材租赁公司合作，挑选其中两三个主流机型，让学生现场观摩、接触真机，相关人员现场拍摄样片。

实训要求：教师或租赁公司技术人员指导个别学生操作，其他学生认真观看。

实训步骤：

1. 选择一款机型和不同焦段的镜头。
2. 结合摄影附件进行实地拍摄。
3. 根据拍摄画面分析摄影机机型和镜头特点以及不同格式的设置。
4. 学生详细分析数据，根据相关参数设置调整拍摄细节。
5. 总结摄影机、镜头及附件的使用心得。

思考题：

如何根据广告项目选择适合的摄影器材及相关附件，最终确保拍摄出高质量的广告片？

第 9 章

照明器材与布光法则

本章学习目标

☑了解不同照明器材的特点和用途。

☑了解灯光附件在场景照明中的作用。

☑掌握室内光和室外光、日景和夜景以及不同材质的布光规律。

☑认识光线对整体画面表现的作用。

第一节 照明器材

主要知识点

1. 不同的照明器材适合的场景和时段。
2. 功率、色温等数据及判断。

在影视广告的拍摄中,灯光照明具有极其重要的地位,场景氛围的营造离不开灯光。很多同学在拍摄广告时不知道该用什么类型的灯光才能达到自己心目中的预期效果,究其原因,主要是对灯光的属性不了解,什么是冷光源、暖光源?什么是高色温、低色温?所用灯光的照明强度是多少?所以我们在此对灯光器材做一个系统的介绍,以便大家掌握灯光的属性和特点,从而更好地创作出优秀的作品。

一、常用的灯光类型

常用的灯光类型有:镝灯(镝灯、PAR 灯)、钨丝灯(太空灯、组合灯、Dedolight-特图丽灯)、KinoFlo 灯、LED 影视灯。

下面我们分别介绍这些灯光的属性、用途、特点和相关注意事项(见 170 页表)。

镝灯和钨丝灯是最常用、用途也最广泛的两种属性的灯光,在此简单介绍一下镝灯和钨丝灯的区别:

(1)色温:镝灯的色温大概是 5500K ~ 5600K,钨丝灯的色温是 3200K。镝灯光源偏冷一些,钨丝灯光源偏暖一些。

(2)瓦数:钨丝灯和镝灯的瓦数不同,看瓦数表达大概便能知道是什么灯具类型。

◎镝灯的瓦数:125W、200W、400W、575W、1200W、2500W、4000W、6000W、12,000W、18,000W。

◎PAR 灯(属于镝灯类)的瓦数:200PAR、575PAR、1200PAR、2500PAR、4000PAR、6000PAR、12,000PAR、18,000PAR。

◎钨丝灯的瓦数:150W、300W、650W、1000W、2000W、5000W、10,000W、20,000W、24,000W。

不同灯具的属性、用金、特点及注意事项

镝灯					
		属性	色温（K）	特点及用途	注意事项
镝灯聚光灯		金属卤化物灯，气体发光，属于聚光灯。	5500 ~ 5600	广泛用作主光，由于照度较高，高色温，偏冷，属于日光型光源。	1. 严禁用手直接接触灯泡，否则会引起热阻塞，造成灯泡变形，应戴手套操作。 2. 开灯前将灯泡拧至后端，远离透镜，避免灯泡炸裂损伤透镜。 3. 开灯后亮度慢慢上升，这期间禁止关闭电源或频繁重启开头；关灯后 3 ~ 5 分钟内禁止立即开灯。 4. PAR 灯发光率极高，不能对着人直接照射，也不能将 PAR 灯对着易燃物直接照明。可以在灯泡前的遮菲片上加柔光纸和色纸，改变光线的属性。
PAR 灯		金属卤化物灯，气体发光，属于聚光灯。	5500 ~ 5600	镝灯的升级版，高色温，属于冷光源，发光率极高，照度非常强。它配有 5 个滤镜，对光线形成聚光和泛光范围控制。透镜表面的螺纹越密集，光线越散；螺纹越稀疏，光线越聚。	
镝灯散光灯		金属卤化物灯，气体发光，属于散光灯。	5500 ~ 5600	散射光源，属于日光型光源，适合营造环境光，需要接镇流器使用。	
钨丝灯					
		属性	色温（K）	特点及用途	注意事项
钨丝聚光灯	也称作非涅尔聚光灯 	卤钨灯泡固体发光。	3200	低色温，光线偏暖，适合夜戏的照明，也可以用作辅助暖光源和镝灯的主光源，以形成冷暖对比，应用时直接插电源，不需要镇流器。	1. 一定要戴手套安装灯泡，否则手上的油渍粘在灯泡上会形成热阻塞，损伤灯泡。 2. 开灯前将灯泡拧至后端，远离透镜，避免灯泡炸裂损伤透镜。 3. 可以在灯泡前的遮菲片上加柔光纸和色纸，改变光线的属性。

续表

		属性	色温(k)	特点及用途	注意事项
钨丝散光灯	太空灯 	钨丝卤素灯泡,固体发光。	3200	只能悬挂在高处,用作场景的底子光,白罩使光线较柔和,黑罩可以遮挡光,让光线汇聚,照度包括 2K 或 6K 等。	通常悬挂在影棚的顶棚处,位于被拍摄对象的上方,用于照明整体场景,根据场景大小可以放数盏太空灯。
	组合灯 	钨丝卤素灯泡,固体发光。	3200	属于散射光,根据灯泡的排布数量,分为 9 头灯、12 头灯、24 头灯等,有不同排列方式。	可以单独开、关其中一盏灯,也可以竖排一组灯灵活地调整角度,方便控制照射方向和范围。
	黄头灯 	钨丝卤素灯泡,固体发光。	3200	暖光源,散射光,最大功率 2000W,适用于补充一点环境光。	通过调节灯具后面的旋钮和移动反光网的位置控制光线的聚散,严禁将灯具倒放。
	红头灯 	钨丝卤素灯泡,固体发光。	3200	漫反射,光线柔和,但功率太小,最大功率只有 800W。	调节灯具后面的旋钮,移动灯泡的位置控制光线的聚散。严禁将灯具倒放。
	Dedolight – 特图丽灯 	钨丝卤素灯	2900 ~ 3200,低色温	有 150W、400W、575W、650W 不同功率,在打亮区域内光线完美均匀分布,光线精准、干净,非常适合细节塑造。	体积小,重量轻,适合局部细节的灯光塑造。

<table>
<tr><th colspan="6">LED 影视灯</th></tr>
<tr><th colspan="2"></th><th>属性</th><th>色温(K)</th><th>特点与用途</th><th>注意事项</th></tr>
<tr><td>LED聚光灯</td><td></td><td rowspan="3">半导体光源,也称作发光二极管,由很多颗粒状的灯珠组成,能将电能转化为可见光。</td><td rowspan="2">冷白光暖白光相互转换,5600 ~ 3200 色温之间转换,液晶触屏无级调控色温。</td><td>体积小,耗电量低,照度强,高亮度,环保。低色温和高色温的灯珠混合在一起,根据需求可随时调整色温。</td><td rowspan="2">灯体轻巧,携带方便,功率虽小但发光量大,既可以接直流电源,也可以直接用电池供电。</td></tr>
<tr><td>LED泛光灯(LED平板灯)</td><td></td><td>LED 光通量衰减小,可以直接用电源适配器接交流电工作,也可以用专业电池直流电供电。</td></tr>
<tr><td>可弯曲LED灯</td><td>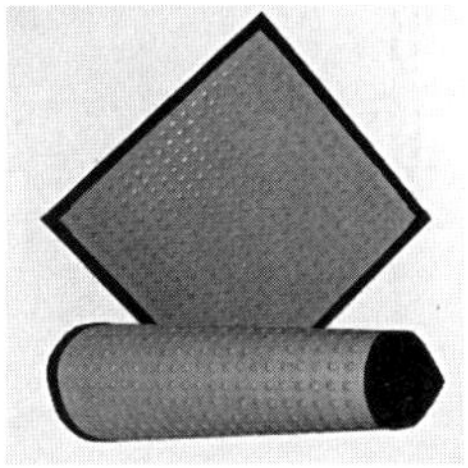</td><td>3000 ~ 6000 双色温之间转换。</td><td>既可使用 3. 7V 锂电池,也可使用市面上所有的 USB 充电器充电,使用防水材料,功率低,发光量大。</td><td>可卷成桶状塞到很小的空间里置于任何角落,方便布光,也可以放到水里照明。</td></tr>
<tr><th colspan="6">KinoFlo 灯</th></tr>
<tr><th colspan="2"></th><th>属性</th><th>色温(K)</th><th>特点与用途</th><th>注意事项</th></tr>
<tr><td colspan="2"></td><td>荧光灯管</td><td>既有 3200 色温也有 5500 色温的不同灯管。</td><td>有高、低色温灯管可更换,兼备日光型和灯光型灯管,接通电源通过镇流器控制发光。</td><td>蓝色灯头的是日光型灯管,黄色灯头的是灯光型灯管,通过固定叶窗和遮光板调节灯光发散面积。灯管有不同规格,由 2 根管和 4 根管组成,通常是 2 英尺长 4 根 5500 色温的灯管,可随时更换 4 根 3200 色温的灯管。既可装在灯架上照明,也可不用灯架,横竖均可照明。光线柔和,适合近距离照明。</td></tr>
</table>

(3)照度:瓦数相近的镝灯,其照度所达到的发光量比钨丝灯大。

(4)特点:镝灯是气体发光,需要镇流器,镇流器有两种:一种是电子镇流器,另一种是电感镇流器。电感镇流器会有频闪现象,在拍摄升格镜头时比较麻烦,会造成画面闪烁;电子镇流器可以将旋钮调整到无频闪挡,避免画面闪烁。

钨丝灯是固体发光,不用镇流器,也不会有频闪现象。

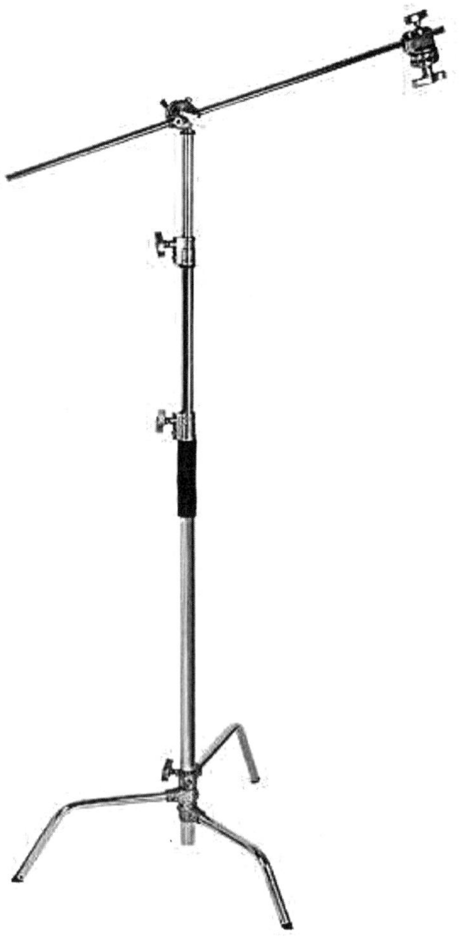

二、灯光附件

常用的影视灯光附件有魔术腿、黑旗、金银板、米波罗、珍珠板、大力夹、背景布、柔光纸、色纸、柔光片、蝴蝶布。

1. 魔术腿

魔术腿也叫 C 型灯架、C 型架、旗板架,类似于坚固的“三脚架”,三条腿可折叠放置,节省空间。有 20 寸、30 寸、40 寸等不同规格,可拆卸组装。魔术腿可用来放置黑旗、反光板、柔光板、蝴蝶布等各种附件,底架可以当矮脚使用,适用于放置背光灯,也可以配合各种延伸杆使用。

2. 黑旗

黑旗用于挡光,放置在魔术腿上或由灯光助理手持,目的是将多余的光线遮挡掉。组合使用黑旗可以改变灯光的照射形状,可以通过控制黑旗离光源的远近控制光线边缘的虚实。

3. 金银板

金银板是反光板的一种形式，反光的一面类似金、银锡箔纸材料，起到反光作用。

4. 米波罗

米波罗就是高密度泡沫板，板材自身比较脆、易折断，也是反光板的一种类型。这种材料反射的光线比较柔和，因此常用作室内外主光源照射下针对拍摄对象的补光，起到提升暗部亮度、淡化阴影的作用。

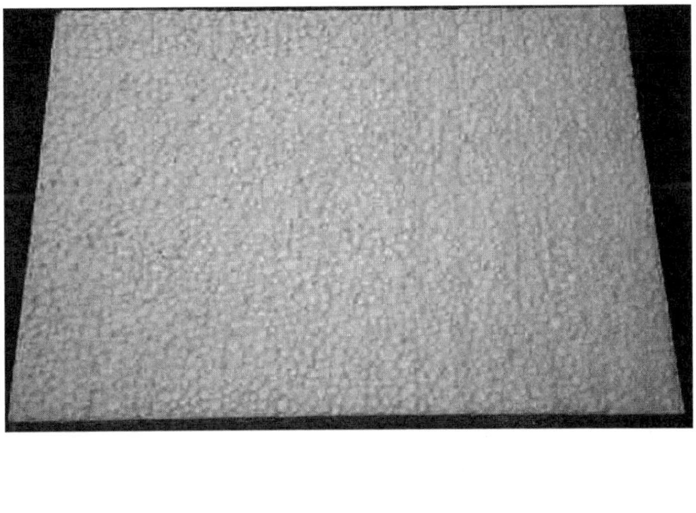

5. 珍珠板

珍珠板也是一种泡沫板，由 PS 颗粒经过发泡生成，主要成分为聚苯乙烯，重量轻，强度高，韧性较好，可弯曲。它也是反光板的一种。由于这种材料可弯曲，因而反光角度比较灵活。

6. 大力夹

大力夹也叫万用夹，可以夹在几厘米甚至更薄的物体上，也可以夹在钢管、水管、栏杆、门、架子、桌子、树枝等任何形状的物体之上。可用蟹钳卡住物体，防止部件脱滑，也可配合魔术腿上的魔术手臂使用，发挥固定和咬合的作用。

7. 背景布

常用的背景布有黑色和白色,用于暗调、高调的背景环境。此外还有蓝布(幕)和绿布(幕),用于背景抠像,便于后期合成。

8. 柔光纸

柔光纸也称为硫酸纸,根据用途裁切大小,小尺寸的可以夹在光源前部的遮菲片上,稍大尺寸的可以用在大 Kino-Flo 灯上,目的是让透过的光线变得散射和柔和。好的柔光纸具有不起皱、不易变色、耐高温的特点。

9. 色纸

色纸的颜色比较丰富,基本对应调色环的颜色,有改变色温的作用,同时也具备减光和偏光的作用,用法和柔光纸差不多,也是放在光源前起滤光的作用。好的色纸具备耐高温、耐老化、透光性好的特点。

10. 柔光片

柔光片也称为柔光旗，挡在光源前发挥柔光的作用，也可以部分减弱光线。柔光片放置在魔术腿上，高低左右可以根据需要随意调整，以距离光源的远近来遮挡出不同的光线效果。

11. 蝴蝶布

蝴蝶布即大型的柔光旗，规格尺寸比其他柔光材料大，能使光线散射柔化而不影响照射的方向和颜色，从而产生大面积的柔光效果。

第二节　光的种类、属性与布光加减法

主要知识点

1. 主光、辅助光和环境光。
2. 灯光布置的加法和减法。
3. 户外布光方式。

一、主光、辅助光和环境光

在拍摄现场布光，首先要确定主光在哪里，确定之后，其他的灯光都围绕着主光来布置。只要置身于环境中，就会有来自不同方位的光照。这些光照的形成因素很复杂，环境光包括周围墙壁的反射光、玻璃窗的折射光等，这些光线的主导光线来自阳光，因此阳光就是主光。如果在室内影棚拍摄，但要营造阳光效果的画面氛围，则应该确定一盏灯作为主光，模拟阳光光源，用来表现景物的形态、轮廓和质感。对于艺术形象的塑造，主光起决定性作用，其他光线起辅助作用，因而主光也常被称为“基调光”。

在电影摄影中，无论是外景摄影还是内景摄影，首先要确定每场戏中主光的方位。主光方位传递着时空概念的信息，不论景别、构图、演员走位怎样变化，主光的方位一定要准确，否则就容易穿帮。一切辅助光都是围绕着主光方位来设定的，上午阳光状态下布置的主光到下午的阳光下方位会发生变化，因而整体的辅助光设定也得随之变化。总之，只要主光方位发生调整，其他辅助光的布置也要随之调整。

在根据脚本规定的时间和空间内塑造各种人物、产品特质，渲染特定氛围时，要精心设计和确定主光的方位。在实际拍摄中，首先要求主光照亮被摄体主要的和最有表现力的那一部分。主光的位置要根据光线亮度的强弱、光距的远近、上下位置的高低、被摄对象的性格特点、环境特征、作者的创作意图和画面构图的具体要求来确定。

辅助光的主要作用是适当提升暗部的亮度，它的光线照度小于主光，其作用只是提升景物暗部的光影层次、加强景物阴影部分的质感，是帮助主光完成形象塑造的光线，因此应根据画面的氛围来决定选用什么色温和照度的灯。

主光和辅助光的亮度比例，习惯上称作“光比”。根据拍摄对象的不同，主光与辅助光的光比也应有所不同。我们经常听到导演要求这组镜头画面用“大光比”，就是指主光和辅助光的亮度反差要大；反之，“小光比”就是主光和辅助光的亮度比较接近。

环境光是照亮整个场景的常规光线，这种光具有均匀的强度，均质漫反射，不具有可辨别的光源和方向。

二、布光注意事项

布光时应留意环境光的强度和光线的冷暖倾向。

1. 冷光和暖光

我们一般参照色温来确定冷光和暖光，接近3200K（低色温）或低于3200K的属于暖光，接近5600K（高色温）或超过5600K的属于冷光。在这个色温范围内，色温值偏低，光线就偏暖一些；色温值偏高，光线就偏冷一些。色温值可以通过色温仪测量出来。

从色彩上看，低色温光线偏橙黄色，高色温光线偏蓝色。我们在上一章介绍照明灯具时说过，镝灯通常都是高色温灯光，发光量强，光线色彩偏蓝色。钨丝灯基本都是低色温灯，同样瓦数的照度，光线没有镝灯那么强，光线色彩偏橙黄色。KinoFlo灯属于荧光灯，它的灯管有两组，一组低色温灯和一组高色温灯，可同时更换。LED灯的灯头上，灯珠排布也是高低色温混合在一起的。我们要根据自己的拍摄需求来控制、调整冷暖光的比例。在拍摄现场，色温也是调整白平衡的重要参照要素。

2. 柔光和硬光

所谓柔光，就是照在物体上的光线边缘比较柔和，轮廓逐渐呈散射状；反之，硬光的光线边缘比较清晰锐利。具体需要什么样类型的光，还得根据创意表现的需要而定。如果光比较大，明暗反差就比较明显，这种类型就属于硬光；如果光比不大，明暗关系比较接近，但明暗交界线却很清晰锐利，这种类型也属于硬光。

大体上有两种情况具备形成硬光的条件：一种是室外阳光比较强烈，形成大光比，主光源很强烈，同时环境光所形成的底子光又很弱，这样就容易形成硬光；另一种是聚光灯主光源前面没加柔光纸或柔光片，或加得很少，比如只加了一层，或是通过黑旗切出来的，那么被照物体上也会形成硬光效果。

柔光的光比一般不会太大，而且明暗交界线比较模糊。我们通常在聚光灯主光源前加柔光片、柔光纸或蝴蝶布来柔化光线，或者采用泛光灯来制造柔光效果。泛光灯是散射光，用于暗部和阴影的补光，会降低光比。

3. 光质和光线结构

光质不是专业名词，灯光术语中没这个词，它只是业界对灯光效果的一种形容和界定，也可以称作光线的质地。光质好，指光线层次比较丰富，整体氛围营造得比较好，效果很纯粹，光线质地格调比较高，光线有秩序，没有杂乱无章的阴影。光质差，指光线塑造的画面很平，光线处理得很粗糙，高光点有瑕疵，没有主次，画面很碎，阴影杂乱无章。

那么怎样才能得到高规格的光质？要想做到光质好，首先要确定主光源在哪里、整体基调是什么。一切布光都要围绕主光源来设计，所有的辅助光都不能喧宾夺主，要先按照主光源设定的光比确定明暗关系，然后再逐层次慢慢雕刻和塑造。更重要的一点，就是被摄物体的受光面积不能太大，只能占小部分，大部分是在暗部区间内塑造阴影层次感。如果受光面积过大，画面就会一览无余，什么都看得清清楚楚的，就一点空间层次感都没有了。如果想形成良好的光线秩序，就要将暴露在外的那些杂乱无章的元素统一到阴影里，在阴影里形成层次感，而不是一片死黑的阴影。这样，高光区和暗部的反光区就能形成有条不紊的秩序范围，画面就显得很干净纯粹，整体感就会非常好，空间结构关系比较明确。

三、灯光布置的加法和减法

布置灯光的基本原则是：以尽量少的灯光量达到最佳的照明效果。

好的照明效果有助于塑造主体，提升整体画面的情绪氛围，对情节有推动作用。

所谓的加法，就是加灯光附件，如魔术腿、各种反光板、银板、珍珠板、米波罗、柔光片等。这个要做加法，要增加，原因就是灯光效果不是通过光直接照射产生的，传统的那种用灯光直接照射的理念是大错特错的。灯光效果也不是简单地加一两张柔光片或色纸那么简单，真正能做出灯光效果的是反射光而不是直射光。除了主光源直接照射被摄物体外（这种直接照射也不是单纯地直接照亮物体，而是通过黑旗和柔光片或柔光纸等附件组合来塑造主光源的强度和方向），其他辅助光一定是通过对各种灯光附件的组合搭配来产生反射光而达到理想的照明效果的。灯光细节都是通过灯光附件慢慢雕琢出来的，在拍片现场，即使有很多灯，如果缺少灯光附件，也很难设计出理想的灯光效果。

减法其实就是尽量减少用灯量，在灯光的数量上要做减法，至于减到多少则视情况而定，能用一盏灯打出效果，绝不用两盏。灯光过多会造成错综复杂的影子，为了消减弱化这些不必要的杂乱影子，只好增加附件或灯光。灯光量一旦过大，我们有时甚至都无法判断到底是哪盏灯形成的不良投影，只能通过排除法去逐一排除，效率非常低。这样布光就成了一件很费时的工作，会造成很多麻烦。关键在于，灯光数量多，意味着光源数量多，而光源一多，势必会破坏画面的整体感，无论是受光区还是暗部的光线秩序都会显得比较凌乱，不利于塑造画面的光线结构、组织光线层次，反而会破坏灯光风格的统一性。

四、户外布光方式

1. 常规布光原则

在户外布光的原则是，尽量有效地利用自然光，任何人工光线都不如自然光，所以，要以自然光线为主、人工光线为辅。比如，在阳光下拍摄一个物体，应少用灯光或基本不用灯光，要以灯光附件为主，把它们作为反光和透光的工具。由于强烈的阳光直射会导致大光比和浓重阴影，所以常规的布光方式是用蝴蝶布或柔光片过滤掉一部分阳光，使整体光线柔化。先形成这样的氛围，然后再通过银板或米波罗这类反光板对拍摄物体的细节进行反射补光，塑造物体的结构，并通过调整反光板的角度、距离和方向来产生反光、表现细节。

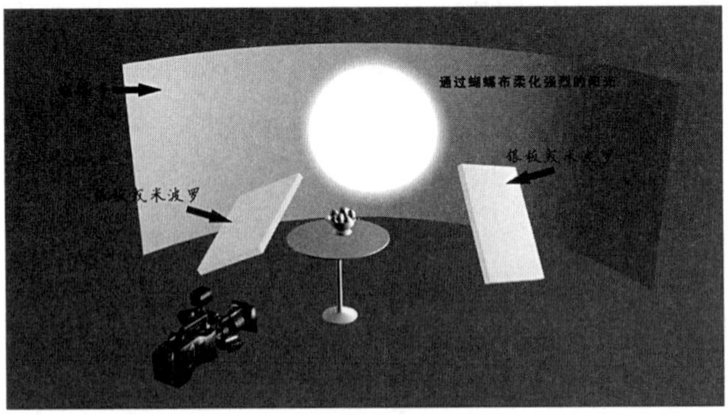

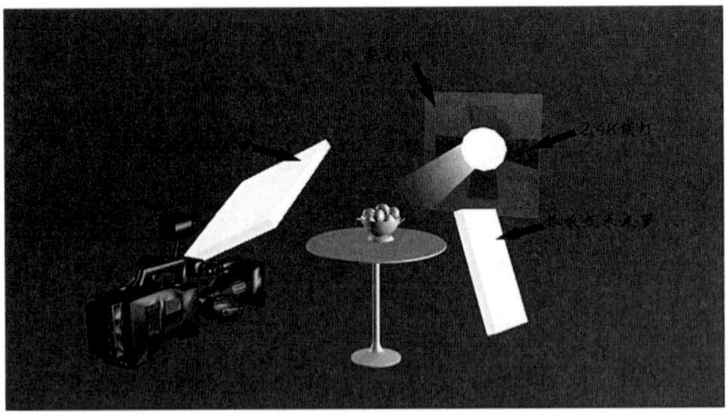

如果是阴天，就需要先确定一个主光源，因为在阴天这种天气条件下，整个画面处在平均调性下，整体画面显得比较昏暗，光线缺乏层次感，比较平。可以在距离被摄物体稍远一点的侧后方放一盏2.4K镝灯，再加上柔光纸或柔光片，给物体勾勒出一个柔和的光边。光边不能太硬，也不能过亮，否则会显得不自然，与环境格格不入。这个柔和的光边将物体与背景分开，可以增加物体结构的层次感，使细节关系显得更加丰富。物体的两侧依然用反光板来补光。根据光线条件，如果光线较弱，可以采用银板来反射，如果仍然觉得暗，可以用一盏聚光灯打到银板上，通过银板将反射光投射到物体上。银板和物体之间的距离、角度应根据实际情况具体调整，这样才会让暗部过渡更有层次。

2. 夜景布光原则

这里的夜景分两种情况，从空间上分室内和室外，从时间上分傍晚（夕阳刚刚落山的那段时间）和深夜。摄影时要求最好用ISO高感光的摄影机并采用大光圈镜头，这样可以相对减少用光量,也无需采用大功率灯光(比如6K以上的灯光),场面比较大、演员比较多的情况可另当别论。我们这里探讨的通常是中小场景,而且演员人数不多,不针对电影这种大场面设计灯光。傍晚的天光对于拍夜戏来讲是最佳时机,蒙蒙黑有一定的层次感,天色完全黑下来后天光就没有密度了,会给布光带来很大的麻烦,而且效果也不甚理想。因此,在蒙蒙黑的傍晚环境中,无论是室内还是室外,主光源的色温都可以根据拍摄需要来设置。主光源如果偏暖,整体画面的主导色调就会偏暖,暗部环境光则可以偏一点夜间蓝色,这样受光面为橙黄色偏暖,暗部为偏蓝色的冷调。这种冷暖对比的画面令人感觉非常舒服。此刻,无论是亮部还是暗部,在这种带密度的天光下,光线层次感都非常丰富。

同样,主光源如果是偏冷的高色温,主导画面的整体色调就偏冷,也同样不影响光线的层次,画面也不错。在这种天光环境下,高感光大光孔的摄影机就能派上用场了。有的摄影机即使感光度在ISO1000~1500之间也不会出现噪点,设定光圈T1.4或更大光孔,再结合一两盏灯和相关灯光附件就完全可以呈现出以上效果。

如果天完全黑下来,面对这种漆黑的环境,就需要铺一层底子光。底子光可以用不同方式来形成,比如可以用我们常见的灯笼,偏红偏黄都可以,用几排灯笼或者在某个区域形成一定氛围的面积光,这就是底子光的整体基调。在这个基础上,再单独塑造局部光域,主光源、辅助光源依次设定。具体灯光布置要根据脚本需要表现什么样的情景来设定,灯光布置规则和上面讲解的基本一样。

如果是漆黑的夜晚,又没有月光(即使有月光,可能在某种特殊环境下照度也不够),这种环境下天光就完全没有密度了,就需要借助太空灯来模拟月光,并根据拍摄的场景大小和人物多少,用几盏6K灯或12K灯把夜色的整体氛围渲染出来,然后有针对性地给拍摄主体的局部细致地打光。在此提示一下,在这种天光环境下,对于景观来说,无论用多少灯也无法表现出丰富的层次感,这就是为什么我们要强调天光蒙蒙黑是最理想的夜景拍摄环境。尤其对于拍摄风景和建筑景观来说,完全漆黑的夜晚非常不利于布光。

3. 逆光效果制作方法

逆光效果分两种:侧逆光和全逆光。制造逆光效果的必要条件是将环境光降到最暗。在影棚拍摄时,要将周围环境用黑幕布或深色幕布完全遮挡住,四周不能出现白墙或易反光的物体,被摄物体周围的地面也要铺上黑幕布,防止地面反射。在环境布置好之后,在物体顶部和两侧的侧后方打灯,在光源前加柔光片或将灯光照射到反光板上(米波罗或金属板都可以),利用反光板的反射光来勾勒逆光的光边效果。由于周围黑幕布吸光,物体正面就不会有光照,拍摄物体整体呈暗黑色,只有两侧和顶部的光边被塑造出来,这样就制造出了全逆光效果。制造侧逆光效果就很容易了,在此基础上将一侧的灯

光向物体的侧前方移动,另一盏灯稍稍向后移动一点,这时一侧的光边被逐渐加宽,便呈现出侧逆光效果,如下图:

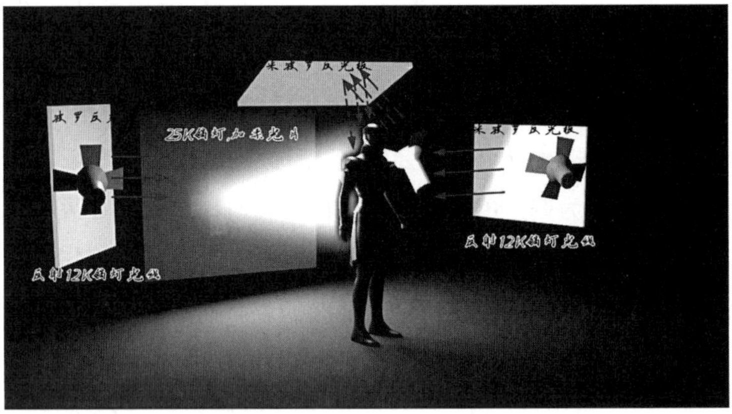

实训项目:

实训目的:通过对灯光附件的操作使用,认识灯光附件对影视照明所起的关键作用。

实训条件:在室内,将灯光附件与照明器材结合起来使用。

实训要求:判断哪些附件用于改变色温、哪些附件用于遮挡光线、哪些附件用于柔化光源、哪些附件用于辅助反射光线。

实训步骤:

1. 先确定主光源和辅助光的位置。
2. 逐渐增加或减少灯光附件,改变整体照明效果。

第三节　特殊材质布光

主要知识点

1. 玻璃材质、金属材质以及表面光滑的硬塑料或瓷器材质的布光方法和规律。
2. 如何表现黑色亚光物体的质感。

我们在这里指的特殊材质也是日常生活中常见的材质,如玻璃、金属、表面光滑的硬塑料或瓷器。之所以称其“特殊”,是指其在反射和折射方面相对于其他普通材质来说,在布光方面要求比较特殊一些。下面,我们介绍一下针对这几种材质的布光方式。

一、玻璃

我们以图中这瓶香水为例，分析一下在广告拍摄中针对玻璃的布光规律。

此类产品在布光照明时需要突出表现两个元素：一是表现玻璃质感的精致性，二是表现瓶中液体的晶莹剔透。这里只用两盏灯来布光，其余采用灯光附件来呈现这瓶香水的质感效果。首先，这类产品一定要在影棚里拍摄，只有这样才能很好地控制光线的质感。在产品周围围上深色幕布，在产品的侧后方留出一定距离放置一块稍大些的反光板，然后将一盏 1.2K 的镝灯的光线投射到这块反光板上，再适当调整反光板的角度和位置，让光线指向香水瓶的背面。反光板反射的柔和散射光确定了整体画面的基调。紧接着对细节进行雕琢：在产品的侧后方，也就是产品和反光板之间的那个位置，用一个小圆镜子（我们日常生活中常用的镜子）将光反射到瓶中液面上的大致范围内，再调整反射强度。如果反射光线过亮，可以在镜面上加一层透明硫酸纸。这样，液体的质感就凸显出来了。接着，在产品的侧前方放置一盏 LED 灯，将色温设在高色温挡并加上柔光纸，旁边用黑旗挡掉漏光和杂光。在对应的另一侧用一小块米波罗制造反光作为补光，然后不断细微调整米波罗的位置和角度，找到有效的光域。在米波罗的旁边，也可以用黑旗挡掉一部分干扰的光线，让光线更统一、更单纯、更有秩序。由于各种光线的形式、密度、特性都不尽相同，产品的受光层次也就显得更丰富了，如下图：

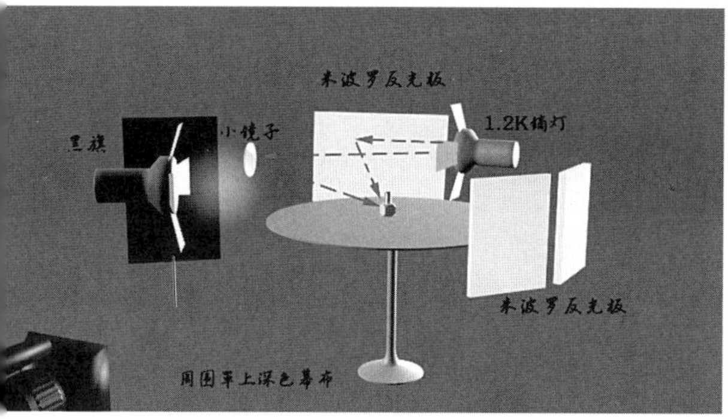

掌握了布光原理之后，我们还必须认识到布光形式是多样的，在此我们再介绍一种布光方式。

将一块珍珠板弯成弧形，罩在酒瓶的上面，再通过米波罗把反射光线照射到弧形珍珠板的内部（如果光线不足，可以换大功率的灯，或者将加上柔光纸的灯直接照射弧形珍珠板内部），弧形珍珠板相当于散射光源，酒瓶的两侧被勾勒出一圈光边。弧形珍珠板光域中心的光线强度由中心向两侧过渡、逐渐衰减，照射到酒瓶边缘的高光由亮到暗，形成丰富的层次。在产品的侧前方，设置一盏灯，把光线照射到另一张凸面朝外的弧形珍珠板上，凸面弧形所反射的光线在凸起的地方最亮，亮度随着凸面沿着两侧递减。这样的光线就很有层次感，反射到酒瓶上的光线过渡也非常自然干净。在对应的另一侧，放置一小块银板，调整位置和角度，将反射光照射到酒瓶的另一侧，在这个角度适当补光可以让暗部显得更通透。下一步是给酒瓶上的光域塑形：用黑旗遮掉酒瓶前多余的杂光和干扰的景物，这样就“切”出了一块规整的色块，使酒瓶显得干净利落、亮部工整、暗部纯正，如下图：

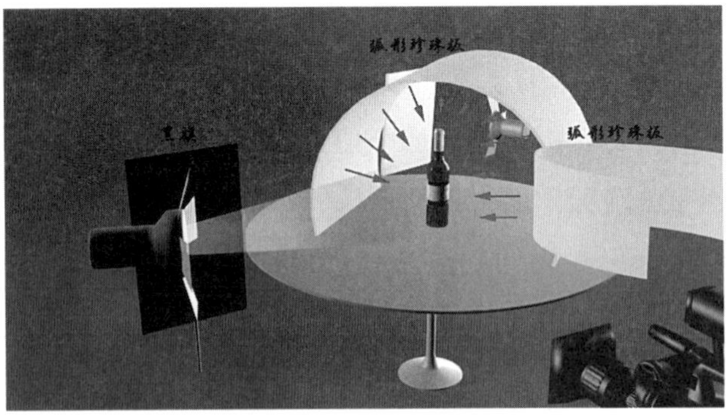

其实，这两种方式的布光原理是一样的，只是采用的灯光附件稍有区别。首先，它们都是先将玻璃材质的轮廓光做出来，再把整体基调确定下来，然后通过各种附件做出不同的反光效果，如利用米波罗、珍珠板、柔光片、柔光纸、银板、小镜子等来塑造细节。灯只有两盏，其余则通过各种附件的组合来制造出效果：阴影规整不杂乱，产品结构清晰，出来的效果精致大气、干净利落。这就是广告产品所要呈现的状态，也是客户所期待的效果。我们在这里还要强调一下，要始终遵循上一节提到的加减法原则，能用一盏灯做出效果，就绝不用两盏灯，减少灯光，增加附件。

二、金属

金属材质可分为两种：一种是古旧金属（甚至表面有一点腐蚀），另一种是表面光滑的金属。后者反射效果极强，比如镀铬金属、白钢等。我们在此重点介绍表面光滑的镀铬金属的布光法则。

这类金属由于反射周围环境的能力极强，因而画面元素就会显得非常凌乱，我们以镀铬水龙头为例，谈谈具体的布光方式。

首先，确定环境光，确定整体基调。在背景远处一侧用反光板将光线反射到水龙头上，由于水龙头能反射周围景物，所以要将这些杂乱的元素去掉，以形成整体干净的色块，突出水龙头的质感。先用米波罗和黑旗来处理这方面的细节。在机位和水龙头之间的一侧，调整米波罗的位置和角度，将水龙头的一部分切出长条状的白色，另一侧则通过黑旗遮挡，切出长条状的黑色，这样就大体形成了黑白两个区域。接着，在黑色区域里补光，形成过渡的渐变边缘。在水龙头侧面（或侧后方）放置一块弧形珍珠板，凸面朝外，用一盏灯把光线照射到弧形珍珠板上，珍珠板反射的光自然过渡，形成边缘由硬到软的渐变效果，这样呈现出的整体效果就非常简洁规整了，如下图：

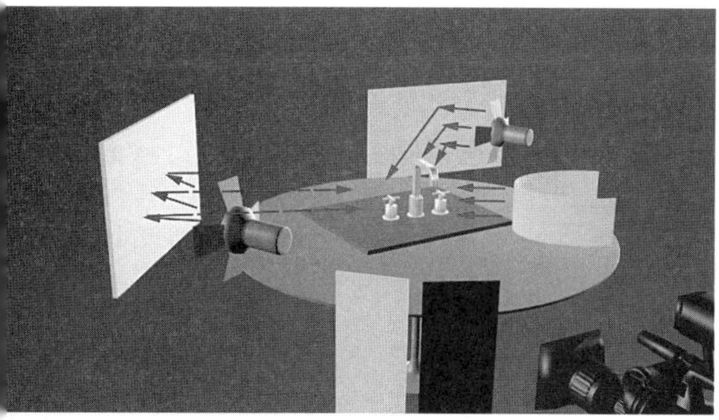

三、表面光滑的硬塑料或瓷器

这两种材质的布光方式比较类似，对于形状不规则的这类材质，最重要的是消除过多的高光点。这类材质最易出现星星点点的高光点，破坏画面的完整性，让画面显得很琐碎。处理这个问题时要掌握的最重要的一点，是主光源只能有一个，要在被摄物体的顶部设置一个窗格子（在片子上贴田字格黑胶带，背后打光），其余的则利用反光板进行少量补光，然后用黑旗遮挡、切光，消除多余的高光点，如下图：

四、黑色物体

黑色物体的材质有很多种，表面有光滑的和不光滑的，有反射强的和反射弱的，在此主要介绍亚光黑色物体，例如相机。

相机机身表面呈亚光状态，黑乎乎的，在自然光下显得比较闷，因而打光时需要加强层次感，以便让黑色显得通透起来。在相机顶部侧后方一点的地方设置一盏灯，将光线照射到反光板上，调整反光板的位置和角度，将光线反射到相机的机身顶部，再调整灯与反光板之间的距离。两者距离越近，反射光就越强，光线偏硬；两者距离越远，反射光就越弱，光线偏软。将反光板略微倾斜一定的角度，反射光就会形成很好的过渡效果，从而让层次显得细腻丰富。

在相机的两侧用小块银板反射光线，勾勒出相机的轮廓。由于银板反射的光线较硬，这样就会在相机上形成软硬光结合的光线效果，如下图：

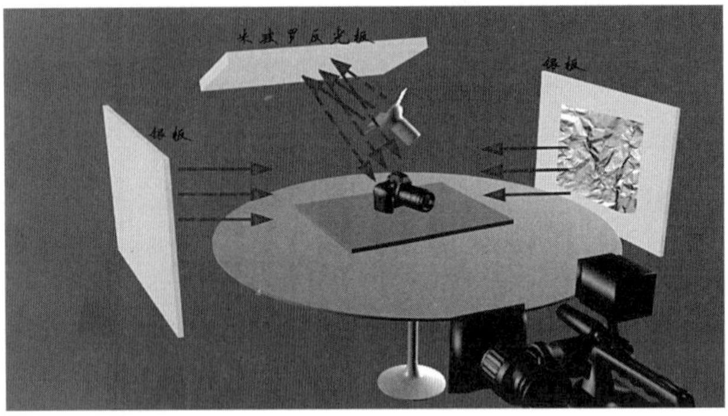

实训项目：

通过实践掌握不同环境下不同材质的照明规律。

实训目的：运用相关灯光法则，达到照明的预想效果。

实训条件：可以和灯光器材公司合作，由专业灯光师演示，让学生动手操作，体会照明的特点和规律。

实训要求：根据本节所讲内容，参照布光图解进行实地操作。

实训步骤：

1. 确定照明主体和环境。
2. 选择不同的主体材质。
3. 参照本节所讲内容进行实践操作。

第四节　人物布光及规律

主要知识点

1. 灯光氛围的营造是为了传达什么样的情绪、表现演员什么样的内心状态?
2. 除非有意强调戏剧化,否则灯光要内在自然地契合主题。

一、室内人物的布光形式

人物和他所处的环境对布光有不同的要求,我们在此重点谈谈室内人物拍摄的布光形式。

光线是有情感的,因而我们必须清楚自己所拍这个人物处在什么样的情绪氛围下,针对不同的情绪和情感表达有不同的布光方式。营造灯光氛围的目的是强化情景主题,不只是为了漂亮、唯美。在这里,我们抛开人物的情绪和心态,客观介绍一下灯光布置的原则,着重谈谈运动人物的布光形式。

首先要确定演员从 A 点到 B 点的走位路径,距离不宜过长。在这之前要考虑演员行进过程中有没有其他道具,行走路线是直线还是弧线,中间是否绕过柱子之类的障碍物,把这些因素考虑周到以后再开始布光。在布光开始前,要和摄影师沟通用什么景别拍摄,是近景、中景还是远景。

如果是近景,就省去了好多不必要的布光麻烦,因为构图比较紧,周围景物在画面中占的比例很少,直接围绕演员布光就可以了。也可能只针对演员的上半身布光,让演员身后的背景在焦点外被虚化掉,只给背景环境光就可以了。布光的重点是把演员面部的明暗关系塑造出来,包括亮部、暗部、反光和轮廓光。

在演员的行走路径上,将主光源设定好,在其侧后方设置轮廓光。灯的远近可以自由调整,由于景别比较近也不用担心穿帮。灯光助理可以把一小块米波罗放在演员的下方,找好角度,随着演员同步行走,给演员面部补光。

如果是中景,演员会带上环境关系,周围景物的元素也会影响到演员,比如我们在某个点打好灯光,演员在行走过程中可能有灯光阴影投到演员身上,这时就要调整灯具的位置。如果灯具离演员太近,这个景别就容易穿帮。所以,除了考虑灯位外,还要提升灯光的高度,以便缩小阴影的投射范围。如果照度不够,就要换大功率的灯。在布置灯光时,还要考虑周围环境,尽量将周围环境光弱化,突出演员主体。

如果是大光圈的中景拍摄,焦点虽然在人物身上,但也会呈现前后景的景深关系。因此,在关注人物光线的同时,也要考虑镜头前景物的光线,即使镜头前的物体在焦点外呈虚化状态,也需要通过补光来塑造整体明暗关系,尽量把这些元素统一在大的色系下,避免琐碎,强化整体感。

如果是全景,则演员从A点至B点的行进过程中的灯光不太好布置,中间的景物完全被暴露在摄影机画面,只要放上灯具就会穿帮,所以,只能把灯具隐藏在景物中布光,或者将灯具当作道具灯,让它成为画面中的组成部分,如窗外布光就是一个不错的选择。

如果是远景(或用广角镜头),所有景物都在画面里,灯光放在哪里都穿帮,打出的光线都是大平光,所以只能靠环境光或顶光来提升整体效果,也可以利用窗外布光来强化人物的光比。例如,可以将灯放置在窗外模拟户外自然光的照射,镜头可以适当吃进一些光斑来掩盖窗外的灯具,或利用薄薄的窗纱防止穿帮。想达到这个效果,最好在一楼布光,而且窗外还得有下灯的位置。如果是在高层,可以利用缆绳将灯在窗外吊起来照射,或把魔术腿固定到阳台上,再将灯探到窗外,向屋内照射。

下面我们就根据某矿泉水广告拍摄现场的一个镜头片段来看看对布光的思考和大体步骤:

这个镜头需要模拟午后阳光的整体氛围,整体画面为暖色调。首先,确定主体光源的位置,然后通过顶光和斜上方的光将轮廓光勾勒出来。环境光要兼顾均匀照射背景绿布,剩下的是单独塑造面部细节和手部细节。

遵循的原则是:先整体、后局部。首先确定大的光比关系,然后进行细节刻画,氛围要符合主题表现要求。

二、好的照明效果具备哪些特点

好的照明效果具备下列特点:

◎整体统一,暗部影子不杂乱无章;

◎光线富有层次感,忌平光照射;

◎能表达情绪、营造气氛;

◎除了舞台灯光或创意需要外,人工布置灯光的照明效果要尽量接近真实自然;

◎有自己的照明风格。

实训项目：

针对人物照明的实地操作。

实训目的：通过照明效果营造人物的情绪氛围。

实训条件：以室内为主。

实训要求：学生根据本节所讲内容，参照广告案例，提取其中一两个镜头进行实地操作。

实训步骤：

1. 老师组织学生观看广告样片。
2. 挑选其中一个有关人物的镜头场景。
3. 学生分组按照个人理解讨论照明方案。
4. 以组为单位进行实地布光操作。
5. 老师和学生共同总结布光规律和经验。

思考题：

1. 日戏和夜戏分别使用哪些类型的照明器材？
2. 为什么说影视照明效果是完全由灯光附件营造出来的？
3. 正午阳光下，室内的人物手里拿着矿泉水，此时该如何布光？（对环境光、人物、特殊材质之间的布光法则的综合运用。）

第 10 章

影视广告的后期制作

本章学习目标

☑了解目前市场上主流剪辑软件各自的特点和优势，将剪辑理念和商业诉求有机地结合起来，形成自己的剪辑风格。

☑了解层级式合成软件和节点式合成软件的操作性和应用性。

☑掌握蓝绿屏抠像的注意事项。

☑了解如何在影视调色过程中调出优质的画面色彩。

☑认识 3D 软件的应用领域和各自的特点。

前期拍摄的素材要经过后期处理才能成为完整的影片。广告后期制作流程包括剪辑、3D 制作、视频合成、特效合成、调色、音乐。下面我们分别阐述各个制作环节的属性和特点。

第一节　剪辑

主要知识点

1. 剪辑软件的属性和应用特点。
2. 影视广告的剪辑理念。
3. 合成软件的功能特点。
4. 非线性编辑软件和合成软件的差异化定位。

剪辑目前通常指非线性剪辑(关于线性剪辑,同学们可以查阅相关资料,在此不做过多介绍),非线性剪辑是依赖计算机剪辑软件来实现的,剪辑师在充分理解导演意图的情况下,利用剪辑软件将前期拍摄的素材加以选择、取舍、分解与组接,最终形成完整的影片。素材的排列顺序和节奏把控可以反映出剪辑师对广告片整体的把握能力。因此,除了熟练掌握相关剪辑软件外,剪辑师的剪辑理念也至关重要。

目前国内常用的剪辑软件有 Final Cut Pro、Premiere CC、Edius、Vegas Pro、Avid Media Composer 这五种,当然也有后期剪辑兼特效软件 Autodesk Smoke 或 Autodesk Flame,这类软件都是以前 SGI 工作传承下来的,目前也在 PC 电脑上使用,其应用范围很小,基本应用在电影领域,能够熟练操作的人更是凤毛麟角,在此不做过多介绍了,有兴趣的人可以去出品方官网了解。

无论用哪类剪辑软件,剪辑理念和经验都至关重要,软件只是使用工具。不过俗话说“工欲善其事,必先利其器”,软件的功能不可忽视。下面就简单介绍几种常用剪辑软件的功能和特征供大家参考。

剪辑软件的功能区布局基本一样:素材窗口、时间线窗口、预览窗口、剪辑窗口等。基本编辑操作都涵盖素材采集、素材归类、添加到编辑轨道、剪切、删除、移动、叠化、转场特效、滤镜插件、简单调色等。这些软件都基于传统剪辑理念和思维方式来设计功能区,核心功能元素区别不会太大,只是在功能设置的侧重点上有一点点区别。

1. Premiere

Premiere 是应用最广泛的软件。这要归功于 Adobe 公司的影像后期生态圈布局，该公司旗下的 Photoshop 在图像处理领域可谓大名鼎鼎，牢牢占据着图像处理领域老大的位置。在动态影像合成领域，AfterEffect 也占据了半壁江山，而 Premiere 最大的优势是整合了两大软件资源，Premiere（简称 PR）在 CS 系列软件和 CC 系列软件中可以同时与 Photoshop（简称 PS）、Illustrator（矢量图制作）和 AfterEffect（简称 AE）工程文件互转，无需经过渲染再导入另一个软件中。在 PR 剪辑过程中，剪辑师随时可以在 PS 中处理单帧图像，在 AE 中进行特效合成时，还可以直接导入 SpeedGrade 进行调色。而这个工作往返流程完全不需要特殊的转挡即可完成调色。也就是说，在后期非线性编辑（业界常俗称为“非编”）领域，不是 Premiere 一个“人”在战斗，而是一个团队在战斗，是集图片处理、剪辑、视频合成、特效合成、调色等所有功能于一体的综合体在战斗。各个软件之间无缝衔接，形成了完备的后期制作生态闭环，剪辑师可以用这个生态系统解决后期想要解决的一切问题。因此，Premiere 的使用者相当广泛，未来也具有相当大的发展前景。Premiere 在广告片、宣传片、短片的剪辑上比较流畅，但对于纪录片和电影这种素材量大的长片而言，其剪辑的稳定性则差一些，有时会出现卡顿和死机现象。

2. Final Cut Pro

Final Cut Pro 由苹果出品，目前已有 X 系列版本。Final Cut Pro 采用 MOV 格式，在无压缩状态下 MOV 格式文件个体容量很大，视频成像图像质量非常高。导入 Final Cut Pro 的其他视频格式需要转换为 MOV 格式。目前主流摄影机的格式非常丰富，编码种类很多，根据拍摄项目的不同，摄影机的视频压缩编码也有很多选择。Final Cut Pro 格式转码比较耗费时间，尤其在转码素材量大的视频时会影响剪辑效率，在导入其他格式时需要借助相关插件。不过 Final Cut Pro X 稳定性非常好，而对于剪辑电影和纪录片乃至连续剧这种长片而言，稳定性至关重要。Final Cut Pro X 增加了很多内置特效，特别适用于剪辑长片。它同时还具备多机位剪辑功能、键盘快捷键设置功能、元素立体投影功能、3D 字幕功能等，还有强大的调色插件支持，如 Magic Bullet Suite 和 Color，在苹果系统的非编软件里，是当之无愧的首选。

3. Vegas Pro

索尼公司出品的 Vegas Pro 是目前所有主流非编软件中让人上手最快并可以在最短时间内快速掌握的软件，而且功能一点不比其他软件差，设计理念非常人性化，操作简洁直观，格式兼容性好，几乎能兼容所有主流视频格式。剪辑师可以选择任何视频浏览器或播放器观看素材,无需事先将素材导入软件观看,只要将选择好的素材直接拖拽到时间线上即可编辑,是完全开放式的编辑模式。该款软件的剪辑菜单和区域设置的逻辑关系非常合理,全程实时编辑无需预渲染,所有剪辑轨上的特效和转场完全实时呈现。在特效和合成方面,Vegas Pro 的功能最多,它虽然不如 AE 那么强大,但比其他非编软件更具优势。美中不足的是,Vegas Pro 的稳定性较差,可能是上述几款主流非编软件中最差的。目前,Vegas Pro 只在 Windows 环境下运行,在广告和短片上运行还算稳定,随着影片时长的增加,稳定性越来越差。不过,即使软件崩溃也不用过分担心,下次再进入软件时它可自动提醒恢复之前的编辑,从而恢复原来的编辑操作,这时剪辑师可以选择存盘。

4. GVG Edius

日本 Canopus 公司出品的 GVG Edius 软件在广播电视领域拥有众多的拥趸,很多电视台都采用 GVG Edius 软件作为非编的首选,它在格式兼容方面表现得越来越好,其键盘的快捷键设置功能极大地提高了剪辑效率,其实时 4K 编辑能力在影片编辑处理上尽显优势。如果电脑配置不高但要求软件的稳定性不差(GVG Edius 不是非常稳定,不过尚在可接受的范围内),如果想在效率和稳定性之间找到一个平衡点,GVG Edius 还是一个不错的选择。

5. Avid Media Composer

Avid Media Composer 曾在非编高端领域叱咤风云,由它制作后期的作品在各大电影节和广告节上屡获殊荣,包括奥斯卡、格莱美、艾美等,但如今这款软件风光不再(仅限于中国,在欧美地区的认可度还是很高)。这款软件的设计理念和操作方式不同于其他软件,而且更新速度比较缓慢,对电脑配置的要求比较高,输出成片的格式和分辨率都不太给力,所以用户越来越少。Avid Media Composer 兼容 Mac OX 和 Windows 两大系统,有自己独立的行业标准,素材管理非常科学,有先进的 AMA 文件链接模式可供导入多种编码格式的文件进行混编。DNxHD 编码是 AVID 独立开发、适用于 Avid 非编的高清压缩算法,我们常见的 SMPTE 就属于 Avid DNxHD 编码,国内外很多电视台将 Avid DNxHD 作为通用的高清编码标准,用于高清节目的制作。

针对以上剪辑领域的主流软件,同学们可以根据自身的需要做出正确的选择和判断。

第二节　影视广告的剪辑理念

一、认识蒙太奇

谈到剪辑，就需要了解“蒙太奇”这个概念，它和剪辑密切相关，无论剪辑的内容应用于什么领域——广告、宣传片、纪录片、电影，无论是有意识还是无意识，蒙太奇都无处不在。

关于蒙太奇，我们在第四章已有详细的讲解，在此就不再一一赘述了。

广告片的剪辑理念不同于宣传片、纪录片和电影，广告的剪辑思维中夹杂着更多的商业元素，前期脚本策划阶段的预想画面和拍摄完成的画面效果之间往往会有一定的出入。因此，在剪辑阶段不能完全按照脚本的镜头顺序来进行，而是在此基础上进行二次镜头规划，重新编排镜头的逻辑关系。

剪辑理念要始终围绕着如何有效地传达广告观念，要考虑广告传达出的视听讯息有多少能被消费者接受，沿着自己的剪辑思路能形成怎样的画面效果，怎样避免让消费者产生抵触情绪……因为广告不单纯是为了传达广告观念，更要考虑消费者能接受多少广告讯息。因此，要考虑不同年龄、不同职业、不同文化背景下消费者的接受习惯，包括他们的日常消费习惯，从剪辑师的专业视角换位思考，找到消费者易于接受的共鸣点，让视听影像将广告诉求和消费者的观念对接起来。这样，消费者才会乐于接受这种广告表达方式，在这种剪辑理念指导下制作出的广告片才会产生强大的传播效应。

二、剪辑就是影像关系表达式

1. 主题突出、简洁明快

影视广告的剪辑特点是：镜头蒙太奇传达的意图要明确有力、诉求明确，忌含糊不清、模棱两可。凡是干扰主题的元素一律剪掉，不要拖泥带水。有时我们一想到这个镜头是下了很大功夫才拍摄出来的，会不忍心剪掉。但这是不正确的，凡是干扰主题诉求的镜头画面，该舍弃的就得毫不犹豫地舍弃。广告的篇幅很短，通常只有几秒、十几秒，长者也不过一两分钟，可谓“寸秒寸金”，因此我们必须清楚每一个镜头画面都承载着广告对消费者的诉求。

2. 节奏与产品(品牌)个性的呼应

广告的剪辑节奏要与产品的内在个性相吻合,如果产品的风格偏重抒情,打感情牌,那么广告的节奏也应该舒缓一些。如果产品的定位年轻、时尚、充满活力,那么剪辑的画面转换就应该快一些,利用动态镜头的快切强调明显的节奏感。

3. 强化广告记忆点

剪辑出的广告再怎么美轮美奂,也不能证明这就是一支成功的广告。广告剪辑的目的不是创作艺术作品,而是要形成自己的风格,形成强烈的视觉冲击力和听觉记忆点,在同类产品中脱颖而出,这样才能对营销起到一定的推动作用。剪辑师不但要对画面有敏锐的洞察力,更要能对镜头素材的入点、出点进行精确的剪辑,甚至精确到帧(多几帧少几帧都会影像镜头传达的思想内涵,也许那个精彩的记忆点就在那几帧画面里)。此外,剪辑师还要具备对音乐的理解和把控能力,什么时候出现什么样的音乐风格、什么时候调整音乐节奏,这些,剪辑师都要做到心中有数。画面和音乐恰到好处的完美呈现可以形成强烈的记忆点,有时仅凭这一个闪光点,就可以让整支广告片给观众留下深刻的印象。

第三节　后期合成

这里所说的影视后期合成指特效合成,指将3D特效元素和实拍元素合成,制作出最终的效果画面。特效合成的关键是科学的流程,流程的规范合理是确保画面质量的关键。后期合成对合成师的技术要求和经验要求都较高。特效合成离不开合成软件,下面就对合成软件的功能特点做一个简单的介绍,以供同学们参考。

一、后期合成常用软件

合成软件是基于两种思维模式设计开发的:节点式编辑模式和层级式编辑模式,这两种模式各有自己的特点和优势。

目前国内市场上应用较为广泛的影视合成软件有以下几种:Adobe公司旗下的After-Effect以及电影合成软Eyeon Fusion[①]和Nuke。

① Eyeon Fusion属Blackmagic Design产品系列,被Blackmagic Design收购后更名为Fusion Studio。

Nuke 和 Fusion Studio 属于节点式编辑模式，每个项目的效果都对应着一个节点命令，一部影片好似在一条流水线上，经过这些节点的处理后最终出炉成片。但要完成一个后期合成项目，可能不止一条流水线，有的流水线侧重抠像、有的侧重调色、有的侧重镜头跟踪、有的侧重 3D 场景合成，它们最终汇集到一个节点上，输出渲染，完成成片。

节点式编辑模式的好处在于项目结构清晰、易于管理，如果哪处需要调整效果，直接调整其中那个节点就可以了，无需改动其他元素。比如，如果觉得色彩不适合要调整，那就调整色彩节点的参数；如果觉得抠像有问题，那就调整抠像节点。这些节点的修改效果会直接传输到最终渲染的节点上，直接影响最终的输出效果，在合成编辑的逻辑上非常科学高效。

节点式编辑软件在 3D 合成功能上拥有独立的 3D 合成系统，可以导入外部 3D 模型，也可在其 3D 系统中创建物体和场景元素，这套强大的系统能处理数百万 Polygon 多边形，同时拥有自己的材质、贴图、灯光、摄影机等完善的 3D 合成环境。

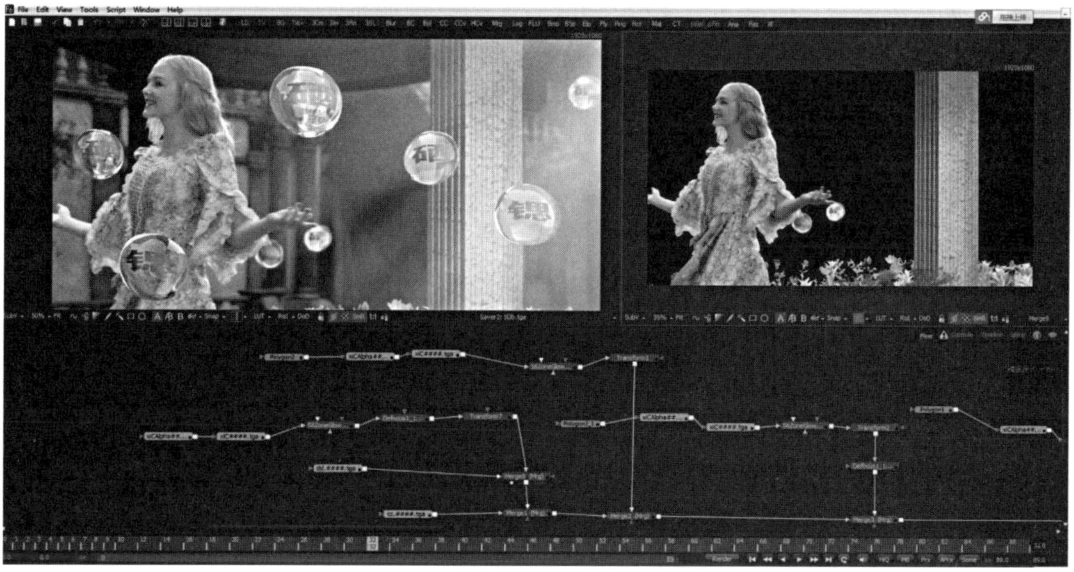

AfterEffect 属于层级式编辑模式，层本身可以单独做特效，层与层之间不同形式的合成关系可以通过蒙版处理、叠加特效处理或键抠像处理来实现。层级式编辑模式不同于节点式编辑模式，它完全基于类似 Photoshop 的层级理念，而这种层级理念得到了大多数特效合成师的认可，它易于上手，而且直观明了。AfterEffect 3D 合成功能配备有 Cinema 4D 实时 3D 管道，能实现真正意义上的 3D 环境操作。

以上两种编辑模式的理念虽然不尽相同，但功能都非常强大，它们之间没有高低之分，只是那种流程和操作方式更适合的问题，这才是我们需要思考、决定的问题。

二、非编软件和合成软件的差异化定位

好多刚接触后期制作的同学会把剪辑软件和合成软件搞混，它们都是后期软件，功能之间也有交叉重叠，但分工侧重点不同。Premiere（简称 PR）含有 AE 的部分功能，Final Cut ProX（简称 FCPX）增加了越来越多的后期合成元素，插件种类也逐渐增多，SONY Vegas 兼有更多的后期合成功能，有将剪辑与合成完全集于一身的趋势。凡是旗下有非编加合成软件的公司，比如 Adobe 公司，它们一般不会手足相残，大力强化 PR 的剪辑功能，不会过多地增加 PR 的合成功能而削弱 AE 的优势。Blackmagic Design 公司旗下的 DaVinci Resolve 软件偏重于调色剪辑，而 Fusion Studio 偏重于特效合成，它们整合到一起的目的就是优势互补，将整体功能做到极致。苹果公司旗下目前只有 FCPX 这款重量级软件，虽然它定位于剪辑软件，但其特效合成功能的比重越来越大，显然是在全面提升软件综合竞争优势。同样，SONY Vegas 这款软件不仅拥有传统意义上的非编软件的功能，其合成功能更加专业。此外，FCPX 和 Sony Vegas 还拥有一些特效插件，能轻松处理大多数特效。

我们之所以讲解以上知识，目的是希望同学们根据自身的发展状况在学习软件时做出明智的选择。人的精力是有限的，在有限的时间内我们不可能做到精通所有的后期软

件，你能熟练掌握所有主流后期制作软件固然最好，可是有几个人能做得到呢？这势必会让我们面临选择和取舍的问题。

三、抠像的普遍性应用

主要知识点

1. 抠像原则。
2. 怎样给高速运动物体抠像。

随着CG技术的不断成熟，广告拍摄中抠像所占的比重也越来越大。抠像技术的普遍应用大大拓展了创意人员的想象空间，促使广告的表现形式更加个性化、多样化。下面我们讲一下抠像需要注意的几个事项。

在蓝背景、绿背景中进行动态抠像需要注意什么？

1. 前期拍摄的硬件要求

在室内如果有条件，背景最好用蓝箱和绿箱，这样的背景很平整，不会出现褶皱。如果在户外拍摄，只好用蓝幕布和绿幕布，要选用表面不反光的涤棉混纺布，以最大限度地减少褶皱。

2. 抠像原则

拍摄期间一定要保证被摄物体的周围背景平整、颜色纯净、物体运动的最大范围内没有其他干扰因素，比如灯光的投影或严重的褶皱。另外，运动物体要与背景保持一定的距离，以防背景的颜色映射到被摄物体的表面，给后期抠像带来麻烦。

后期抠像时，先用Mask笔尖工具将目标运动物体圈选出来，做动态蒙版跟踪，蒙版始终跟住目标物体；然后通过键抠像将运动物体的背景抠掉。或者先抠像，再用Mask笔尖工具将多余的背景圈选掉。这样做就可以集中精力精细地抠掉目标物体周围的背景颜色，把无关的因素排除掉。

3. 高速运动物体的抠像

高速运动物体会形成拖尾效应，高速旋转物体的边缘会形成影像残留，从而给后期抠像造成非常大的麻烦，比如花样滑冰运动员。由于他们转速过快，会形成严重的影像残留，在后期抠像时物体边缘根本无法抠干净，即使逐帧抠像也无法解决边缘残留问题，导致抠像画面无法使用。为了解决这一问题，可以用升格拍摄高速运动物体，根据运动速率的快慢来确定升多少格数（记下升格数），完成后期抠像后，再恢复初始的高速运动状态。

4. 烟雾、玻璃、水珠的抠像

在处理烟雾这类半透明物质的抠像时，除了正常键抠像外，还要精细地处理被抠像物体的边缘羽化，这一点很关键。玻璃、水珠这类物质不但透明，还具有反射、折射的特点，因而拍摄时要控制反射和折射的范围和布光方式，高光区不宜过大，尽量将中间色保留得多一些。抠像时主要要保留其材质特征，其他地方可以忽略。

总之，抠像的目的是为了合成，因此边缘处理时要结合背景元素，随时调整、查看边缘与背景的融合程度，尽量在中等明度或暗背景下合成。高亮背景处理不好会形成生硬的边缘痕迹，因而要处理好毛发或线条琐碎的边缘，景深效果中的这些边缘都必须精细地处理。

四、影视调色的规律和方法

目前，市场上的主流调色软件为 DaVinci Resolve、SpeedGrade、Apple Color、Autodesk Lustre 这几款，它们虽然各有侧重，但功能大同小异，都是针对不同的受光区域进行调色、跟踪调色、色键选择调色以及预置调色模块等。

人们心中有一些固有的色彩观念，如电影色彩（胶片色彩）、MV 色彩、纪录片色彩等。这些都是从感官上来定义的。无论什么色彩类型，都离不开其自身特有的规律。下面我们就介绍一下调色的基本规律

1. 画面曝光

影片调色不同于平面调色。一部影片有若干个镜头，因而调色前首先要将在同样环境下拍摄的素材曝光范围调整到一致。专业级的调色软件都具备后期校正曝光参数的功能，从而使基础影调达到一致。如果我们拍摄的是 RAW 格式的素材，万一发现有曝光不足或曝光过度的现象，建议在 Camera Raw 栏中调整基础曝光参数，尽量不要在一级调色轮或一级校色条中调整，这样才能保证最终输出画面的质量。

2. 调色的顺序

针对初始影像画面，先不要急于调整整体的冷暖调性，建议先调整每个画面的黑电平和白电平：黑电平触底，白电平接近上限值。将明暗关系、对比度、色彩饱和度调整到最佳状态，然后再通过二级调色调整拍摄的主体画面和背景画面之间的色彩关系，让主体突出、背景弱化，让某些元素强化、某些元素弱化，同时将杂乱的色彩统一归类到整体光线系统下；将这些都调整完之后，再统一所有画面的冷暖调性。

3. 色彩示波器

示波器是调色的重要参考工具，我们可以通过不同的示波器图形和参数来判断图像的色彩信息。示波器通过数据精确地告诉我们合理的范围值，以便我们根据不同的项目

满足调色的不同需求。在这里，我们以 SpeedGrade 调色软件为例（不同的软件，调色的功能和原理基本相同）讲解示波器的用法。

（1）矢量示波器

矢量示波器显示色彩倾向、色彩饱和度的分布图。如果中心图形非常小，说明画面饱和度非常低，趋近于黑白色；如果整个图形的位置偏移至红黄区域，说明整体画面偏暖调性；如果图形的位置偏移至蓝紫区域，说明整体画面偏冷调性，如下图：

主要知识点

1. 示波器在调色过程中的价值。

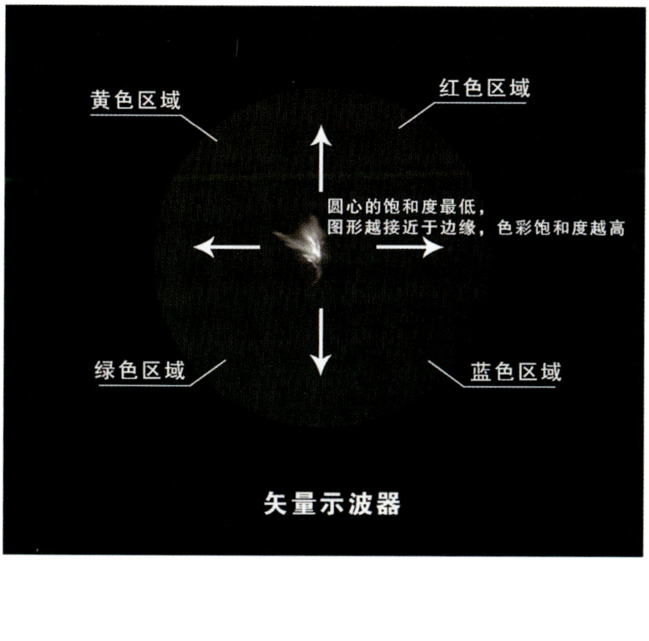

矢量示波器

(2)综合示波器

综合示波器由红绿蓝三色组成,其中包含几项信息:影像明暗、色彩倾向。在调整Offset、Gamma、Gain三项数值时,综合示波器上的图形会发生相应的变化。如果画面有色彩倾向,比如影像基调偏红色,那么红色条会向上移动,其他色条会向下移动。调整影像明暗时的情形也是如此:画面越亮,色彩条越接近于顶部;越暗,则越接近于底部。顶部和底部都有一个色彩相对安全值0~100,向上或向下超出这个数值就进入了危险区域。当然,不是绝对不可以超出,而是要根据我们所要达到的效果看超出多少,超出过多就会出问题,比如造成饱和度过高、画面过亮或过暗等问题。

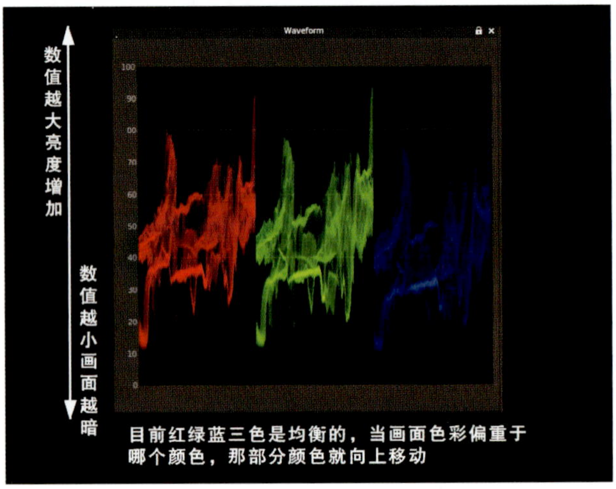

(3)方形示波器

方形示波器的边缘类似山峰状,不同区域的色彩分布比例不同,顶部属于亮部区域,如果此区域红色比例较大,说明亮部偏红;如果底部蓝色较多,说明暗部色彩偏蓝。遵循这个规律,适当增加或减少亮部、中间调以及暗部的色彩分配比例,即可满足色彩分布的需求。

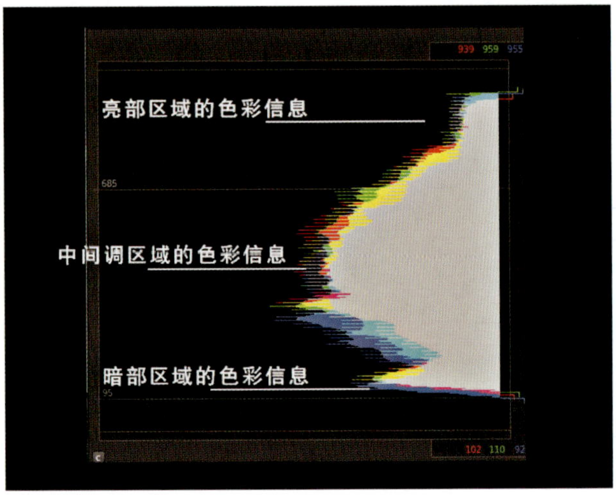

我们看看调色前后的图像对比。这是用 ARRI ALEXA 摄影机拍摄的一组画面，左图为原始素材，右图为调色后的图像：

我们分别看一下不同示波器显示的不同参数：

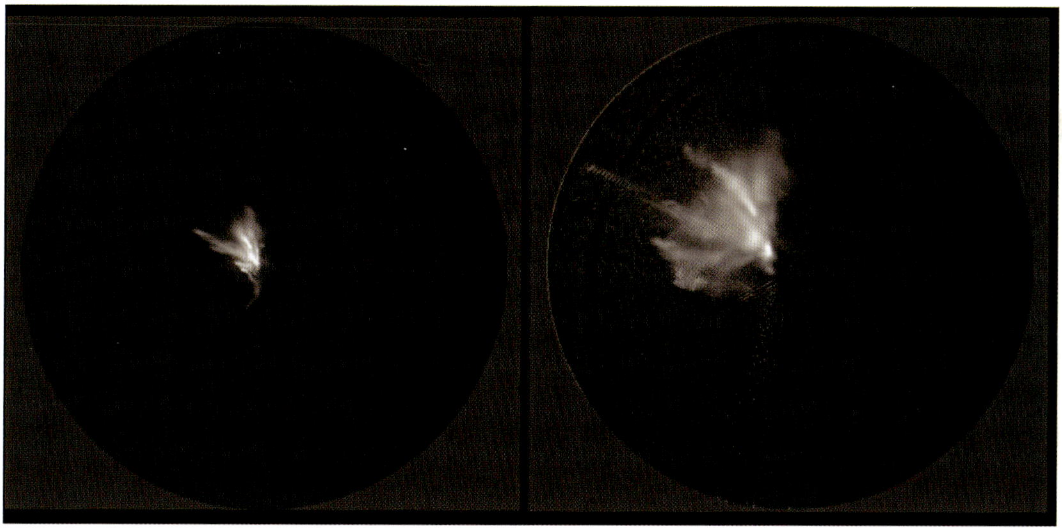

矢量示波器（左图为原始波形，右图为调色后的波形）

左图白色图形集中在很小的区域内，说明画面的饱和度较低；右图经过调色处理后，白色图形的区域向四周扩散，说明饱和度有所提升，位置向左上方偏移，部分进入黄色区域，说明画面整体色调偏暖。

根据波形分布，我们可以看出左图原始图像的亮部没有达到 100 的数值，亮部稍显不足，暗部也没有达到 0 的数值，也没有暗下去，所有色彩都集中在中间部分，画面整体呈灰色状态。右图经过调色处理后，明暗关系已经展开，色彩趋于饱满，分布较为均衡，没有明显的偏色倾向。

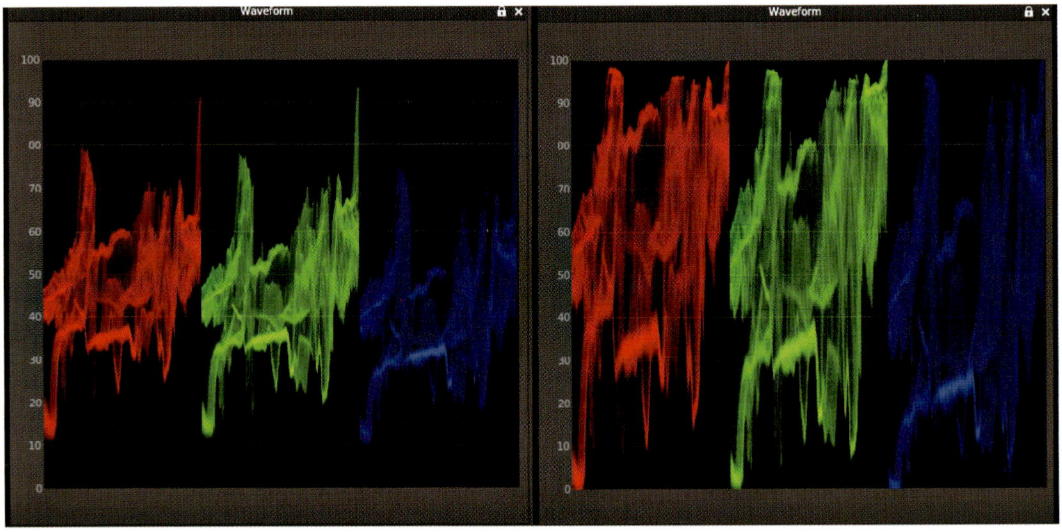

综合示波器(左图为原始波形,右图为调色后的波形)

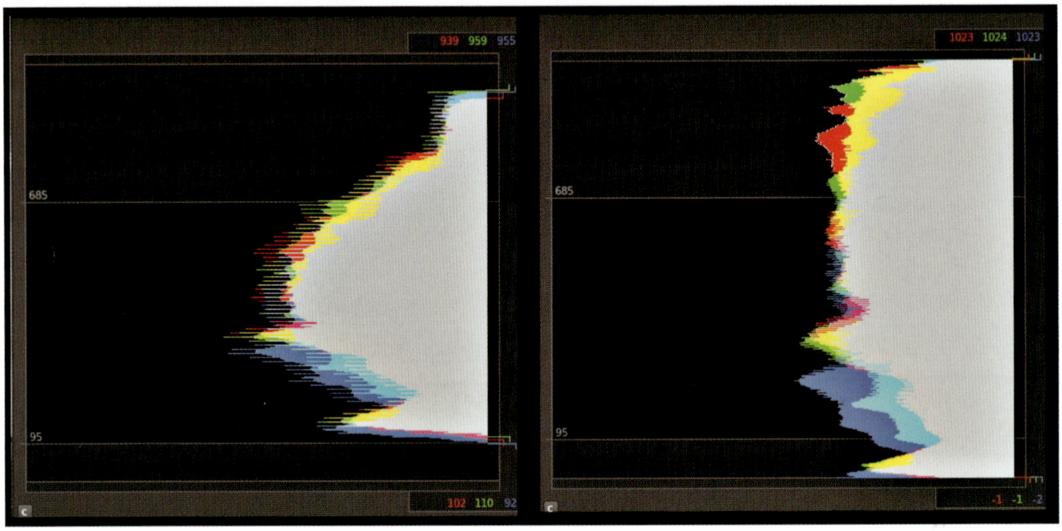

方形示波器

从左图我们可以看出,中间色彩信息饱满,上下两端比较薄弱,说明原始素材的中间调比较丰富,亮部和暗部的色彩比较单一匮乏。调色后,画面亮部区域和暗部区域的色彩更加丰富了,形状整体比较统一,说明色彩信息分布比较均衡。

4. 中间调的处理和暗部细节

色彩是一种感觉,调色的重点其实就是处理中间调,色彩信息也大部分集中在中间调这个区域,中间调决定着调色的成败。因此,调色过程中可以将示波器中间区域的色条稍微拉长,将丰富的中间调层次感表现出来,同时在处理暗部细节时将 Gamma 值亮度

稍微提高些，使暗部看上去比较通透、不闷。只要将两部分细节处理好，整个影片就会达到令人满意的效果。

5. 跟踪调色

专业级调色软件都具备跟踪调色这个功能，我们拍摄的画面基本上都是动态影像，在处理某个局部色彩时，不可能像 Photoshop 处理单帧照片那么方便，尤其在整体色彩比较相近的情况下，只有动态跟踪调色才能解决这个问题。

调色时，选定所要调整的目标色彩区域，设定选择区域的路径动画，在跟踪过程中要随时调整蒙版的大小以适应目标范围。这里要注意两点：其一，在变速情况下，视频快慢转折节点上的关键帧设置最好采用手动跟踪来完成，根据画面的速率和节奏手动设置动画关键帧。其二，如果调色主体前有移动的障碍物遮挡，可以避开障碍物，分两个阶段跟踪，障碍物前作为第一阶段，障碍物后作为第二阶段。

6. 关于 LUTS

说到 LUTS，也许有同学会问什么是 LUTS？ 1D LUTS 和 3D LUTS 分别有什么作用？

LUTS 最初源于电影胶片，由于电影胶片偏色，调色师在后期调色时需要判断所调的色彩和银幕上放映的色彩是否一致，这时就需要一个色板查找表来进行色彩转换。比如调翠绿色，那么对照色板查找表上给出的 RGB 数值，根据这个数值就可以知道最终呈现在银幕上的是哪种绿色，从而确保调出的颜色和银幕上的颜色一致。这个查找表就称为 LUTS。

自胶片退出市场后，进入数字摄影时代，工程师将 LUTS 的概念应用到了摄影机出厂设置上，不同的摄影机生产厂家会对外公布一个自家产品的 LUTS，调色师在后期将拍摄的偏灰色画面加上 LUTS 就会还原成正常色彩的画面。

专业调色软件都可以提供主流摄影机厂家的 LUTS，比如 ARRI、RED、Blackmagic Design、SONY、Canon 等。

后期调色时，凡彩色图像都需要加载 3D LUTS，因为只有 3D LUTS 才含有 RGB 色彩元素。如果只调整黑白图像（调整亮度、对比度），则只需加载 1D LUTS 就可以了。

随着后期 3D 特效制作在影视广告制作中所占的比重越来越大，初学者很有必要了解 3D 制作的规律和要点，以便在今后的实际操作中做出正确的判断和定位。

第四节　3D 软件的基本特征和应用领域

主要知识点

1. 3D 制作流程中的各个要素。
2. 不同 3D 软件的不同特点和应用范围。

3D 领域有五大主流制作软件，其中两款是 Autodesk 公司出品的 3DsMAX、MAYA，另三款是 Cinema4D、Houdini、Lightwave3D。要想掌握一款 3D 制作软件，首先要熟练掌握以下这几个模块：建模、贴图、材质、灯光、摄影机、动画、粒子特效、动力学特效、脚本语言和渲染。

一、建模

3D 建模大体分为 Polygong 建模和 NUBURS 建模，Polygong 又称为多边形建模，大部分模型都采用这种方式制作。Polygong 建模将点、线合并，合理布线，对面进行挤压和缩放，从而通过操作模型的点、线、面进行形体塑造，操作起来很容易上手。NUBURS 建模又称曲面建模，基本应用在工业产品模型制作上，比如汽车流线型车体或电吹风、熨斗等具有曲面形态的物体。针对上述特征，同学们在面对不同模型特征时可以采用适合的方式建模。

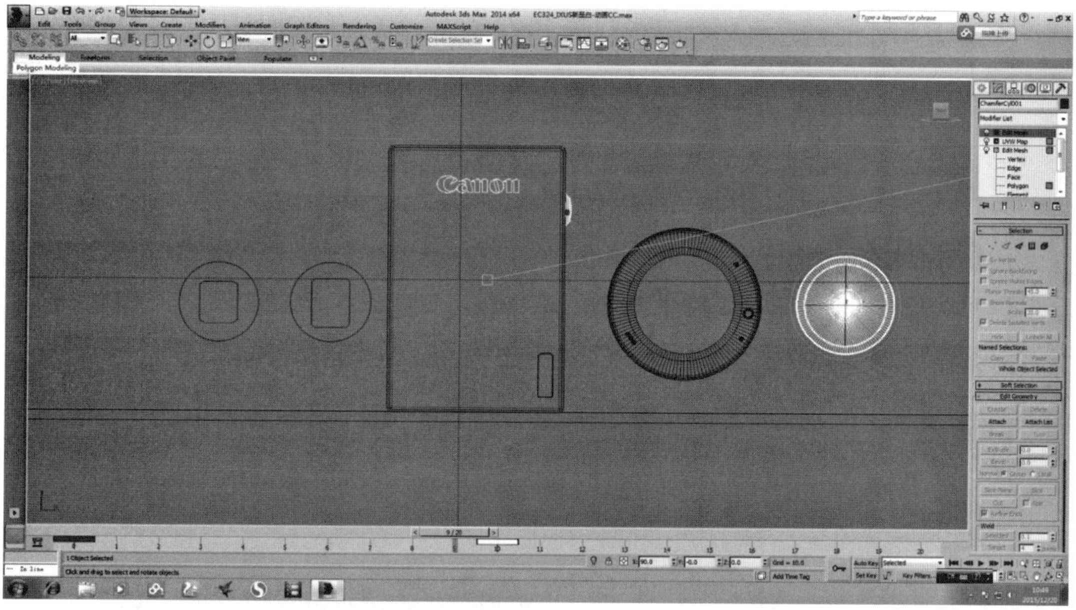

二、材质贴图

针对不同类型的对象，要整体考虑材质贴图的制作方案，但有些同学经常将材质和贴图混淆起来。材质指物体本身的质感属性，比如玻璃材质、大理石材质、金属材质、木纹材质、皮肤材质等，在属性上又分为双面材质、混合材质、透明材质等。贴图则是贴在材质上的图。贴图可以模仿各种材质效果，也可以用作单纯图案，比如在金属材质上打印 Logo，就可以通过贴图来实现。贴图在属性上也分为凹凸贴图、反射贴图、折射贴图、高光贴图、透明贴图、法线贴图、程序贴图等。因此，要想制作出逼真的效果，我们就必须在制作物体时考虑材质和贴图的组合运用。

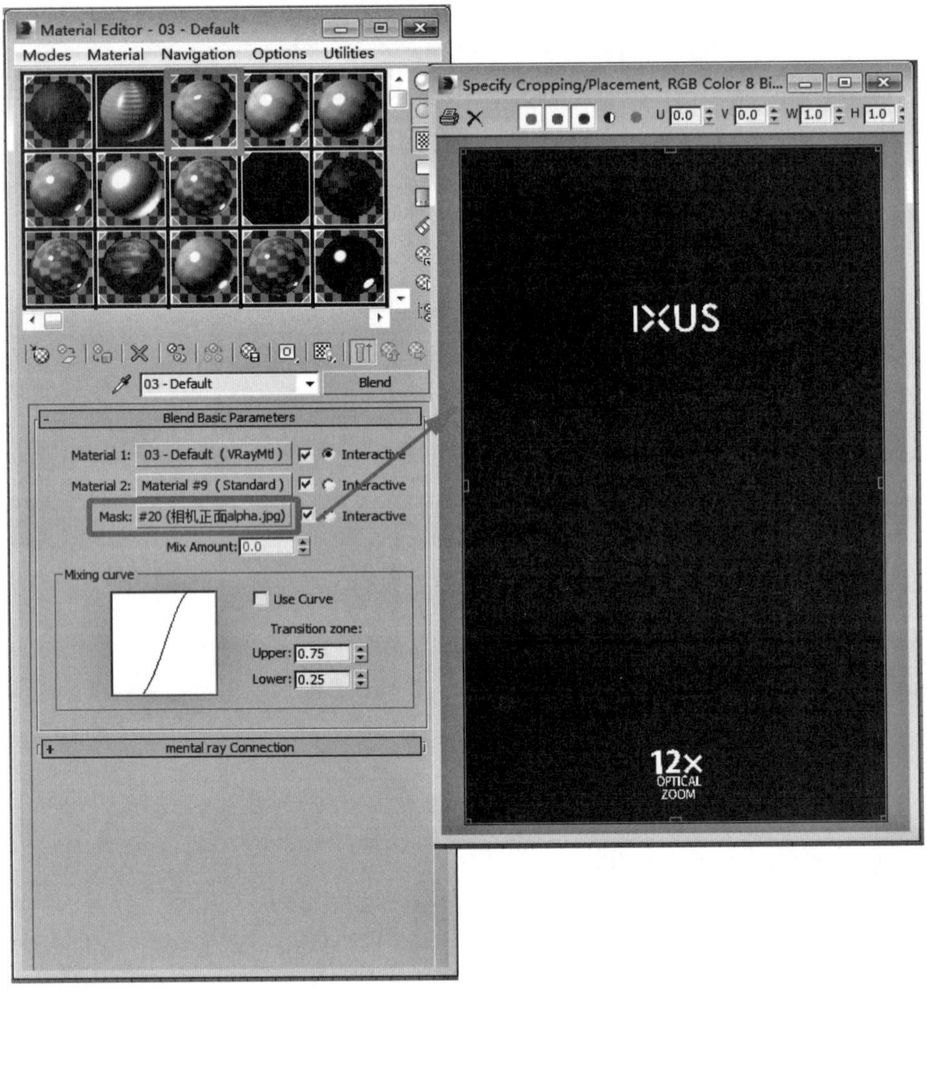

三、灯光设置

3D 软件中的灯光设置与现场拍摄的布光原理如出一辙，也大体遵循主光源、辅助光源、环境光、轮廓光的布光原则。如果特别要求逆光效果，则需要减弱环境光、增强主光。遵循以最少的灯光达到最佳效果的原则。3D 空间的灯光布置不受任何障碍物的限制，比现实中更具灵活性。但要注意一点：布光之前一定要将摄影机设置好，灯光围绕摄影机来布置，根据摄影机的拍摄视角、构图、与拍摄对象的距离以及镜头焦段决定灯光的布置方式。

灯光设置也会间接影响最终的渲染设置。

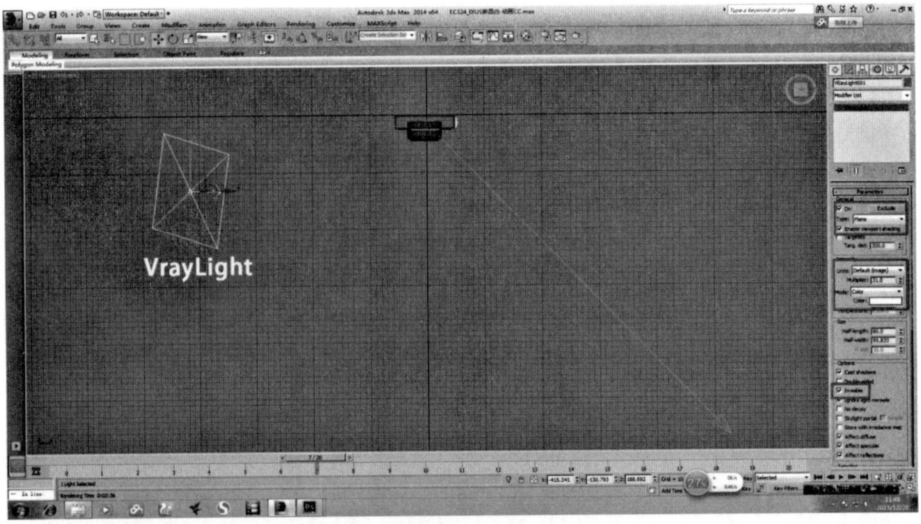
VrayLight

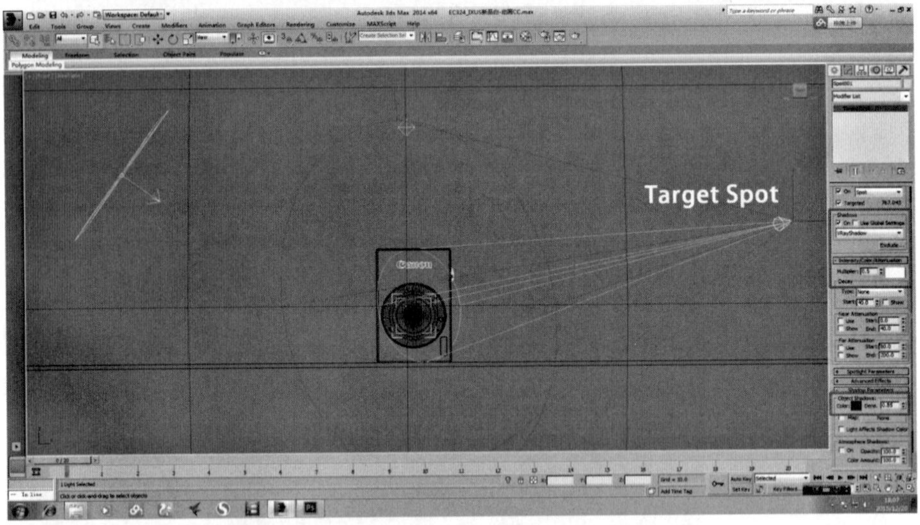
Target Spot

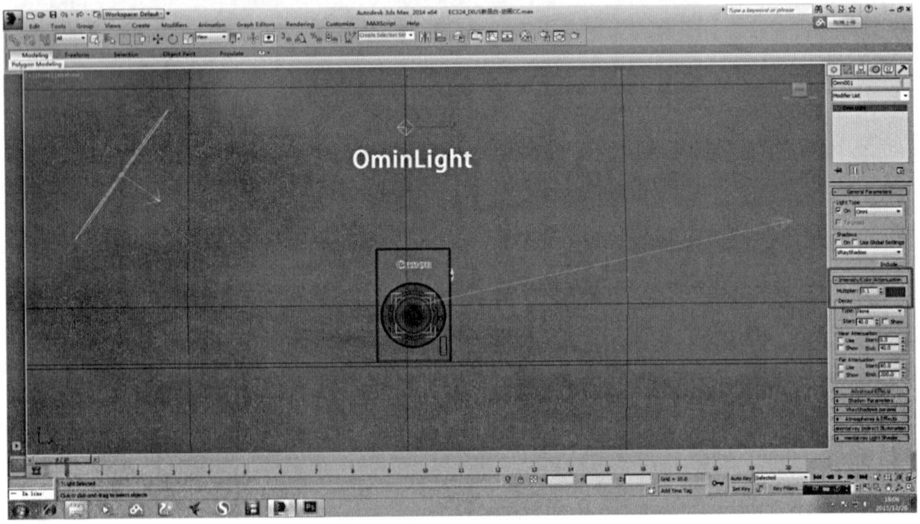
OminLight

四、摄影机设置

3D 软件中的摄影机分为两种：一种是普通摄影机，另一种是物理摄影机，如果用 Vray 渲染，还可以选择 Vray 摄影机。物理摄影机的参数设置非常接近现场拍摄用的摄影机，同样有镜头、光圈、快门参数，而且能产生与实拍相同的景深关系，其运动方式分为关键帧动画和路径动画。关键帧动画将摄影机的不同位置记录成动画形式，路径动画则将摄影机放在指定好的路径上运动，调整路径节点即可改变摄影机的运动方向。

如果想设置摄影机的变速运动，则需要在摄影机运动曲线面板中调整曲线形态和关键帧间距，如果对调整运动曲线不是十分有把握，还可以将摄影机动画从头至尾设置成匀速运动，最后将渲染输出的文件在合成软件里做变速运动。

1. 粒子特效

粒子特效包括刚体、柔体、破碎、流体、爆炸、火焰、烟火、融合变形等，除了 3D 软件本身的粒子特效外，还有第三方插件。在合成软件里也有很多粒子特效，比如模拟真实的雨、雪。因此同学们要对整个粒子特效属性有大体的了解，然后根据不同项目的要求确定是用 3D 软件制作粒子还是用后期合成制作粒子。无论选择什么制作方式，都以达到最终满意效果为目的。

很多后期软件中的粒子特效比 3D 软件自带的粒子特效调试起来更加便利。为了节省时间，提高制作效率，能在后期软件中解决的就不在 3D 软件里制作。当然，有一些特殊的粒子特效通过后期软件无法完成，必须要专业的 3D 特效软件来制作，比如 Houdini、MAYA、Realflow 这类软件和插件，因此我们要根据项目特点和要求来选择适合的制作方式。

2. 动力学

动力学是 3D 软件特有的功能，主要用来模拟物体在现实生活中的自然运动形态，比如风吹拂窗帘飘动、落在地上的皮球反弹衰减、汽车碰撞、玻璃碎裂、海浪拍打岸边等，涉及诸多动力学属性，包括重力、摩擦力、反弹力、风力等，也包含一些材质变化属性，比如水、火山熔岩、一般液体以及黏液的流动等。动力学需要反复测试才能达到预期的效果，参数之间互相影响，需要整体协调调整。

3. 3D 生态场景制作

3D 生态场景也称为 3D 虚拟场景生态系统，它将大气环境、光照、山脉、树木等元素组合在环境中，通过对各种天气属性的参数设置模拟出真实的自然环境。例如 VUE 这类软件可以随机生成不同形态的地形，通过地形编辑器创建大自然中的各种地貌，如高原、盆地、丘陵、山地、冰川等，其时间节点设置非常人性化，用户只需输入具体日期、时间，比如输入某年某月某日某时，软件生成的光照环境、大气环境就会和现实生活中的完全相同，非常接近真实的自然形态。

五、渲染

3D软件的渲染其实就是指渲染效果的真实性，能否在最短时间内达到最真实的效果是衡量一款软件的渲染能力是否优秀的指标，当然这也离不开CPU、显卡、显存以及硬件的支持。硬件配置的高低对渲染速度有很大的影响，因此目前渲染器分为两类：一种是基于CPU开发的渲染器，比如Vray、Arnold渲染器，这类渲染器采用离线渲染模式；另一种是基于GPU开发的渲染器，比如Redshift这类渲染器，这类渲染器采用实时渲染模式，明显快于CPU渲染器，不过后者对显卡和显存配置的要求更高。从渲染原理上讲，CPU渲染器的算法比较接近真实世界光线的传播，完全按照现实光线的传递方法去呈现周围事物，再渲染到材质上面，渲染结果非常精确。而GPU渲染器的实时渲染则依赖显卡和显存的利用率，更消耗显卡的资源，它会把周围的环境烘焙成一张反射球直接贴在物体表面，因此这个算法效果好、速度快。不过，两种渲染模式正日趋融合，最终目的是在最短的时间内渲染出高质量的影像。Vray也在开发GPU渲染器，目前VrayGPU渲染器也得到了广泛的认可，应用得越来越广泛。

第五节　音频制作

一、声音设计

随着广告制作品质的提升，音乐、同期声、音效、编曲在广告后期制作中的地位也越来越高。广告进入后期制作阶段后，导演通过语言描述将自己对广告音乐表现的设想传达给音乐制作者，但即使音乐制作者提供了音乐参考样片，其结果往往也会有出入，在音乐效果方面常常不尽如人意。由于这种问题在当前的广告制作领域非常普遍，所以声音设计很关键，要尽量避免出现上述沟通和创作上的问题。

音乐制作者首先要与导演沟通拍摄素材，然后画出声音图，详细标注音效声及环境声，比如哪个地方是声音的高潮、哪个地方需要静音、哪个地方的声音要设计情绪提示、哪个地方需要转折、整体节奏如何。这些都需要以图形图表的方式标注出来，然后音乐制作者根据这张图，再结合导演的要求创作相关音乐、编曲、作曲、制作音效等。

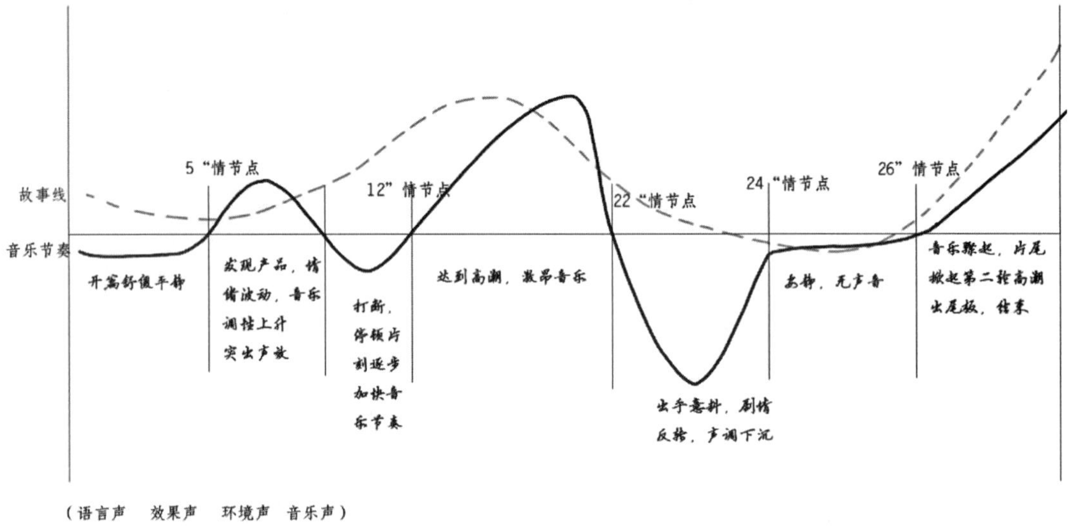

二、广告编曲和作曲

本节不涉及如何编曲和作曲，这些音乐专业任务需要专业的编曲人员和作曲家来完成，我们在此仅以导演的视角来看待编曲和作曲在影视广告中的作用。音乐是广告片中必不可少的要素，我们这里所定义的编曲，指利用相关音乐素材进行二次加工编辑，最终形成符合广告片本身音乐风格的一个过程；作曲则指原创音乐，由作曲家根据广告片的风格量身定制。这两种方式各有利弊，编曲的优势是借用版权素材音乐，混编进行二次创作，如果挑选的音乐素材好，加上音乐编排合理，完全可以得到很理想的广告音乐。这种方式相对比较节约成本，性价比较高，不足的是这种编曲方式完全依赖于音乐素材，“巧妇难为无米之炊”，一旦没有合适的音乐素材，效果就会大打折扣。

作曲在这方面就不一样了，它针对广告片的内容进行原创音乐的作曲，不受素材音乐的限制，专门针对广告本身的独特风格来作曲，是纯粹的广告音乐，具有强烈的识别性，能充分表达广告诉求的商业属性，这一点是素材音乐编曲无法达到的。原创音乐的不足是，它非常考验作曲家的能力和水平，一旦作出的曲子达不到广告本身的要求，对广告片的伤害就很大。如果是理解方向上的问题,音乐效果尚可调整过来;但如果是能力问题,则麻烦就大了。

虽然原创音乐成本较高,但还是值得鼓励。音乐素材很容易与别人重复,缺乏识别性。因此,如果预算充足,最好采用原创音乐,这可以使广告片更加多元化和个性化,从音乐创作的角度讲,这也是对原创音乐的一种尊重。

这里有个误区要提醒大家一下,很多人认为广告音乐只是作为背景音乐而存在的,是附属于广告片的一种情绪表达和意境渲染。其实不然,广告音乐更重要的作用是推进情节的发展或情景的转折,并非完全只起到背景音乐的作用,它更重要的作用是与广告视频产生化学反应,迸发出综合的广告传播能量。广告音乐的这个特点值得关注。

附:后期整体制作流程

由于每个导演的后期制作习惯有所不同,在此仅介绍本人经历过的某矿泉水广告后期整体制作流程,以供大家参考。

1. 初剪

由于一个镜头大概要拍 5 ~ 6 组,所以需要导演在后期确定最适合的镜头,并按照广告创意的表现进行剪辑,构建每个镜头的关系,形成完整的视频成片(如图)。

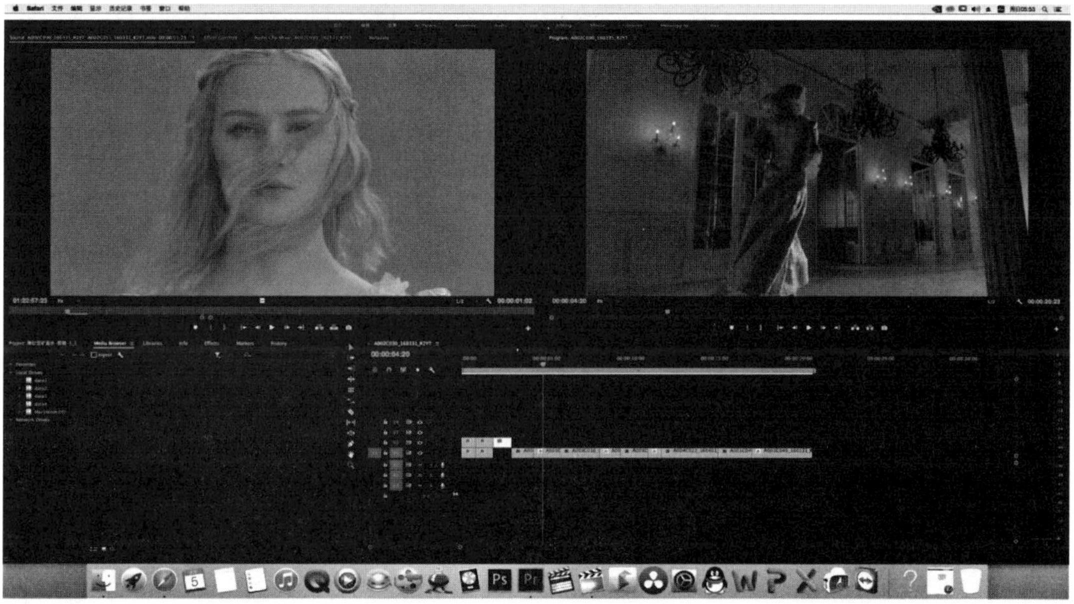

2. 音乐风格定位

将初剪成片交给编曲人员进行整体音乐的风格定位。

3. 精剪

确定最终的镜头逻辑关系，精确到每一帧，确定不同版本的最终成片时长、镜头数量、特效数量、场景合成数量，将精确的数据传送给后期合成师。

4. 单个镜头抠像合成

在 Nuke 和 Dfusion 软件中进行场景抠像合成（如图）。

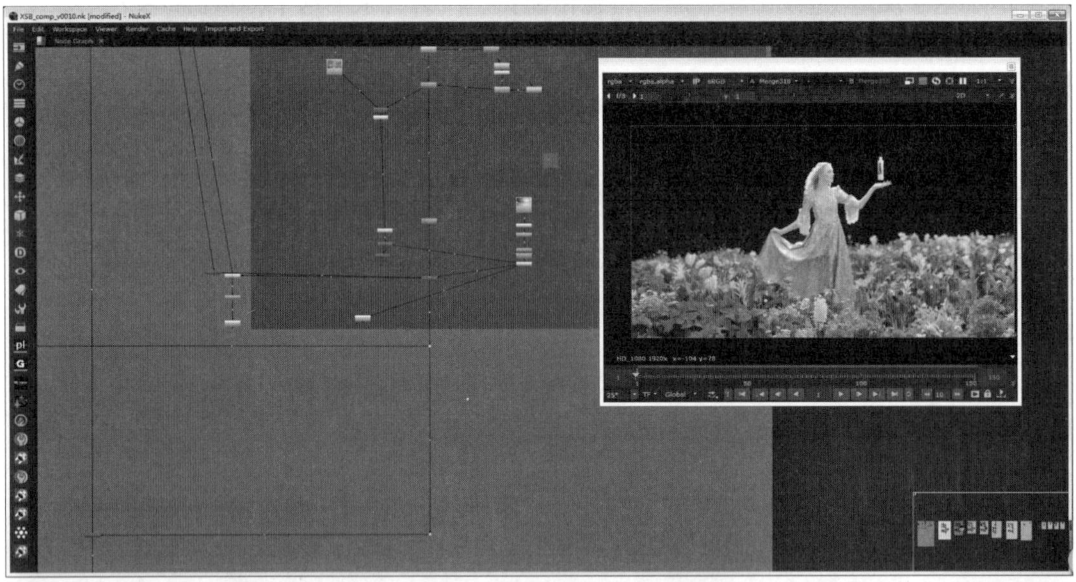

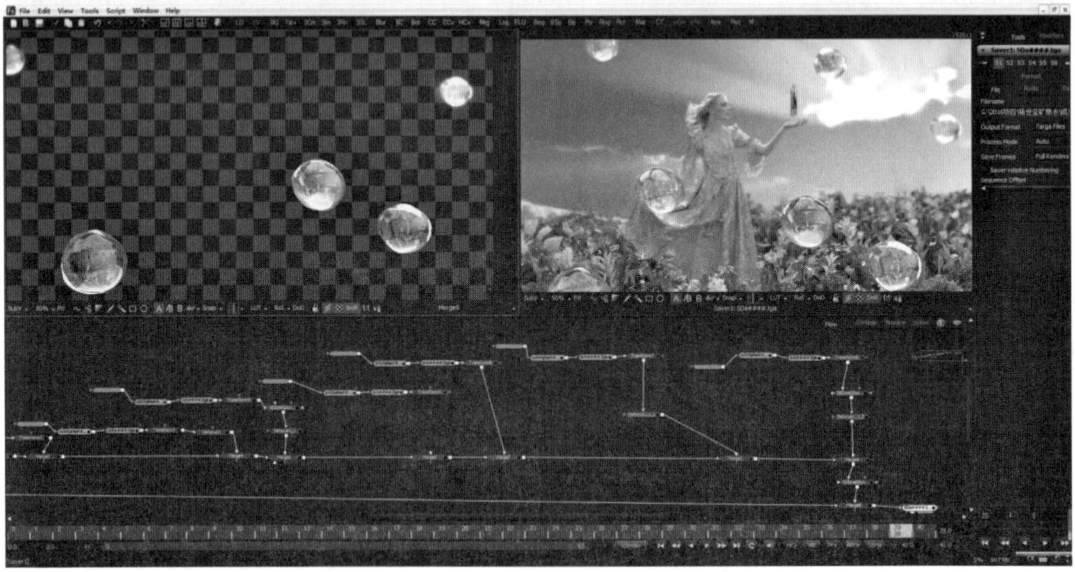

5. Matter Painter 场景绘制

在 Photoshop 中分层绘制，便于后期制作动态特效，将前期拍摄的演员画面和绘制的场景画面在 Dfusion 和 Nuke 中合成（如图）。

6. 制作水滴、瓶口水喷涌和花草的生长的特效

用 3dMax 制作水滴，结合 Realflow 流体制作水从瓶口喷涌而出的特效，在 Maya 中制作花草生长的特效（如图）。

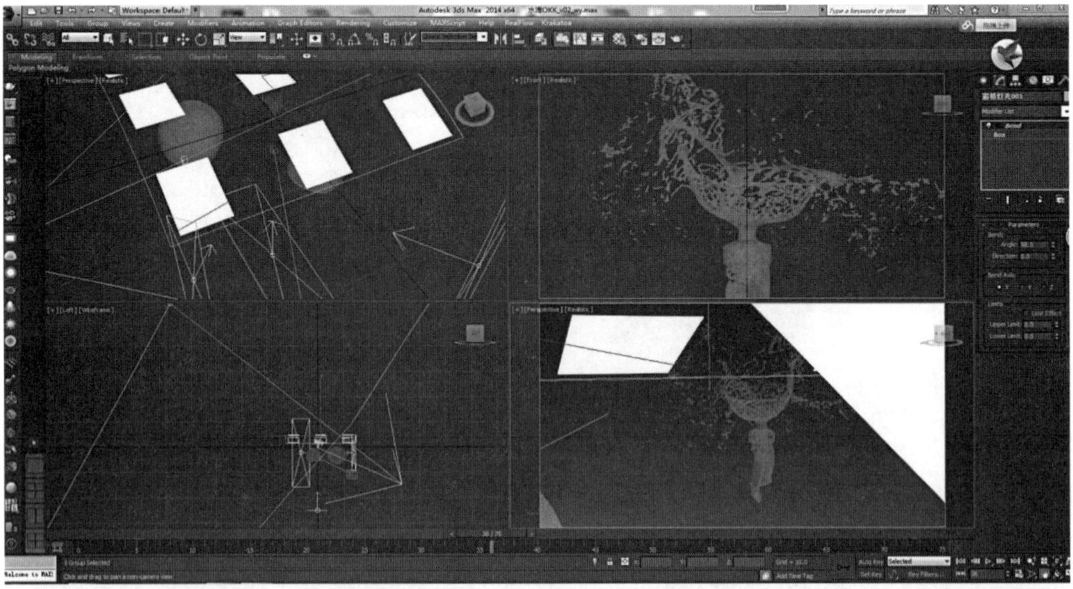

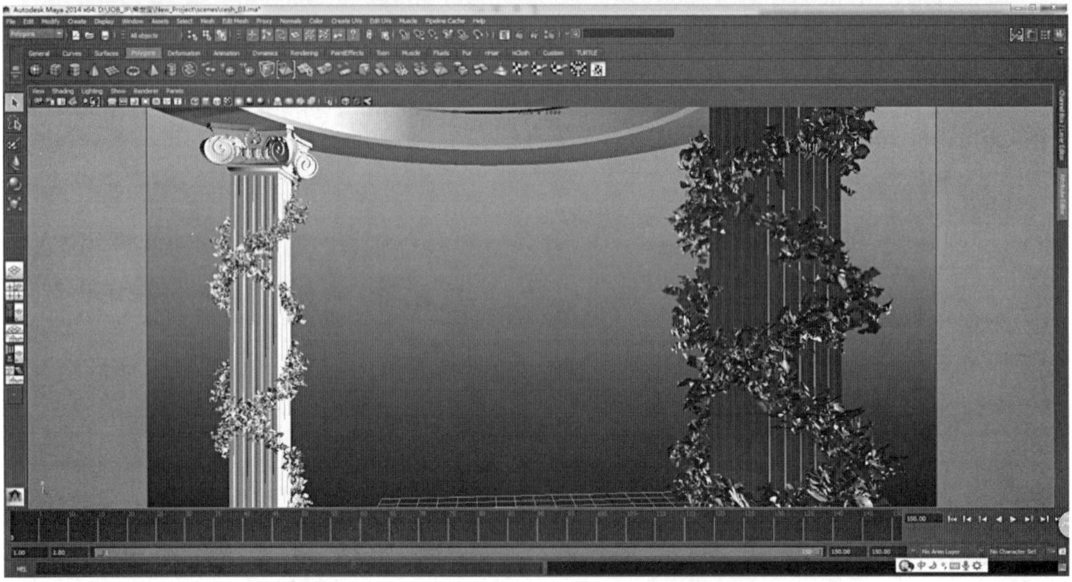

7. 成片合成

将每个完整的合成镜头以序列帧的形式或以 MOV 格式导入剪辑软件中。

8. 画面整体调色

确定总体色彩基调和色彩冷暖倾向，在 Speedgrade 中进行调色，以每个镜头为单位进行精细的调色，其间注意强调每个镜头之间的色彩关系（如图）。

9. 配乐合成

将编辑好的配乐合成到音轨上，输出成片。

实训项目：

使用 Premiere Pro 剪辑，在 Aftereffects 中对个别抠像场景进行合成。

实训目的：深入了解非编软件的剪辑功能及后期合成的具体操作细节。

实训条件：每人一台电脑，运用剪辑和后期合成软件实地操作。

实训步骤：

1. 拍摄一段素材或选取一段视频素材，其中包含蓝幕或绿幕抠像素材。
2. 将素材导入非编软件 Premiere 中进行剪辑。
3. 通过 AE 进行后期合成。
4. 将合成的视频片段导入 Premiere 中精剪。
5. 将每个镜头片段放在 Speedgrade 中调色。
6. 导入素材配乐，输出最终成片。

思考题：

1. 前期拍摄素材的优劣对后期制作有多大影响？后期制作对前期拍摄又有多大的提升？
2. 单纯从制作层面上看，一条优秀的广告片需要具备哪些要素？

图书在版编目(CIP)数据

影视广告制作基础/金水,于术编著. --北京:中国传媒大学出版社,2019.3
(2024.5 重印)
广告学专业“十三五”规划应用型本科系列教材
ISBN 978-7-5657-2440-4

Ⅰ.①影… Ⅱ.①金… ②于… Ⅲ.①影视广告—高等学校—教材
Ⅳ.①F713.851

中国版本图书馆 CIP 数据核字(2019)第 029042 号

影视广告制作基础
YINGSHI GUANGGAO ZHIZUO JICHU

编　　著　金　水　于　术
策划编辑　蒋　倩
责任编辑　程　平
责任印制　李志鹏

出版发行　中国传媒大学出版社
社　　址　北京市朝阳区定福庄东街 1 号　　邮　　编　100024
电　　话　86-10-65450528　65450532　　传　　真　65779405
网　　址　http://cucp.cuc.edu.cn
经　　销　全国新华书店

印　　刷　北京中科印刷有限公司
开　　本　787mm×1092mm　1/16
印　　张　黑白 14　彩插 0.5
字　　数　277 千字
版　　次　2019 年 3 月第 1 版
印　　次　2024 年 5 月第 6 次印刷

书　　号　ISBN 978-7-5657-2440-4/F · 2440　　定　　价　45.00 元

本社法律顾问:北京嘉润律师事务所　郭建平